ケアとサポートの社会学

三井さよ／鈴木智之 編

法政大学出版局

はじめに

本書に収められている論文はどれも、誰かを支えようとすることの意味と実践のあり方について、社会学的観点から問おうとするものである。

近年、広い意味で、誰かを支えようとすることの意味や実践のあり方が問われるようになってきている。ケアやサポートという言葉がさまざまな領域で用いられつつあるのは、その表れでもある。たとえば高齢化の急速な進展は、家族や職業的なサービス提供者による介護のあり方や、それが個々の高齢者にとって持つ意味などを問い直す重要な契機を私たちに与えている。高度な医療技術の発展や浸透は、その中で生きる病者や障害者の思いをどのように活かすのかという問題を提起させ、病いや障害が持つ意味を問い直す必要が生まれてきている。また、いわゆる「構造改革」が進められる中、貧困層への支援のあり方や、病い・障害を抱えて生きる人びとへの支援のあり方についても問い直されている。これらのさまざまな現代的な課題に共通しているのは、誰かを支えようとするとは何か、その実践とはいかなるものか、というテーマである。何らかの意味で生活をする上、あるいは人生を生きる上での困難を抱えた人びとを支えようとする営みは、いかにして可能なのか、どのように成立しうるのか。

誰かを支えようとする、というテーマそのものは、多様な領域にまたがるものである。本書の特徴のひとつは、取り扱う領域の多様性である。支える側にしても、家族（鈴木、中川、鷹田）や職業的提供者（井口、三井、齋藤、森川）、あるいはボランタリーな提供者（土屋、鷹田や井口も含まれる）など、さまざまな人びとが取り上げられる。支えられる側にしても、ざっと分けただけでも、要介護高齢者（鈴木、中川、井口、齋藤）、病者やその家族（鷹田、三井）、障害者（土屋）、生活保護受給者（森川）などが挙げられる。

もちろん、これらの領域における現状の問題や、そこで受け手や支援者が抱える葛藤や苦悩は、領域によって異なる。だが、共通する問題群も確かに存在する。人が人を支えようとしたり、あるいは支えている人をさらに支えようとしたりするとき、そこには支援や援助の受け手をどのように捉えるか、そこでの支援や援助をどのように意味づけるか、そして支援や援助を行う担い手自身をどのように位置づけるかという、意味づけのポリティクスやストラテジーが存在する。私たちは、領域の固有性にこだわりつつ、主にそこに注目した。

共通する問題群への注目は、本書の第二の特徴と深くかかわっている。本書の二つめの特徴は、社会学的な観点を採用するところにある。私たちの考える「社会学的」な観点とは、ひとつにはもちろん、社会制度や社会規範が現場に与える影響を捉えることにあるが、それだけに限られるものではない。同時に、現場がそれらに与えるかもしれない反作用を明らかにするところにもある。また、誰かを支えようとする営みを、人と人とがかかわる相互行為として捉え返し、そこで何がなされ試みられているのかを明らかにすることも含んでいる。

そして、領域の固有性へのこだわりは、本書の第三の特徴と深くかかわっている。本書の三つめの特徴は、どの論文も調査研究に基づいて書かれていることである。私たちが取り上げる領域には、それぞれの現場で誰かを支えようと苦しみ、悩み、それでも毎日闘い続けている人たちがいる。私たちは、その人たちの実践と意味づけから学びたい。誰かを支えるという普遍的なテーマは、固有の問題や課題にこだわることによってこそ、浮かび上がってくる。本書が扱う多様な領域を安易に一元化することは、個々の受け手や支援者の抱える葛藤や苦悩を一面的に捉えてしまい、彼らのリアリティを見失うことにつながるだろう。本書に掲載された論文は、それぞれの領域固有の問題群にこだわる中から、誰かを支えるということ、というテーマに、それぞれの形で辿りつこうとしている。

本書の基盤となっているのは、私たちが日頃から議論の場としてきた研究会だが、その研究会を立ち上げようとしたときの合言葉は、「もっと〝人間〟の出てくる議論がしたい」というものだった。今から思えば、いささか気負いすぎた表現だったが、それでも今日に至るまでの私たちの共通した関心と姿勢を託した言葉だったようにも思う。苦闘する現場の人びとに学ぶことで、〝人間〟の営みとしてケアやサポートのあり方を問い直したい。そこから現代のさまざまな社会問題に向き合う力を生み出していきたいのである。

このような本書の特徴は、本書の題名が「ケアとサポートの社会学」と、ケアという言葉とサポートという言葉を併記していることにもかかわっている。ケアもサポートも、医療や福祉と呼ばれる領域全般にわたって、近年しばしば用いられるものであり、どちらも本書が注目するような、支えようとする側とその相手との関係性や意味づけを重視するという意味合いを込めて用いられる言葉である。

ただ、ニュアンスは異なってくる。あえて乱暴に分けるとするなら、ケアというときには、どうしても相手に対する配慮が前面に出る。それに対して、サポートというときには、相手が自己決定できる自立した主体であるという認識が前面に出る。もちろん、配慮をするということと、相手を自立した主体だとみなすということは、相反するものではない。むしろ、しばしば同時に成立するものであり、相互補完的なものである。このことは執筆者たちの共通認識である。それでも、執筆者の視点や強調点によって、どちらの言葉を好むかは異なってくる。

たとえば同じ高齢者介護（ケアもサポートもよく用いられる）を扱うにしても、鈴木や中川、齋藤がケアという言葉に親近感を抱くのに対して、井口はサポートという言葉を好む。同じ医療や看護といっても（ケアもサポートもよく用いられる）、鷹田はサポートという言葉の方を好み、三井はケアという言葉を用いがちである。障害者への支援という文脈においては、状況に応じてケアという言葉が使われたり使われなかったりするが、土屋はどちらかと言えばサポートという言葉に親近感を感じている。生活保護受給者に関しては、これまで「処遇」「指導」等の用語が中心だった中に、「支援」や「援助」という言葉が入りつつあるという現状で、ケアやサポートという言葉が多々用いられているわけではないが、森川はどちらかと言えばサポートという言葉に親近感を感じる。

同様のことは「支援」「援助」などの言葉についても言える。たとえば「支援」という言葉が、「援助」に比して、対象者が自立した主体であることを前提にした言葉だとみなされることがある。本書で言えば、森川や土屋はそれを踏まえて用語を選んでいると思われる。だが、それとは異なる位置づけ方もある。たとえば、鈴木や中川は「援助」という言葉を用い、井口や鷹田は「支援」という言葉を用いているが、ここにはむしろ、家族間でのかかわりを捉える視点と、それ以外の関係を捉える視点との違いが反映されているであろう。

このように、用語法の相違は、執筆者それぞれの対象とする領域と、執筆者自身のスタンスや問題関心を反映している。安易に共通化させることはそれらの固有性を看過させてしまうことになろう。こうしたことから、本書ではケアとサポートを併記し、あまり言葉を統一しなかった。

［各章要約］

本書は、個別の領域における問題や課題に取り組んだ論文が掲載されており、どこから読んでいただいても構わない構成になっている。読者の方々が読み進める上での手がかりとして、各章の内容を簡単にまとめておこう。

第1章（鈴木）は、ある人が、家族の心身の状態が変化するのにともなって、介護という営みを引き受けるようになる過程で、生活史の混乱が生じる中、それに対して生活史を継続しようとする試みを明らかにしようとしたものである。二人の女性へのインタビューを通して、自身の家族の介護を引き受けつつ、相手に対する意味づけを再編成すると同時に、その人自身の生を生きていくありよう、それによって生活世界そのものを再生産していく姿を描き出している。

第2章（中川）は、家族介護の責任が嫁から娘に移行しつつあるという現状を踏まえ、娘として介護を担う人びとが自身の介護責任をどのように捉えているのか、男きょうだいの有無という点に着目しながら解きほぐそうとしたものである。遠距離で通いの介護を担う女性たちへのインタビュー調査に基づいて、男きょうだいと女きょうだいの介護責任における相違、女きょうだい内での老親への介護責任と各自の家族への責任とのバランスなど、さまざまな家族に関する論理が展開されつつ、家族間で介護が配分され担われていくことと、それがしばしばもたらす《罪悪感》とを明らかにした。

第3章（井口）は、認知症をかかえる本人が「思い」を語るという、近年増加している試みが持つ意味について、デイサービスの間に本人から「思い」を聞き取るという実践に関する調査に基づいて考察している。「思い」を聞き取るという実践を丹念に検討する中から明らかになるのは、聞き取りによる本人の「思い」の開示が、本人に「思い」があると考えつつもそのリアリティを維持するのが困難になっていく家族介護者に対して、現在だけでなく、本人自身が語れなくなるであろう将来に向けても、そのリアリティを維持する重要な手がかりを与える可能性を持っているということである。

第4章（鷹田）は、小児ガンの子どもを持つ親の会が病院内で設立された経緯とその発展の過程を辿ることから、そうした会が親にとって持つ意義を明らかにしようとしたものである。ひとつには相互に情報を提供し合い支え合うというセルフヘルプ・グループとして持つ意義もあるが、同時に「悲嘆作業」の場としての意味も持つことが明らかにされ、病院内でこのような組織を作り出すことが、患者の家族を支えるという、近年医療専門職が重視しつつある課題に取り組む上で重要になるとの指摘がなされている。

第5章（三井）は、病院内看護職が末期患者に寄り添う上で、家族とは異なる職業者としての自身のかかわり方をどのように意味づけているかを考察したものである。一方で患者と「家族のように」近しい関係を取り結ぼうとする試みが職務と不可分なものとして捉えられているのに対して、他方では、「のように」と言われるように、家族ではない職業者として自身のかかわり方を規定しようともされていること、そしてそれが有する意義が明らかにされ、そこから死にゆく他者に寄り添うということそのものの意味が考察されている。

第6章（齋藤）は、介護保険制度が施行された現在において、ホームヘルプサービスの多元化が進む中、民間と公的事業所など供給主体の違いによって、実際の介護提供者の職務観にどのような違いが出てくるかを検討したものである。特に、サービス規定以外のことを利用者に求められた際の対応について、その意味づけの論理が、供給主体によって大きく異なっていること、そしてそれはヘルパーが利用者との関係で感じるコンフリクトやジレンマに対処する戦略であることが指摘されている。

第7章（土屋）は、日本の障害者運動において支援／介助の意味内容がいかに捉えられてきたのか、その一端を「福島県青い芝の会」の運動史を辿る中から明らかにしようとしたものである。「福島県青い芝の会」という、関東・関西地区とならんで活発な活動がなされたが、東京や神奈川とは異なり、のちのＩＬ運動にも引き継がれた運動体の歴史を、一九七〇年代の運動を中心的に担った当事者たちへのインタビュー調査や当時のビラなどから丹念に辿っている。そこから、非障害者を差別者として糾弾する姿勢と、共感を求めて支援者を確保しようとする姿勢との間に存在した矛盾や困難、かれらが共感を求めることの危うさを知りつつも、介助者確保という切実な問題とのせめぎあいのなかにあったことを明らかにしている。

第8章（森川）は、生活保護制度における理念上の転換を踏まえた上で、実際に受給者とかかわる生活保護現業員にそれがどの程度反映されているか、その背景とは何かを、現業員へのアンケート調査の分析に基づいて考察したものである。「ストリート・レベルの官僚制」の議論を適用しつつ、調査結果を分析する中から浮かび上がるのは、生活保護現業員が受給者を、権利を主張する一方で義務の行使が不十分な主体と意味づけがちな現状と、そうした現状に現業員が追い込まれる背景となっている、構造的な制約や援助の裁量に対する枠付けのあり方である。その上で現状制度における課題と変革に向けた展望が述べられている。

それぞれの論文は、その領域の固有性にこだわり、そこから立ち上がる問題に取り組んだものである。だが同時に、誰かを支えようとすることの意味や実践のあり方を問おうとする点で共通性を有してもいる。多様性と同時に、根底で有する共通性を感じ取っていただければ幸いである。

三井さよ

目次

第1章　介護経験とライフストーリー
生活史の継続という観点から

鈴木智之

第1節　生活史上の出来事としての介護

　家族のうちの誰かが、加齢にともなう心身の状態の変化によって、他者の援助を得なければ生活の維持に困難を覚えるようになる。このとき、家族の中の他の誰かが、直接に、また多少なりとも継続的に、その人の暮らしを支えるための努力を傾けていく。ここに生まれるかかわりのすべてを、家族介護という言葉で呼んでおくことにしよう。

　人が互いに家族であるということを起点として、その関係の連続線上に生じるようにも見えるこの介護という営み。しかし、その役割を担うことがしばしば困難なものとして経験される。それはなぜなのか。そして、その困難がくりかえし語られながらも、家族はなお介護役割を自らのものとして——ときには進んで、ときには嫌々ながら、しかし多くの場合には嫌も応もない事柄として——引き受け続けている。この両義的な現実はいかにして形作られているのか。本稿において、あらためて考えてみたいと思うのはこうした問題である。

ただし、私たちはここで、介護行為を規定する諸要因を総合的に捉え直そうとしているわけではない。当面の課題は、介護経験を記述するためのひとつの視点を準備することに限られる。このために以下では、介護の担い手による語りに着目しながら、これを生活史的時間の流れの中に位置づけていくことにする。

家族介護の担い手にとって、その経験は、自分自身の生活のある時点で、多少なりとも予期せざる形で浮上する出来事である。もちろん、いつかは自分がという覚悟を決めている人もいるだろうし、そのための具体的な備えをする人もあるだろう。しかし、介護役割がいつ、誰に、どのような形で発生するのかは、基本的に予測困難で、かつ制御不可能なものである。したがって多くの人は、その要求が自分の身にかかわって生じるまで、格段の準備もなく過ごす。それは、ある日ある時点において、他者の側から発せられる呼びかけとともに始まる。

そうした意味において多少なりとも偶発的なこの出来事を、人はそれぞれの生活の局面において受け止めなければならない。介護役割の発生は、それぞれの人が、自分の人生の中のどのような時期に、どのようなタイミングでこれに遭遇するのかに応じて、相当に異なる意味合いを持つ。そして、これをどのような形で担うにせよ（あるいは担わないにせよ）、人はその経験を自己の生活史（biography）の中に組み入れていかねばならない。

第2節　生活史の継続

しかし、人が自らの生活を積み重ねていくということは、単純に新しい出来事をそれまでの経験につけ加えて、延長していくというだけのプロセスにはとどまらない。ときとして、新たな現実との遭遇は、生活史の継続をそれ自体においてひとつの課題として浮上させる。そこには、「私が私の生活の歴史を生きている」という現実を保ち続けることが、あらためて課せられるのである。

では介護の経験は、この継続される生活史の中でどのような位置づけを得るのだろうか。これを考えるために、私たちはまず、生活史の継続に二つの側面を見ておく必要がある。ひとつは、過去の社会的諸関係の中で身につけた感覚や思考やふるまいの「雛型」や「図式」を、人がそのつど新たな状況に適用しつつ、日常生活の世界を再生産し続けるということ。もうひとつは、そこに生起する複数の出来事を「筋立て」のうちに統合し、物語としてのつながりを構成し続けることである。もちろん、この二つの作業は同時に切り離しがたいものとして行われており、その相補的な働きの中で、時間的な持続を生きている自己の感覚が再生産されていく、と見ることができる。

1　生活世界の再生産

生活史の構成を生活世界の再生産過程として捉える視点は、A・シュッツの現象学的社会学によって準備されている。

「われわれは日常生活において常に生活史的に規定された状況に置かれている」とシュッツは言う(Schutz [1970=1980: 30])。彼によれば、人びとは、そのつど直面する生活の場面を、「当面の利害関心」に即して「類型的に」組織していくのであるが、そこにどのような「関連性《レリヴァンス》の体系」が構成されていくのかは、それまでの経験の中で蓄積されてきた「知識」のありように大きく依存している。そのときどきに下される「状況の定義」は、「これまでにもったすべての経験が沈殿し、蓄積された手持ちの知識として組織され、習慣的に保持されるようになったもの」([ibid.: 30]) にもとづいている。この「知識」は、「経験という」「これまでの意識活動の内で、またそうした活動によって構成されたものであり、今ではわれわれのごく当たり前の所有物となっているものである」。人びとは、これを「枠組みとして過去や現在の経験を解釈し、また未来の出来事についての予測を行っている」([ibid.: 31])。過去の経験の記憶が、新たな場面を解釈するための雛形として機能し、これによって生活世界は「慣れ親しんだ」実践の空間としてたえまなく再生産されていくのである。

こうした慣習的世界の再生産の媒体として見れば、ここでシュッツの言う「手持ちの知識」を、さらにP・ブルデューの提示する「ハビトゥス」概念に重ね合わせることもできる。ブルデューによれば、人びとは過去の社会的経験を通じて、「持続可能」な「性向のシステム」を身につけており、これはその後の諸場面における「実践と表象の産出・組織の原理」として機能する。この「身体化された歴史」、すなわちこれまでの社会生活の過程において構成され身についた感覚や思考や実践の型を、彼は「ハビトゥス」と呼ぶ。「身体化され、自然となり、そしてそのものとしては忘却された歴史であるハビトゥスは、みずからがその生産物をなす全歴史の作用しつつある現前である」(Bourdieu [1980=1988:

1-89])。

過去の経験の蓄積と、その中で獲得された再生産図式――「手持ちの知識」や「ハビトゥス」――の作動によって、日々の新たな経験が、了解可能な行為の文脈として組織されていく。これによって、日常生活の世界は、「私」が「私の知っているやり方」でふるまうことのできる場であり続ける。それによって「私」は、「私の知っている私」のまま、この世界を生き続けることができる。〝生活史の継続〟は、その土台において、こうした生活世界の不断の構成作業に支えられている。

2　物語の継続

しかし、「私が私の生活の歴史を生きている」という現実は、こうした慣習的世界の持続（再生産）によってのみ保証されるわけではない。同時に、自己の歴史性は、経験の物語化――物語的統合形象化――によってもまた支えられている。

「物語（narrative）」とは、複数の出来事を時間の流れにそって配列し、これを「筋立てる」ことによって意味づけていくプロセスであり、その所産である。物語られることによって、一つひとつの経験は偶発的で孤立した事実であることをやめ、時系列的なつながりの中で他の経験に結びつき、ストーリーを構成する。諸経験はそれによって、（特異な）因果的な連続性のうちに位置づけられ、時間的な方向性を獲得する。

諸個人の生活史もまた、その一側面において、物語として理解され、構成されていく。「私」は、時間的な経過にそって意味をなす出来事のつながりを生きており、たえずその物語を語り継ぎ、語り直しながら、「私の生活の歴史《ライフストーリー》」を紡ぎ出していかねばならない。その限りにおいて、生活史の継続とは、人が自らの物語を語り続ける（＝生き続ける）ということを意味している。

このとき、その物語化の作業は、必ずしも狭義の「発話行為（speech act）」をともなうものではない。言語化されないさまざまな行為も、物語的な意味連関をもって生起し、その行為のつながりの中ですでに理解されている。

また、物語を語り続ける主体が、過去から現在に至るまで、実体的に安定した同一のストーリーを生きている、と考える必要もない。生活史を継続するとは、必ずしも人がずっと同じ物語を生き続けている（ストーリーの継続）ということではなく、物語の語り直しの可能性も含めて、人が常に自己の物語の語り手としてふるまい続けているということ（ナラティヴ・アクトの継続）を意味する。

さらに言えば、人が常に単数の物語を生きていると考えるべきでもない。しばしば人は、そのときどきの出来事を挿入することのできる複数のプロットラインを保有しており、ひとつの出来事を、重層的な物語的意味において受け取っている。

したがって、それがいかなる形であるにせよ、経験のつながりの中で物語的時間性を失わないということがここでの課題となっているのである。物語るということは、時間を産出し続けること、すなわち過去と現在と未来の出来事を組織化し、そこにひとつの方向性を呼び起こすことである。その時間的なつながりを保ち続ける試みが、〝生活史の継続〟を支えるもうひとつの作業となる。

3　二つの（複数の）時間の接続

生活史的状況の再構成と物語的時間の産出。この二つの作業は不可分のものであり、日々の生活の中で同時に遂行されていく。このとき、日常的な相互作用場面はそれ自体のうちに物語性をもって組織されており、その場でのやりとりが、より長いタイムスパンの中で理解される物語の構成要素となっていく。しかし、場面ごとに構成される「短い物語」とより大きな広がりを持った「長い物語」がすべて円滑に接続し、前者の連続線上におのずから後者が生まれ、後者が前者を包摂するとは限らない。したがって、そのときどきの相互作用において生じる出来事を、生活史的な時間の流れの中に統合していくことは、それぞれの生活者、それぞれの物語の語り手に負わされるひとつの課題である。すなわち、「日々の出来事の時間」と「ライフストーリーの時間」との連続性を確保することが、生活史の継続にとってひとつの要件になる。もちろん、先にも述べたように、すべての出来事が単一の物語（時間）に包摂されることが必要なわけではないし、日常生活の経験の大半は、人生の物語からは脱落してしまう瑣末な事実の積み重ねなのかもしれない。しかし、場面ごとに生じる小さな物語のうちにライフストーリーとのつながりをまったく感じとることができない場合には、一つひとつの出来事がそのつど断ち切られて、「私が私の生活の歴史を生きている」という実感を保ちづらくなる。逆に、今この場面においてなされていることが、「私」の「長い物語」の一部であると信じられるならば、そこには確実に生活史が刻まれていると感じとることができる。

4　関係の継続

ところで、「私が私の生活の歴史を生きている」という現実を指し示すものとして「生活史」という言葉を用いるとき、そこに想定されるのは、さしあたり個人の生活の歴史である。しかし、この個人的事実としての生活史は、常に、他者との協働のうちに生起する。相互作用の場としての生活世界も、物語としてのライフストーリーも、自己の意志によっては制御しきれない他者、それぞれに個別の生活史を生きる他の主体との関係の中でしか実現されえない。したがって生活史を継続するとは、常に他者との関係を適切に組織化していく過程としてである。

このとき、場合によっては、ひとつの関係の継続が個人の生活史の継続を困難にすることがある。そうであるならば、「私」が「私の生活の歴史を生きる」ために、他者と訣別したり、ときには他者を排除することが必要になる。しかし、他の多くの場合には、その同じ目的のために、これまでに築かれてきた関係を延長させ、相互のかかわりを保ち続けることが要求される。

「私」のふるまいに「他者」が応答する。その相互的なくりかえしの中で、了解可能な意味を産出しながら、日常生活の世界が構成されていく。このとき、共有された「手持ちの知識」や「ハビトゥス」は、人びとが過去の経験を参照しつつ、そこに一定の類似性をもった関係を反復させることを可能にする。そして、この再生産される相互作用過程の中で、「私」と「他者」は何らかのカテゴリー名称――たとえば「父」と「娘」――を付与され、関係としての――たとえば、「家族」としての――同一性を獲得する。かくして相互作用は、そのつど新たな内容を含みつつも、それまでの履歴に条件づけられながら、「同じひとつの関係」を更新するものとなる。そして、この関係の再生産を通して、「私」は「他者」の、「他者」は「私」の生活史の継続を支援していく。しばしばそれは、「私が私の生活の歴史を生き続ける」ための必要条件となる。

第3節　生活史の混乱と生活史上の作業

上に述べたような意味での生活史の継続という課題を、私たちは、何らかの形で、また何らかの程度において、日々に充足しながら生きている。しかし、多くの生活者にとって、またほとんどの生活の場面で、その作業が自覚的に担われているわけではない。「私が私の生活の歴史を生きている」という単純な事実が、ことさらに達成されるべき課題として浮上してくるのは、特異な契機が介在したときに限られる。

たとえば、重い慢性の病いを患ったとき。しばしば人は、それまで当たり前のものと思っていた慣習的な生活様式の見直しを強いられ、同時に生活の歴史を方向づけていた物語の破綻に遭遇する。生活史の継続そのものが問題として主題化されるこうした契機を、M・バリーは「生活史の混乱(biographical disruption)」と呼んでいる。バリーによれば、重篤な病いの経験は、「日常生活の諸構造とこれを支えている知識の諸形態」を根本から動揺させるような出来事である。病いは、①それまで自明視されていた前提や行動様式を解体させ、②それまで一般に用いていた説明体系を混乱させることによって、それぞれの「自己の物語」と「自己概念」に根本的な見直しをうながし、③そうした変質に対して、さまざまな資源を動員して再構築をはかることを要求する。そして、この「危機的状況」に対するさまざまな対処の試みを、バリーは、コービンとストラウスにならって「生活史上の作業(biographical work)」(Corbin & Strauss［1988］)と呼ぶ。

生活史を継続させるための作業《ワーク》は、さまざまな形をとりうる。「生活史の混乱」は、身体化された慣習的行為の図式が円滑に作動し得なくなる状況であるから、一方において、生活世界の再生産のためには、まず身体的能力が獲得され、身体と環境世界との折り合いが回復されねばならない。そこで、たとえばリハビリテーションのプログラムに従うことがその作業の一端を担うこともあるし、黙々と日常生活の中で労働を継続することがそのまま生活史の再構成につながる場合もある。

しかし他方では、文字通りの意味において「語る」こと、つまり「発話行為としての物語（storytelling）」もまた、その作業にかかわりうる。A・フランクが論じたように、重篤な病いの経験は、それまでの人生を導いてきた「海図と目的地」を「役に立たないもの」にしてしまう。自己の生を方向づけてきた「語り」が「難破」するという経験。それはしばしば、人びとが「物語の語り手」となることをうながす。語りを通じて、人は「自分と世界との関係に対する新たな見方」を学び、「変化してしまった身体が再び慣れ親しんだものとなりうるように、身体に声を与え」なければならない（Frank［1995=2002: 18］）。「難破船の修復作業」にも喩えられるこの「語り」という行為は、「生活史の混乱」に対する応答のひとつの形である。

家族を介護するという経験もまた、同じように生活史の継続という課題を浮上させ、さまざまな「生活史上の作業」を呼び起こす契機となる。L・エイヤーズはすでに、こうした観点から、「家族ケア」の担い手たちがいかに「生活史の混乱」に対処し、自己の経験をどのように意味づけていくのかを分析している（Ayres［2000a］;［2000b］）。

エイヤーズは、コービンとストラウスに準拠しながら、「すべてを現在の光に照らしながら、過去をとらえ直し、現状を検証し、未来へと投影する」ことによって自己の経験に意味を与える試みとして「生活史上の作業」を位置づける。「生活史上の作業とは、（……）個別の状況の、『過去－現在－未来』という、より大きな文脈への統合を示そうとするものである」。そして「おそらくは、ケア提供者たちもまた、愛する人の病いや障害がその生活の中にもたらした変化に意味を与えようとするとき、同様に生活史上の作業を行っている」（Ayres［2000b: 431-432］）。

　しかし、なぜ家族介護の経験がこうした「生活史上の作業」を呼び起こすのか。ここであらためて、その「問い」の所在を確認しておかねばならない。というのも、一人の個人が新たな状況に直面し、新たな役割を取得していく過程のすべてが、生活史の継続を困難なものにするわけではないからである。既述のように、人びとはこれまでに身につけた「図式」――「手持ちの知識」や「ハビトゥス」――を適用して新たな状況を構造化していくのであるが、その際、常に環境世界からの反作用を受け、これに対して自らの図式を修正していかねばならない。その動態的な過程のすべてを「危機的状況」と見なす理由はない。同様に、自己物語の再帰的な語り直しも、「近代生活《モダニティ》」の条件として（Giddens［1991］）、そのつど新たな状況の中でたえまなく要請される。では、家族介護は、どのような位相において、「生活史の混乱」と呼びうるだけの経験をもたらすのだろうか。

　また他方で、家族介護を、生活史の継続の阻害要因としてのみ捉えることにも留意を保たなければならない。人は自らの生活の歴史を生きるためにこそ、家族の生活のケアにかかわらねばならないことがある。そのとき、介護経験の困難はどのような意味を持つ出来事として受け取られていくのか。こうした問いに照準化して、以下、具体的な事例の検討に向かうことにしよう。

第4節　介護経験の語り

ここに取り上げるのは、家族介護を担う二人の女性――AさんとBさんと呼ぶことにする――の語りである。(1)

二人の女性は、その年齢や、家族構成や居住形態、介護される人の身体的状態などにおいて、大きく異なる状況に置かれている。しかし、その一方で、両者の間にはいくつかの共通点が見られる。たとえば、二人とも実の親の生活の援助にかかわっていること、介護保険制度などを利用して家族外の支援を活用しつつ、在宅での生活を選択していること、そして何より、かつて看護師としての職業経験を持ち、現在も看護やケアにかかわる職場に身を置いていること。

これらの属性が彼女たちの経験をどのように条件づけているのかは、もちろん検討されるべき問題である。特に、かつて看護職にあったという条件が、二人の家族介護のあり方を相応に例外的なものにしていることは想像に難くない。その意味で、ここに取り上げる事例は、家族介護のそれとして典型的でも代表的でもない。しかし、職業者としてケアの現場にかかわってきた人、それゆえにさまざまな資源――技術や情報や社会関係――を持つ人が、家族介護の経験をどのように受け止めていくのかという問題は、むしろその「偏り」ゆえに私たちの関心をひきつける。その語りを通じて、家族ケアに特徴的な様相を掬い上げることができるように思われるからである。

1　Aさんの語りにおける介護経験とライフストーリー

Aさんは、現在（調査時点＝二〇〇四年八月）三五歳。東京都内の医療短大を卒業後、一一年間、看護師として病院勤務をしてきた。二年半前に退職、その後ケア・マネージャーの資格を取得し、現在は地域の事業所で働いている。また、二年前から心理学の勉強を始め、臨床的なカウンセリングの考え方も学んでいる。看護師としての仕事を離れて数ヶ月後に結婚。それまで一緒に暮らしてきた両親の家を出て新しい生活を始める。現在は夫と二人暮らし。姉が二人。いずれも結婚して親もとを離れている。Aさんは、月に一、二度、実家を訪ね、「認知症」[2]の父親のケアをする母親のサポートを行っている。

父親は現在七一歳。長く自動車のボルトを扱う小さな会社を経営してきたが、一二年ほど前から「物忘れ」が見られるようになり、一〇年前に、「脳血管性痴呆」と診断される。あわせて、狭心症と糖尿病を患い、服薬を必要としている。

①看護師としてのケアと家族としての介護

看護師として一一年間の職業キャリアを持つAさんは、病院でも「高齢者の多い科」に勤め、「痴呆の方と接する機会」もあったと言う。その「医療専門職者」としての経験は、自分の父親の「呆け」を受け止めていく過程でも大きな支えになっている。

たとえば、聞き取りの中で、「お父さん」の「物忘れ」が始まった時点で「かなりきちっと対応できていた」と感じていますかという質問に対して、Aさんは次のように答えている。

【A1】痴呆の発見って言ってしまうと、確かに、私は痴呆の方と接していたじゃないですか、自分が。だから、あ、ちょっとこれはいつもと違うなっていうのには敏感だったかもしれませんよね。会話もまあ、それなりに一緒に住んでたわけだからしてたわけで、あの、やっぱりなんて言うんだろう、敏感には反応できたと思いますけど。で、他の方よりも受け容れが、あ、痴呆だっていう感覚は受け容れやすいというか、その点は自分が医療者であってよかったと思いますね。

あるいはまた、「痴呆」が進むとその人らしさが失われていくとイメージされているけれども、その中で「お父さんらしさ」というものをどう認識しているのですか、という質問に対しても、彼女は明確にこう答える。

【A2】ごめんなさい、私、たぶん人格変容が起きるものだと思っています、痴呆になれば。で、父の性格は、もしかしたら変わるかもしれないっていうことも分かっていて、でも、今父が望んでいるものに応えられるような生活ができればいいと思っています。

多くの家族が、「呆けていく」人の変容に戸惑い、これを受け容れる枠組みを獲得するまでに時間を要する（出口［1999］；井口［2006］）のに比して、ここに示されているのは、医療の専門家として知識と経験を身につけてきた人ならではの受け止め方である。しかもAさんは今、ケア・マネージャーとして、介護生活を支援する仕事に従事している。彼女自身が言うように、「サービスがいろいろあるんだっていうこと」も分かっているし、「ボランティア」のことや「社会福祉」のことにも多くの「情報」を持っている。

しかし、こうしたケア・ワークの専門家であるAさんにして、「精神的にも肉体的にも、負担は、家族、介護者っていうのは、やっぱり苦になるなあ」という言葉をもらす。それはひとまず、日頃から「父」の世話を行っている「母親」の苦労を思ってのことかもしれない。しかし、家族ゆえの苦心は、Aさん自身にも共有されるものである。では、その家族としてのかかわりの難しさはどこにあるのだろうか。

Aさん自身がこれを直接に語る言葉に寄り添えば、それはまず感情の問題である。

【A3】あのー、家族であるがゆえに、愛情が、せつなくなっちゃったりとか、虚しさがあったりとか、怒りがあったりとか、落ち込みがあったりとか、そういうことが出るんですよ。看護師として他者を見てる、患者さんを見てるときって、そこまで感情移入しないんですよね、正直言うと。もちろん、優しい気持ちでありたいという仕事の専門性とか、ここの線は入っちゃいけないっていうラインがあるから、そこは余計自制心が利くんでしょうけど、対家族になると、やっぱりちょっと傷つく発言を言われたりとか、そうするとなかなか難しいんだなっていうのが自分の中でもあったりとか。

「優しい気持ちでありたい」ということを、自らの専門性として受け止めながら、同時に看護師としての他者へのかかわりにおいては、一定の範囲において自制的な「感情管理」(A・ホックシールド)がなされていたことをAさんは自覚的にふりかえる。そしてこれとの対比で、家族ゆえの対処の難しさ、介護者の側の「傷つきやすさ」があると語る。

② 「父らしさ」を支える

ではなぜ、家族の間では、感情をめぐるコンフリクトが、固有の「難しさ」をもって現われてくるのだろうか。

そのひとつの理由は、この場に生じる相互作用が介護する人と介護される人との関係には還元されえないという点に求められるだろう。Aさんにとって、目の前にいるのは、「認知症を患う人」であると同時に、あるいはそれ以前に「父親」である。その日々のかかわりにおいては、「父」と「娘」との関係、さらには「母」を含めた「家族」としての関係の継続がひとつの大事な課題となってくる。

それは、インタビューの中でくりかえし用いられた「父らしさ」という言葉のうちにもうかがうことができる。たとえばAさんは次のように語っている。

【A4】この先やっぱり痴呆って、長く、身体的に問題がまあうちの父の場合はありますけども、それでも長いお付き合いになっていくと思うんですよね。で、それが少しでも、父らしい生き方っていうんじゃないかな、そういうものを生きてもらえたら、私はいいのかなっていうふうに。

ここでAさんの言う「父らしい生き方」とは何であろうか。一面において、その「父らしさ」は、

「父親」がそのときどきの思いに素直であることである。したがって、「私」のかかわりは、それがどう変わっていくにせよ、その時点での「父」の思いを受け止めることにあると捉えられている。しかし、他方で「父らしさ」は、「父の中の変わらない側面」、あるいは連続する側面に向けられてもいる。それは、直接的には、父親の性格として語られる。たとえば、「一度思い込むと絶対に譲らない、非を認めない」頑固なところ。あるいは「プライドはすごく高い」けれど、「人当たりはすごく良く」て「人と接するときは（……）気を遣いすぎてしまう」「内弁慶」なところ。こうした性格は、「父」の「痴呆」が進んでも、なお変わるところのないものとして確認されている。Aさんの介護は、病いや老いの中で変貌しつつも、なおも変わらない個性をもった「父」と向き合い続ける営みとしてある。

そうであるとすれば、【A2】に引いた発言の奥には、やはり、ある種の緊張が隠されていると見ることができるだろう。Aさんはここで、「(呆けの進行にともなって）人格は変容するもの、だから、そのときどきのその人の思いに応えていけばよい」のだと語っている。同様の発言は、他の場所でもなされており、たとえば、物忘れが激しくなって「そのとき言った」ことをその「矢先に忘れちゃう」としても、そのときどきの「父の言葉」を受け容れていきたいのだと、Aさんは言う。

【A5】とりあえず、まず自分の父親の意見を聞こうっていうのが一番なんで、そのとき言った矢先に忘れちゃうんですけど、現実に父が今感じている事柄は、その都度違っていても、今のありのままを受け容れなきゃいけない、いけないいんじゃないいな、受け容れてみたいなっていうふうな気がしてて、で、あの、これはやっぱり自分の訓練がすごく必要だっていうふうに思いました。

その時点での、その人のありのままを受け容れようとする姿勢は、持続的な「記憶」を保ちがたくなっていく人に接していく際に、周囲の人びとが身につけねばならないひとつの身構えである。ただし、それだけのことならば、医療者が患者に接する際の姿勢についても、まったく同じ指針が提示できる。しかし、このときAさんは、そのために「やっぱり自分の訓練がすごく必要だ」と感じている。それはおそらく、そこにある他者が、なお「父」としての同一性をもって現われてくるからである。そのつど変わっていく他者への応答が、同時に「父」に対する応答でもあり続けるということ。そこに現われる「父らしさ」を支えつつも、「痴呆」の人に対するにふさわしい合理的な態度を保つこと。この二重性が、Aさんの「父」へのかかわりを、単純には割り切れないものにしている。

③「父」の生活史の継続

ところで、ここで主題化される「父らしさ」は、単にその人の性格的な特徴としてのみ現われてくるものではない。「父らしさ」は、「父」の生活史の中で培われ、その継続の中で支えられねばならない現実としてある。したがって、その病いにともなう諸々の変化の経験は、「父」の生活史上の出来事として意味を帯びる。

たとえば、Aさんは一時期、父親や母親と「成年後見制度」の導入を検討したことがある。それは、この先「痴呆」が進んでいったときに、誰かのもちかける「うまい儲け話」に乗せられて、「父」が「サインして印鑑を押して」しまったりしないように、という配慮からのことである。本人も含めた話し合いの上で決めたはずのこの判断ではあったのだが、いざ「印鑑を預かる」という話になると、「父」

が「俺にはもう判子押すなってことか」と「切なそうに」言う。これに対してAさんは次のように思う。

【A6】私それ聞いたときに、あーそこまで私奪っちゃったのかなーっていう気分になって。納得して、みんなで納得して決めた事柄なのにもかかわらず、なんて言ったらいいんだろう、自分も、たぶん本人も、痴呆だっていうことをそれで受け容れなきゃいけない、この事柄じゃないですか。で、私もそれで、なんか、父親の責任じゃないけど、そういうのもなんか取っちゃったのかなーっていう気分にもなったりとかして、何かやりきれない切ない思いはしたかな。

その「切ない思い」は、長く自分の会社を切り盛りし、お金の管理をしてきた「父」のライフストーリーに照らしてみることによって、よりいっそう明確な像を結ぶ。インタビューの中で語られた「父」の会社のこと、その仕事の上でのエピソードは、この「もう判子を押すこともできない」という現実との対照の中で、「父らしさ」の一側面を語るものとなる。「もともと経営をしてたとかそういうのもある」ので、「お金にはとってもこだわりがある」という「父」の、ライフストーリー上の一エピソードとして、「成年後見制度」の導入（検討）という出来事は受け止められる。

このように、病いや老い、あるいは呆けがもたらすさまざまな帰結は、生活史上の出来事として意味を結ぶものである。したがって、周囲の人びとの働きかけは、症状や衰えに対する対処であると同時に、その人の生活史の継続を支援しようとする営みとならざるをえない。「父らしい生き方」を「生きてもらいたい」と願うAさんであればこそ、「お金の管理」を任せられないという事実に、ことさらの思いを禁じることができないのである。

こうして、介護する人には、介護される人の生活の履歴に対する配慮が生じる。そして、これを念頭において見るならば、Aさんによる日々のかかわりもまた、その人の生活史を支えるという課題と密接に結びつく形で組織されていることが分かる。

たとえば、薬を飲んだことを忘れてしまう「父」の前に、故意に薬の殻を残しておいて、「さっき飲んだ」のだけれど「忘れてしまった」のだということを自分で気づいてくれるようにうながす。あるいは、しまいこんだものを見つけられなくなってしまったときに、「まずは一緒に探し」、できれば「父に自分で見つけてもらう」ように工夫する。それは、「薬を飲む／飲まない」、「物を見つける」という行為を確実にすることではなく、父親が自分で自分の状態を確認し受容していくことを待つという態度であり、同時に、父親が周囲の人びとへの猜疑心（たとえば「盗られた」という妄想）を抱かずにすむようにするための工夫である。

しかしそれだけではなく、Aさんはそれを、「父」に対して「尊敬」の念をもって接し続けるための方法でもあると言う。その前提には、自分が「父をコントロールしよう」として、その結果「父を見下しちゃって」、その「人格すら否定していた」のかもしれないという自省の念がある。ここでもAさんにとっては、そのときどきの「父」を「今の父」として受け止めながら、父親への「敬意」を失わずにいることが大切な課題になっている。それは、慣習化された相互作用の様式を自省的《リフレクシヴ》に再編しながら、「父」と「娘」との関係を支え続けるための作業《ワーク》でもあるのだと言えるだろう。

④「私」の生活史を継続する

そして、このように「父」の生活を支援する役割を担い続けるということは、Aさんにとっては、自分自身の〝生活史の継続〟のための作業でもある。たとえば、「二人の姉」に比べて三女であるAさんが相対的に重い負担を担っていることに対して、「一番背負っている」という感じを持っていますかという質問を向けたとき、彼女はこう答えている。

【A7】うーん、長かったからね、一緒にいたのがね。どうだろう、私ね、多分やらないと逆に気がすまない（笑）。なんだろ、心配なんでしょうね、変な話、そばにずっといたから。

「長く一緒にいたから」、「そばにずっといたから」、「多分やらないと気がすまない」という動機の語り方は、簡潔なものに聞こえる。その簡潔さは、「背負う」か「背負わない」かという選択の前に、そうある他はなかったという事実が先行しているところから生じているように思われる。しかし、それは単純な規範的意識の現われではなく、「長く」「一緒にいた」、その家族の生活の履歴の中で、Aさんにとっては当然のかかわりが生まれている、ということであるだろう。もちろん、それと同時に、看護師としての教育・職業キャリアの蓄積が、その身構えを後押ししている。たとえばそれは、「私は看護婦だからっていうのもあって、頑張りすぎちゃって……」という言葉、あるいは、「父」とのかかわりをもまた「専門職」としての「成長」の一過程であると受け止めるその言葉遣いの中にうかがい知ることができる。

しかし、介護役割を受容し、それを遂行することだけに、Aさんの生活史が収斂していくわけではない。父親のケアを「やらないと気がすまない」事柄として引き受けながら、彼女は自分自身の生活の実現に向けて歩み出してもいる。たとえば、Aさんが結婚して、両親の家を離れたのは、父親が「痴呆症」と診断され、ケアが必要になったその後のことである。「(この時点で) 結婚して出て行くっていう決断」に迷いはなかったのですかという問いに、Aさんはこう答える。

【A8】要はその相手と幸せになることが、私の幸せでもあり、親の幸せでもあるっていうふうに感じられたことかな、結論から言っちゃうと。

【A9】先のことを考えて、何年先のことも分からないのに、ここで結婚しないのは、やっぱり今の二人の中では良くないよねって話になって。今はちゃんと私たちが幸せになることが、みんなを……、両親とも望んでくれてることだし、大切だよねって。

Aさんは、「嫁に行くとき」に父親から「幸せになれ」と言われたことを、「ずっと覚えている、幸せな」出来事として記憶している。自分が幸せになることが、「親」にとっての幸せでもあるということを確認しえたからこそ、「結婚する」という選択が可能になっているのである。ただし、その前提条件として、「どちらの親が調子が悪くなっても、おたがいが一緒に看よう」という約束が「夫」との間に交わされていたし、同時に、結婚後の新居が両親の家に「通える」距離であるということも「計算」されていた。しかしいずれにせよ、「父」と「娘」の間にはライフストーリーの実現に関する期待の相補性が確保されている。そうであればこそ、自分の人生を実現していくための選択として、「家を出る」ことができたのである。

こうして、いくつもの条件の積み重ねが、自分自身の結婚と、仕事の継続と、親元に通っての介護との両立を可能にしている。その「介護ライフスタイル」の選択は、Aさんが自らの生活史を継続し、前進させるための戦略であるようにも見える。

2　Bさんの語りにおける介護経験とライフストーリー

もう一方のBさんは、現在（調査時点＝二〇〇五年五月）六一歳。三四歳（一九七九年）のときまで、岡山県で医療施設に勤務し、その後単身で上京。東京で看護師の仕事を続けながら、大学・大学院に学び、学位を取得する。現在は、看護大学の教員である。

Bさんは六歳のときに父親を亡くしている。兄弟姉妹なし。以来、母親と二人の家族関係。その母親は現在八八歳。一九八七年の春に東京へ呼び寄せ、同居。一九九四年（母七八歳のとき）脳梗塞で倒れ、一時期は回復するものの、その後、次第に食事の世話や排泄・入浴の介助など、日常生活のケアが必要になる。Bさんは、友人の看護師や「ヘルパーさん」の支援を受けながら、仕事と介護の両立を続けている。

①「母の老い」を受け容れる

Bさんもまた、長く看護の現場と教育にかかわってきたケア・ワークの専門家である。そして、看護も介護も「ケアってことに関しては」「基本は同じだと思う」と語っている。しかし、彼女もまた「この期におよんで、やっぱり介護の大変さっていうのを」感じていると言う。

その「大変さ」の理由のひとつは、Bさんが「母の老い」を容易に受け容れられないというところにある。「私が母の老いを、老いていくってことを、それがとにかく受容できなかった」とBさんは言う。「母の歳をとっていくことがもう受け容れられないっていうか、認められないっていうか、いらいらするし」と。以前ならば、言われたらお互いに言い返すような関係があり、事あるごとに「ばんばん言って喧嘩してた」。ところが今は、ちょっと言われると「母」の方が「しゅんとして」しまう。「やっぱまともに切り返してくれてたほうが良かった」とBさんは思ってしまう。

長く生活をともにしてきた親が老い衰えて変貌していくという事実を受け止めること。家族介護はしばしばそこから始まる。しかし、その過程は単に、目に見える親の姿を受け容れるという認知的な作業にはとどまらない。介護者として日々の生活をともにする人にとって、受け容れるという事態は、相手の反応を受け取り、これをまた送り返していくという作業の積み重ねの中に生まれるものである。Bさんがつい「いらいらして」しまうのは、この相互作用のリズムを、かつてのように維持できなくなっているからでもある。

たとえば、ベッドからトイレへ、あるいは食卓へと移動するときのリズム。「さっと起き上がって立ってくれればいい」と思うBさんを前に、「お母さん」は「マイペースで」、「ベッドにほこりがついているとか、糸くずがついているのを」とって、「それからテレビをじっと眺めて」ようやく立ち上がる。「私なんかいらいらして、早く早く言うけど、言ったら余計に動かなくなる」とBさんは笑う。この点について彼女は、今来ている「ヘルパーさん」の対応ぶりに学ぶところが大きかったと言う。「ヘルパーさん」は「母が本当に自分のペースで」「思うようにさせて」くれている。

【B1】ヘルパーさんはその、お母さんに、自分の力でこうやって立ち上がれてね、やっとこさ立ち上がって、やっと移動していくのを、自力でしていきながら、それで疲れたら休みますかって言って、ちゃんとまた椅子置いて……。あそこのベッドのところから食卓まで［＝二～三メートル］行くのに二～三〇分。（……）顔拭いて、おしっこして、食事開始まで三〇分くらいかかってる。そのくらいまあ、母のゆっくりゆっくり行く分にあわせて休みながら。

この「母」のスローペースを「待つ」こと、待ちながら支援することがBさんにはなかなかできない。彼女はそれを、「私も看護婦だったから」と説明している。病院での看護は医療者のペースで組織されているので、患者の動きが遅ければ、ついそれを急かしてしまう。しかし、家庭での介護は、しばしば老いて衰えた人のリズムを待つところに成り立つ。身についた職業的な癖——看護師のハビトゥス——が、そのギャップに「いらだち」を生むのである、と。しかし、看護と介護の落差として語られたこのズレは、同時に、これまでの生活の中で作ってきたリズムと、今の母親との間で可能になる相互作用のリズムとの、容易に埋められない落差の所産でもある。そうであるとすれば、それは、長く生活をともにしてきた人ほど適応しがたい現実であるのかもしれない。

②互酬性の語り

しかし、Bさんにおいてもまた、介護役割を自分が引き受けるということそれ自体に関しては、身構えに揺らぎがないように思われる。「私なんかもう一人〔＝一人娘〕だから逃げようもへちまもない」というBさんにとって、自分がその役目を負うということは、それ以上の動機の表現を要しない自明の現実なのかもしれない。しかし、少し次元をずらして見れば、私たちのインタビューに対して語られたBさん自身のライフストーリー、Bさんと母親との生活の歴史が、介護を、そうある他はない出来事として提示していたのだとも言える。

Bさんの「お母さん」は、母一人娘一人の関係の中でBさんを育て上げ、その職業的な（看護師としての、教員としての）キャリア形成を支援し、研究に追われる生活をバックアップしてきた。一人で東京へ出て行くと言い出したときにも、「私の将来を考えて、行かさにゃいかんと思って、出してくれたみたい」だとBさんは言う。しかし、そのお母さんは、「仕事」やら「研究」やらに娘を奪われてしまうことに強く嫉妬する、いささか独占欲の強い母親でもあった。その点に関して、興味深い二つのエピソードを、Bさんの語りの中に見ることができる。

ひとつは、一九九七年（平成七年）に、「お母さん」が「貧血」で倒れて、意識不明の状態になったときのこと。

【B2】先生がもうびっくりして（……）、この貧血が何が原因かわからない（……）、ものすごい貧血だったから、消化管出血と、消化管腫瘍と、消化管潰瘍の疑いとかって、三つぐらいすごい病名がついて、で、まぁひょっとしたらこれは悪いもんで、便秘もしてるから、そういうなんかもう、ガンによる貧血か、それで大出血起こしてて、詰まったままになってるんじゃないかって、そういう設定で説明を受けてて。で、とにかく輸血をしますって、意識もなくって、それで私二週間休んで付き添ったんだけど、お母さんが一週間ぐらい何にも覚えてないみたいで、それでそんときに、意識が最初に戻って言った言葉が、やっとあんたは私の方をふりむいてくれたって言ったんだよね、付き添ってあげてたら。

生死にかかわる（と説明をされた）状況の中で、何も覚えていないように見えた「母親」が、意識をとりもどして、まず第一声に、「やっとあんたは私の方をふりむいてくれた」と語る。Bさんはこの言葉を受け、自分が「仕事、仕事、仕事」と言い続けてきたことで、「母」は「ほったらかしにされている」と感じてきたに違いないと、その思いを再確認している。

もうひとつは、そのさらに三年前。「お母さん」が最初に脳梗塞で倒れる直前のこと。Bさんは、昼間に教員として働きながら、夜間の大学院に通い修士論文の執筆に追われていた。その娘の生活の世話をしながら、「お母さん」は、自分のふるまいを「夕鶴みたい」だと語っていたという。

【B3】よく七八［歳］まで、私が修士終わって、学会発表とか全部終わったところでぶっ倒れたからね、やっぱりもう相当きつかった。夜間修士行ってるころが相当きつかったみたい。夕鶴みたいだってね。自分の羽抜いて、夕鶴がほら、織るでしょ。あれみたいに、私は自分を消耗してね、あんたのためにやってるって。(……)自分で、そうやって夕鶴みたいにね。

「お母さん」が我が身の献身ぶりを喩えるために持ち出した物語のメタファー。それは、確実に「娘」の記憶に引き継がれて、二人の物語をリードするコードのありかを指し示す。そこに語られるのは、言うまでもなく、「恩返しの物語」である。

この「物語」に含みこまれている認識をあえて規範的な言表に置き換えてみれば、Bさんの介護をうながし正当化しているのは、互酬性の倫理であると言うことができる。「七八[歳]までしてもらったんだから、やっぱり後は私の役割だと思って」というBさんの言葉は、物語の結末に導き出される規範的な教訓を確認しているようにも見える。

しかし、そこに規範的な意識が介在していることを認めた上で、私たちはこれが物語の形をとって語られていることに踏みとどまって考えてみたい。「AならばBであるべきだ」という言表に従ってある行為を選択するということ(規範的判断)と、「AがあってそれからBがあった。それでCになった」という成り行きの中である行為を引き受けること(物語的判断)の間には、認知の形式――現実の受け止め方――において大きな差異がある。規範が、その定義上、一般化された状況認識にもとづくものであるのに対し、物語は、類型性に依拠しながらも、そのつど個別の関係の中で個別の判断をもたらす。Bさんの語りは、その帰結として規範的な認識を生み落とすにしても、基本的に「物語モード」(J・ブルーナー)で進行していく。そこに示されているのは、母親の介護を担うまでにいたる物語的必然性に他ならない。

③生活史の継続としての介護

Bさんに対するインタビューにおいて印象的であったのは、そのライフストーリーの圧倒的なボリューム——重さと厚み——である。特に忘れがたいのは、聞き取りを始めてすでに一時間がすぎ、介護生活の経過とその苦労について一通りの話をうかがったあと、聞き手の一人が、「Bさんと、お母さんの関係っていうのはずっと今みたいな感じで続いていたんですか」と質問を向けたときのことである。このいささか漠然とした問いかけは、しかし見事に「引き金」となって、そこからBさんは、自分と母親のそれまでの人生を、ほぼ丸ごと、一挙に語り始めたのであった。

「父」を亡くした後も、「母」は、「私（Bさん）」が「苦労するかも分からんからと言って」再婚しようとしなかったという話。母親の働いていた会社の寮での生活の思い出。「父の死を契機として」医者になりたいと思っていたBさんのところに、「叔父さん」が「看護学校もある」という話を持ってきてくれたこと。看護師となって働いた「結核病棟」や「ハンセン病の療養所」時代のエピソード。東京で勉強しようと思い立ったときのきっかけや、それを励ましてくれた人びとのこと。折々に影響を受けた書物や人物。上京後、昼間は「新米婦長」として働きながら、夜はK大学の通信教育のスクーリングに通っていた「二足のわらじ」の時代。東京近郊の家に住み始めた頃の「母」の暮らしぶり、などなど。戦後を生き抜いてきた一人の看護師とその母親のライフストーリーが、それこそ堰を切ったように流れ出していく。

その語りは、一見すると、介護経験というテーマを置き去りにして、勝手に走り出してしまったようにも思える。しかし、その物語は確実に、私たちの問いに答えを提示している。私たちはそのライフストーリーを聞き終えた時点で、Bさんがどんな思いで母親の介護を担っているのかという問いに、答えが与えられてしまったと感じる。少なくとも、Bさんの語りを前にして、もはや「なぜ」という問いは無意味である。

Bさんは、一息に自分の来し方をふりかえった後、「まあ人生そうしたもんじゃ」、「(お母さんとの関係についても)そうしたもんじゃとしか言いようがない、どうしようもない」と締めくくる。その言葉は、それ以上の問いかけを許さないものであるように、私には思われる。自らの生きてきた生活史の先に、「そうしたもんじゃとしか言いようがない」現実として現われてくるもの。「私が私の生活の歴史を生きている」とすれば、どうしても引き受けざるをえない現実。この物語的必然性の感覚は規範的認識の力を上回る。あるいは、この場合には、規範的認識は物語の中に埋め込まれているのだと言うべきかもしれない。

【B4】母は母で一生懸命、私の足引っ張っちゃいけないとか、ほんとにどういう人生送ったらいいのかとか、考えてくれて。今は、母の介護でいろいろ大変だから、私はあれできない、これできないとか言って(……)あれしてるけど。だからまあその、それなりの自分の人生の背後があって、ただ大変なだけじゃなくて……。

この言葉からうかがうことができるのは、Bさんにとっての介護経験が、自らのライフストーリーの帰結として、それを延長させたところに受け止められているということである。「介護」は確かに「大変」なのだけれど、「ただ大変なだけじゃない」。それを生活史の必然として受け止めることを可能にする「人生の背後」が控えているのである。

④「生活史上の作業」としての語り

しかし、それでもBさんが、その長い物語を語らねばならなかったということに、私たちは目を留めておかねばならない。言うまでもなくその語りは、私たちの求めに応じてなされたものであったのだが、それを機にBさん自身が「話してもいいな」と思わなければ、やはり聞き取りの場面は成立しなかった。それは「自分の気持ちに整理」がついて「もっとよく分かるかな」と思ったからだと、Bさんは動機を説明してくれた。しかし、「お母さん」が倒れてから一〇年以上もの間、介護の経験をあらためて語る機会は一度もなかったし、語る気にもなれなかったと言う。「話をするタイミングがあるんですね」という私の言葉に、「うんそうかも、機熟したりだね」とBさんは答えている。

では、いかにしてその「機が熟す」のか。その機において「話す」ことで彼女は何をしているのか。この問いに対して、私たちはまだ十分な答えを示すことができない。しかし、それを考える手がかりは、やはりBさんの語りの中にある。

たとえば、最近になって「お母さん」が、折にふれ、気持ちがふさぐようなときに、誰にともなく「私の人生何じゃったんだろう」と問いかけるようになった、という話。このあまりにも直截的な問いかけは、むろん正面から答えようのないものとしてある。けれども、Bさんにとってそれはなお応答せざるをえない問いである。そしておそらくは、私たちに自らのライフストーリーを語るということもまた、その問いに対する答えを模索する営みとしてある。

介護役割の受容も、その経験についての語りも、Bさん自身の生活史を継続する試みであると同時に、「母」のライフストーリーの一節を書き進める作業なのだと、私たちは思う。ここには、これまでの生活の歴史がもたらしたぬきさしのならない関係、当事者の視点からは他ではありようのない関係の形を見ることができる。Bさんの実践とその語りは、偶発的に生じた出来事を物語的な必然の中に包摂し、これを生活史上の出来事として位置づけていくのである。

第5節　生活史的時間のなかの介護

家族の中の誰かが他の誰かの生活を支援しようとする営みは、それまでの関係の履歴に規定された、生活史的時間の流れの中に生じる。私たちがここで確認しておかねばならないのは、当然といえば当然のこの事実である。

その事実は一方において、介護する人と介護される人の関係が、これまでに築かれてきた慣習的相互作用の様式に拘束され、かつそれを自省的に再編していくという作業をともなわねばならないということを意味する。一般に、家族が互いの関係をとり結んでいる日常生活の世界では、安定的なカテゴリー化の上に相互の関係が反復され、その経験の累積の中で培われた行為様式が慣習化され、身体化されている。そして、この身体化された経験にもとづく関係の再生産が、生活世界それ自体の時間的持続性の感覚を養う。しかし、病いや老いのもたらす衰えや呆けは、その「慣れ親しんだ」関係様式の再編を要求する。それは生活世界の存立の構造を組み替えていく作業でもある。しかもこのとき、「家族」としての、たとえば「父」と「娘」としての関係の同一性を維持することが他方に求められる。家族介護の困難は、こうして関係の再編と持続を同時に担うところに生じる。

他方において、家族介護は、人びとが自己の、またときには他者のライフストーリーを語り直す契機となる。人びとはその現実を、自己の生きてきた物語に組み込まれるべき出来事して受け止める。そして、ときとして物語の力が、介護経験をそうある他はない現実として、避けがたい必然の出来事として感じとらせることになる。人びとは、自らの物語に縛られればこそ介護役割を――ときには進んで、ときには嫌も応もなく――担っていく。あるいは、物語を語り直すことによって、その現実を受容可能なものにする。しかし、いずれにしてもそれは、人びとが他者の生活を支援することで自らの生活史を継続しようとする企てなのである。

生活世界の再生産と物語の継続――人がそれぞれの生活史を生き続けることにかかわるこの二つの課題は、家族介護の場面において、相互に密接に結びつきながら、固有の現実感を生み出していく。その二重の作業を継続しながら、人は目前の他者の要求に応え、同時に自らの生の連続性を保ち続けようとするのである。

さてその上で、この生活史の継続のための実践が、介護役割の社会的配分や構造化といかにかかわっているのか。これが、この先に浮かび上がるひとつの大きな検討課題である。たとえば、介護の役割を嫌も応もなく引き受けるというとき、そこに働く物語の論理は、「嫁」や「娘」という家族的地位のカテゴリーや、「女」というジェンダー・カテゴリーの作用とどのような共謀関係を結ぶのか。あるいは逆に、「息子」や「男」というカテゴリーにおいて自己を捉えると、物語の振れ幅はどのように再編されるのだろうか。ここに、さらに検討されるべき問題の焦点がある。

また他方で、介護役割の担い手が、どのような条件において、他者の呼びかけへの応答と、自己の生活史の継続という二つの要請の間に折り合いをつけうるのかについても継続的な検討が必要である。ここに取り上げた二人の介護者は、その実践の中で、あるいはその語りの中で、介護経験を自己の生活史の中に統合するという課題に、それぞれの答えをつかみ取ろうとしているように見えた。しかし、いつも、また誰もが、双方の課題を充足し、二重の要求の間にバランスを保ちうるわけではない。とりわけ、家族生活の「個人化」が進み、家族が経験の共同性を保ちがたくなっていく中で、自らの生の持続と他者の生の支援との間に、どのような均衡を作り出すことができるのか。これもまた、さまざまな事例に即して、問い続けねばならない問題である。

【註】

（1）お二人への聞き取り調査は、法政大学社会学部鈴木智之ゼミナールの共同研究の一環として行われた。いずれも、鈴木を含む数名の聞き手による「半構造化面接」という形をとっている。了解を得て、テープに録音し、トランスクリプトを再度ご本人にチェックしていただいたものを、ここでの基礎データとしている。［ ］内は、筆者による補足である。

（2） このインタビューを行った時点では、まだ「認知症」という言葉は使われていなかった。「病名」の言い換えに関する論争にはここでは立ち入らないが、Aさん自身を含め、私たちが使っていた言葉は「痴呆」、あるいは「呆け」であり、本稿ではできるだけ、その言葉遣いを尊重することにする。

【引用文献】

天田城介　二〇〇四年『老い衰えゆく自己の／と自由』ハーベスト社

Ayres, Lioness, 2000a, "Narratives of Family Caregiving: Four Story Types," *Research in Nursing & Health*, 23: 359-371, John Wiley & Sons.

——— 2000b, "Narratives of Family Caregiving: The Process of Making Meaning," *Research in Nursing & Health*, 23: 424-434, John Wiley & Sons.

Bourdieu, Pierre, 1980, *Le Sens pratique*. ＝一九八八年、一九九〇年、今村・福井・塚原・港道訳『実践感覚Ⅰ・Ⅱ』みすず書房

Bury, Michael, 1982, "Chronic Illness as Biographical Disruption," *Sociology of Health and Illness*, 4(2).

出口泰靖　一九九九年「『呆けゆくこと』にまつわるトラブルのミクロ・ポリティクス——家族介護者のトラブル体験に関する回顧的『語り』を手がかりに」、『ソシオロジスト』一巻、一号、武蔵社会学会

藤崎宏子　一九九八年『高齢者・家族・社会的ネットワーク』培風館

——— 二〇〇二年「介護保険制度の導入と家族介護」金子勇（編）『高齢化と少子社会』ミネルヴァ書房

Frank, Arthur W., 1995, *The Wounded Storyteller*. ＝二〇〇二年、鈴木智之訳『傷ついた物語の語り手』ゆみる出版

Giddens, Anthony, 1991, *Modernity and Self-Identity: Self and Society in Late Modern Age*. ＝二〇〇五年、秋吉・安藤・筒井訳『モダニティと自己アイデンティティ——後期近代における自己と社会』ハーベスト社

井口高志　二〇〇六年『呆けゆく者の自己をめぐるコミュニケーション——認知症ケア「変革期」における他者理解の問題』東京大学人文社会系研究科博士論文

春日キスヨ　二〇〇一年『介護問題の社会学』岩波書店

春日井典子　二〇〇四年『介護ライフスタイルの社会学』世界思想社

中根成寿　二〇〇六年『知的障害者家族の臨床社会学』明石書店

Poirier, Suzanne & Ayres, Lioness, 2002, *Stories of Family Caregiving*, Honor Society of Nursing.

Salmon, Nancy, 2006, "The Waiting Place: A caregiver's narrative," *Australian Occupational Therapy Journal*, Australian Association of Occupational Therapists: 1-7.

笹谷春美　二〇〇五年「高齢者介護をめぐる家族の位置——家族介護者視点からの介護の『社会化』分析」『家族社会学研究』一六巻、二号

Schutz, Alfred, 1970, *On Phenomenology and Social Relations*. ＝一九八〇年、森川・浜訳『現象学的社会学』紀伊國屋書店

第2章　実の娘による「遠距離介護」経験と《罪悪感》

男きょうだいの有無による老親介護責任配分の位相

中川　敦

第1節　娘たちの「遠距離介護」と男きょうだいの意味

1　老親と離れて暮らす子どもときょうだい間の介護責任の配分

二〇〇三年時点で、六五歳以上で子どもと同居している高齢者は、全体の四七・八％と五割を割っている。しかし、二〇〇三年から二三年さかのぼる一九八〇年時点で、子どもと同居している六五歳以上の高齢者の割合は六九・〇％にのぼっていた(1)（厚生労働省大臣官房統計情報部［2004: 164］）。

長男同居規範の強い日本においては、老親の扶養介護は、これまで同居をした長男（実際はその妻、つまり長男の嫁）によって担われる傾向が強かったと考えられる。かつては非常に高率であった高齢者の子どもとの同居率が減少傾向にあることは、一面では子ども、中でも、介護責任の役割期待が自明視されていた長男の嫁が、老親介護から解放されつつあるのだと解釈できるのかもしれない。

しかしその一方で、長男夫婦や他のきょうだい(2)と同居をしていない親が増えている状況は、離れて暮らす老親の介護責任をきょうだいの間でどのように配分するかという、従来とは異なる問題に子どもたちが直面する可能性が高まっているのだとも捉えられる（落合［2004: 212］）。そしてこうした現代日本の老親介護の状況を具体的な事例の形で示しているのが、離れて暮らす老親の介護問題に対応するために子どもたちが頻繁な帰省を行う、いわゆる「遠距離介護」[3]である。

本稿では、実の娘による「遠距離介護」の経験に注目し、老親介護問題が表面化した場合、子どもきょうだいの間での介護責任の配分において、男きょうだいの有無が大きな影響を与えていることを指摘する。そしてそのように配分された娘による「遠距離介護」において、当事者の《罪悪感》が存在する可能性を指摘する。そして、この《罪悪感》が現代日本の高齢者介護においてもつ意味について、考察を行う。

2 嫁から娘への介護責任の移行

老親介護を担う子どもたちについての社会学的な研究が指摘する重要な知見の一つは、老親介護の担い手が現在、嫁から娘へと移行しつつあるということだ。

春日キスヨは、嫁による老親介護の減少は、かつてのように、妻の気持ちを無視してまで夫が自分の親の介護を妻に押しつけることができなくなっているケースが増えているからであり、そこには家族内での女性の地位向上を見いだせると指摘している[4]。そして増加している娘の介護者においては、その動機づけにおいて義務感とは異なる、自発的な感情（＝愛情）に基づく老親介護責任の受け容れが行われているのだと、春日は分析する[5]（春日［1997: 40-1］）。

ただし、嫁による介護者の割合の減少に女性の地位向上を見いだせるとはいえ、娘による介護が親への愛情によって動機づけられ、その行為が自発的なものと解釈されやすいがゆえの困難も、春日は指摘する。たとえば、自発的な形で親の介護を引き受けた娘たちの「きょうだい関係が壊れている場合、その苦労が冷ややかに『好きで引き取ったくせに、自業自得』とみなされることもあ」り、娘たちは他のきょうだい、特に嫁からの協力を求めることが困難になる場合があるのだと言う（春日［1997: 32］）。

さらに自発的な形で老親介護を受け容れる娘たちは、介護の評価・報酬という点でも困難を抱えている。なぜなら娘による介護が義務ではなく、自発的な親への愛情に根ざしているのであるとするならば、それは他のきょうだいから評価や見返りを必要としないことを意味しているとも言えるからだ。

男きょうだい同士の比較ではあるが、宮島洋は、子どもたちが親の財産相続に際して、その子どもが介護を引き受けていることよりも、その子どもが長男であることの方が重視される傾向を指摘している[6]（宮島［1992: 131］）。老親介護を選択したのは娘自身の愛情によるものだという論理は、介護負担の娘への集中にもかかわらず、相続においてはきょうだい間の平等や、長男優先が主張され、労働と対価の不均衡な配分を正当化してしまう可能性があるのだ（春日［1997: 31］）。

3　娘による「遠距離介護」経験と男きょうだいの存在

しかし春日の指摘は、親の介護責任を引き受けるために娘が親と同居をしたケースを想定して述べられたものである。[7] 実際には、介護責任の嫁から娘への移行は、同居した娘に限らず、老親と離れて暮らしている娘たちにとっても進行している。「遠距離介護」の当事者的な任意団体（当時）であった「離れて暮らす親のケアを考える会　パオッコ」が二〇〇一年に行った「遠距離介護」に関する実態調査からは、「遠距離介護」者の中で実の娘が当事者であるケースが、義理の娘・実の息子・義理の息子を圧倒して多いことが示唆される[(8)]。

実際に、子ども、特に娘にとって、夫の親、妻の親、双方の親に対して、同様の介護責任が課されるようになっているという、親子関係の双系化仮説に対して、施利平は疑義を唱えている。施の分析では、他の子どもたちに比べて、長男が親と同居する割合が三倍以上の高さを示す一方[(9)]、援助とコミュニケーションにおいては、父母どちらに対しても娘からの割合が息子による割合を上回ることが統計的な分析によって明らかにされている（施［2006］）。息子（長男）＝「同居」、娘＝「援助とコミュニケーション」という、性別による親子関係の非対称性が現在も根強く存在しているという施の指摘は、介護問題に直面し、娘が離れて暮らす老親のもとに通うという形態が、現代日本の老親成人子関係を示す一つの特徴であることを示唆する。と同時に、施の分析は、「同居」行動という形で親との関係構築を行う可能性の高い息子の存在が、「遠距離介護」を担う娘にとって大きな影響を与えていることを予想させる。つまり、男きょうだいの有無が、きょうだい間の介護責任の配分に相違をもたらし、さらには娘の「遠距離介護」経験にも重要な意味を持っていると考えられる。

「遠距離介護」の当事者に向けて書かれた書籍を見ても、きょうだい関係についての言及が見いだされる（太田［1998: 55］）。また臨床的な視点から行われた「遠距離介護」についての研究でも、老親介護の問題に直面した、親と離れて暮らす子どもにとっての、きょうだい関係の重要性が指摘されている[(10)]（松本［2003］）。このように、きょうだいとの老親介護責任配分の問題は、「遠距離介護」にも重要な意味を持っている。そこで本稿では、その背景を探求するに当たって、男きょうだいの有無に注目したい。

老親介護におけるきょうだい関係の困難を指摘した春日は、その一方で、老親介護問題からの女性解放の可能性を、男きょうだいを持たない娘が今後増加していくことに見いだそうとしていた[11]。そうした指摘[12]の妥当性も含め、男きょうだいの有無という視点から、親と同居している娘のみならず、老親と離れて暮らす娘たちのきょうだい間の介護責任の配分の位相、そしてその経験の内実について検証することは、重要な課題であると考えられる。

4　対象と方法

以上のような問題意識に立って、本稿では筆者が行った「遠距離介護」を担う／担っていた娘への聞き取りから、男きょうだいを持つ娘のケースを二事例、男きょうだいを持たない娘のケースを一事例取り上げて、そのきょうだい間の介護責任配分の位相と、「遠距離介護」の経験についての分析を行う。

筆者は、二〇〇〇年から継続的に「遠距離介護」者から聞き取りを続けており[13]、現時点で分析可能な事例として一六人の「遠距離介護」者による経験の語りを記録している[14]。本稿では、男きょうだいを持つ実の娘である、一九四八年生まれのAさん、一九四二年生まれのBさんと、男きょうだいを持たない実の娘である一九五一生まれのCさんの三人の女性の「遠距離介護」経験を考察対象とした。Aさん・Bさん・Cさんはみな三人きょうだいであり、きょうだい構成は「兄・Aさん・弟」「Bさん・弟・妹」「Cさん・妹・妹」である。

以下の分析はこの三人に対して筆者が行ったインタビューに基づいている。引用されている箇所は、全てインタビューにおける対象者の発言からの引用である。Bさんのみ三回のインタビューからの引用を行っているため、Bさんの引用のみインタビュー日時が区別できるように引用の末尾にインタビューが行われた年月日をつけた。[15]なお以下の事例では、プライバシー保護のために分析に影響しない範囲での編集と、インタビューの引用を読みやすくするための加筆（かっこで表示）や修正が行われている。

第2節　男きょうだいとの介護責任分担の困難

1　兄の協力は兄嫁の協力

Aさんは東京都に住む女性で、秋田県の母が入院し、亡くなり、父が一人暮らしとなった一九九二年から、父が亡くなるまでの七年にわたって頻繁な帰省を繰り返した。

Aさんは兄と弟を持つ娘で、兄弟はどちらも秋田に住んでおり、特に兄は父の家から歩いて一〇分程度の場所に住んでいた。[16]しかしAさんは兄に親の世話を頼むのが難しかった。というのも、兄に親への責任を求めることが、実際には兄嫁に親の世話を頼むことになってしまう側面があるからだった。母が入院していた時のことであるが、兄は、自分が「長男」であるがゆえに、当然に自分の妻が母の世話をするだろうと考えていた。しかし兄嫁は義理の親の世話をするよりもパートに出たいといった気持ちを強く持っていた。

兄としては、やっぱりね、自分が長男だっていう気負いあるでしょ。だから自分の嫁さんは何でもそういうの言えばやるんだって、そういう風に思っていたらしいの。でもね、実際今度私が兄嫁と話をする会話の中からは、「だって私だって働いているんだもん」とかね、「パートに行かなくちゃいけないから」とか、そういうのがすごく出てきてたの。

こうした経験を背景として、兄嫁が義理の親の世話を望まないことをAさんは分かっていたので、兄や兄嫁に、親の世話を頼む、さらには親について話し合うといったことが少なくなっていったのであった。

(兄嫁に) 私は忙しいのよ、って言われるのは、私が嫌でしょ。悲しいでしょ。だから避けて通るわけ。もちろん、実際やってくれたら、「今日ほんとにありがとう助かったわよ」というのは言えたけど、(「やって」とは) なかなか言えなかったな。

かつて、兄たちは「長男」の家族として、両親からとても大切にされていた。それだけに、親たちには、兄の家族に対する扶養期待が強くあった。ところがそうした「長男」である兄への親からの強い扶養期待にもかかわらず、兄嫁が親の世話に消極的であったこと、また兄夫婦が父を扶養しなければならないのではないか、というプレッシャーを母の死後も強く感じていたことが、父と兄夫婦との関係をも悪化させてしまったのだと、Aさんは言う。

私たちの場合は長男なのよ、なんでも。兄も六〇近い人でしょ。そうすると、自分も、長男としての負担をおわなきゃっていうのがある。それで、死んだ父も母も、何でも「長男、長男、長男、長男」ってね、何かにつけて長男を言うわけよ。だから子どもである兄も、長男だから何かをしなくちゃいけないっていうと、それもまた負担でしょ。で、最終的に面倒看るのは自分かなって思うわけ。そうすると、そこでまた、親に対してはつらく当たるわよ。そういうことがあった。

このように親の扶養期待によって、親子関係を悪化させてしまっていた兄夫婦に対してAさんは、必要になれば、父の住んでいる家を売ったお金で施設入所させることも可能であり、兄夫婦が老親扶養を全て背負いこむ必要はないと考えていた。しかし、そうしたことについてAさんは、兄夫婦と真剣に話し合うことは容易にできないために、兄夫婦と父との関係を修復させることは難しかったのである。

（親の住んでいた）家も売ればね、お金なんかもできるから、もしそういう風になったらそういう風にするからって、わりと私はだいぶ前から言っていた。ところが、子供同士でも、こういう話ってなかなかしないでしょ。しにくい。で、話題にできないじゃない、どうしてもね。なんか人間ってそういうところあるよね。だから、ほんとは私も父と母が生きている時って、そういうのって口にするとなんか死をね、当てにしているのかって言われそうでできなかった部分があるのね。

2　担いきれない親のニーズと兄へのかかわりの促し

残された父には、生活上困難があったわけではなかったが、当時七五歳であった父が、兄夫婦と同居するのではなく、一人で生活するのにAさんは若干の不安を覚えていた。そこで母の入院から続けていた頻繁な帰省をAさんは、月に一回二泊三日のペースに減らして続けていくことになる。しかしそうした通いを続けていたにもかかわらず、Aさんは父のニーズを十二分な形では満たし得なかったという感情を抱いている。

私なんかも、父をもっと分析していったら、もしかしたら違う、もっと違う支援が必要だったのかもしれないけれど、結構無視してた。私もね、大丈夫、大丈夫、ってやってた部分もあって。放って置いてた部分もあった。至れり尽くせりにしなかった部分もある。だから、無意識的に全てはできないよ、って思ってやってたところはあるね。

そしてAさんは自分の親に対するかかわりの不十分さを自覚していたとしても、兄に直接的な協力を頼むことはできなかった。そのため親に対するきょうだい間の介護分担が行われていく過程は、家族外の人間、たとえば、行政・ヘルパーによって父のニーズが指摘された時に初めて開始される場合もあった。

そうかといって、兄にね、「お願いね」、とかいってやってもらうわけにもいかないで、見て見ぬ振りでいた部分もある。だけど、ヘルパーさんの方は、行政は、何かあると、もう息子さんの方、もう一人の息子さんの方って、連絡していたみたい。そうすると、連絡来るとしぶしぶ、兄なんかは看たりして。こう、「なんだ、どうしたんだ」とか（思いながら、父の家に）行ってたところはあるんじゃないかな。

加えて、Aさんが通っていた背景には、Aさんが東京にいてすぐに対応できない父の問題に、兄にかかわってもらおうとする意図があったと考えられる。つまり、兄に父への積極的なかかわりを言葉では頼めない中で、Aさん自身が遠くから定期的に通っているという姿を見せることで、近くにいる兄にも子供としての父へのかかわりへの自覚を促していたという側面があったのだ。

3　介護責任配分の困難と親の気持ちを叶えられなかった悔い

きょうだい間で介護責任の配分がうまくいかなかったことは、入院中の父の死の間際に、自宅に戻るという父の願いを叶えさせてあげられなかったという形でも顕在化した。

末期ガンが発覚し、入院していた父だが、病院では落ち着かず家に帰りたいという強い希望を持っていた。そのため入院中は家族がそばにいないと病室で点滴を外して暴れてしまうという状態であった。こうした状態に対応しきれなかった病院は、Aさんたち家族に付き添いを求めた。しかし兄夫婦の協力を期待できない中で、Aさんはきょうだいの間で分担することができなかったのである。

兄たちは、自分たちがね、毎日なんか付き添ってはできない。あれだこれだって始まるわけ。で、私もこんな遠くからだから、行ったり来たりは、ま、ちょくちょくはしてもいいけど、そんなに自由にあの日この日って言われても困るわけでしょ。そういうのもある。で、そのときって、やっぱり、私混乱してた。そういう点では。だから、今思えば、なんでもお役所の仕事みたいに、はいこの日はあの人、あの日はこの人みたいにローテーション組む形で、段取りね、できればいいけれど、そうじゃないでしょ、もう、まして、渦中の時は。何が何だか先が分かんない。

こうした中で、Aさんがとった選択はAさんが付き添いを一手に引き受けるというものであった。Aさんの父が病院に入院したときには、すでに父のガンは治療の施しようのない状態であった。そのため病院の側も「家でもよい」といった提案をしていた。しかし一人暮らしであった父の自宅で、親の世話をするのは、実質Aさんしかおらず、病院の付き添いもしぶるきょうだいに多くを求めるのは難しかった。さらに古い親の家は、暖房をつけても寒く、死の床にある父親が秋田県の冬を過ごす場所としては難しいと思われた。こうした条件の中で、Aさんは父の看取りの場所として在宅ではなく、病院を選択し、頻繁な通いを行っていたのであった。そうした通いを引き受けていたにもかかわらずなお、Aさんは親の希望を叶えてあげられなかったという気持ちを引きずっている。

最期は自宅で看てあげるのがほんとはいいんじゃないって、思う……、思います。だから、父の時はそれはできなかったわけよ。だって、私も、そうすると私もその家に行ったり来たりっていうのは、もっと、病院に通うより負担でしょ。だから最終的に私のとった方法は病院に、そうね、二ヶ月のうちほとんど行った。（略）どうせ死ぬから行ってあげようと思って、で、行ってはね、そうね、病院には二四時間ほとんど（いた）。私もベッドの下で寝て、で、自分の実家に朝帰って、ご飯食べて、お風呂入って、シャワー浴びて、それでまた病院行って、というような生活をする形でやったわけ。そうね、それで時々東京に戻ってきて、で、また段取りして、そうやって。でも私は、やっぱり、できれば自宅でおくれば良かった。

こうした実の親の介護責任をきょうだい間で配分することの困難、その結果として、父を家で看てあげることができなかったという悔いは反転して、現在東京で二世帯同居という形で一緒に暮らしている、義理の親に対して、Aさんが中心になって、親族の協力のもとに、在宅での看取りを実現させてあげたいという気持ちに繋がっている。

（夫の母は）私は看てあげたい。あげます。それで、私一人じゃ負いきれないから、私が主軸になって、やれ娘とかいるわけでしょ、それから主人は息子、そういうのいるでしょ。おばさんに、妹とかいるでしょ。そういう人たちに声かければ、それはいくらでもできるから、私が主軸になって、ローテーション組むなり、こうしてあぁして、できることはやって、て言えばみんなが動いてくれるから。で、私、自分の父母の時はそれができなかったわけじゃない。だって主軸になれなかったから。でも、ここの、主人の場合は、（Aさんが主軸に）なれば、みんなはやってくれると思うから、そうやって、やっていこうと思っている。

第3節　息子＝「同居」／娘＝「通い」の非対称的な介護責任

1　弟との同居を望まない父

Bさんは埼玉県に住む女性で、末期ガンと診断され入院した父のために、一九九七年から約二年にわたって、両親二人で暮らしていた長崎県まで頻繁な帰省を行った。Bさんには弟と妹がいたが、どちらも親元に通える状況ではなかった。弟は親の住む長崎県からは離れた兵庫県に住んでおり、さらには出張で日本国内を飛び回る「企業戦士」であった。また妹は夫と離婚をしており子どもを抱え、福岡県と近くにはいたが通える状況ではなく、親の世話をするために通っていたのはBさんだったのである。

きょうだいは私三人なんですけど、結局一番遠い私が、弟が兵庫県で、私が埼玉で、妹が九州ではあったんですけど、一番遠い私が一番通える状況っていうかね。妹はちょっと生活がかかっている状況でしたからね。弟は出張とか、ようするに企業戦士そのものでしたから、結局一番遠い私が、一番通ってはいましたけどね。（二〇〇一年一〇月一五日）

ただし、兵庫県に住む弟は両親に対して無関心だったわけではない。Bさんが通いという形で親にかかわっていたのに対して、弟は、親との同居という形で、「長男」として責任を果たそうとしていた。弟は自分の家を建てる時に呼び寄せ同居を前提に両親の部屋も用意していた。しかしながら、自立していた親は弟の呼び寄せ同居の提案を断り「住み慣れた」長崎県での生活を選択していたのである。

まだ父親が元気な時から、いずれは年老いるから、兵庫県に呼んで暮らしてもいいよ、ということを、弟と（親と）の中で（話していた）。（弟が）うち建てる時に、両親の部屋みたいなのを（作った上で）きちんと建てておいたんですね。ところが、結局、親が自立していたために、退職してもそのままの仕事を持っていたから、何回か息子の方から、もうそろそろ一緒に住むこと考えたら、ってこと言ってたんですけど、親の方で、「住み慣れた土地で暮らしたいから」って、ギリギリまで親の方で（断っていた）。どっちかっていうと親の方で（同居しないことを）選択していましたね。（二〇〇一年一〇月一五日）

子どもによる同居の申し出を断る一方で、両親は弟にUターンを命じることもなかった。弟に託されていた親の夢と希望は、子どもが「好きなことをする」ことにあり、親の世話をすることによって、子どもが犠牲になること自体が親の夢と希望の挫折を意味することであったのだ。

もちろん親の方で、「子どもに帰ってこい」とか言いません。あの年代の親は絶対言いません。子どもには希望を……、というか夢を託して外に出しているわけですから。子どもの出世、という言い方は古いですが、子どもが好きなことをやるためには、親の犠牲になってはいけない、という。（略）子どもの足引っ張っちゃいけない（と親は考えていた）。親の方から（同居を）言い出したことはなかったですね。うちの場合は。（二〇〇一年一〇月一五日）

弟の呼び寄せの提案に両親は応じず、一方でUターンも要求しないという状況では、弟は親に対する責任の果たしようがなかったと言えるのかもしれない。しかし父のガンが進行し、母が病院通いに疲れを見せるにもかかわらず、年齢の高い母は主婦として外部サービスの利用を許せないという状況の中で、Bさんの埼玉県から長崎県までの通いは頻繁なものになっていった。つまり娘と息子による老親に対する責任遂行は、娘は「通い」、息子は「同居」という非対称的な形を取っていたのである。そのため、「同居」という弟の介護責任遂行が実現しないことが、「通い」という形での介護責任を娘に集中させていったとも言えるのだ。

父の病状が末期になった時にもやはり、弟によって提案されるのは親の呼び寄せであった。この時は父に兵庫県の病院に転院してもらうという提案であったが、そこでも父は、長崎県を離れることを選択することはできなかったのである。

> だんだん長くなると、私なんかも通うのに（大変で）。やっぱり、何かあってもすぐに帰れない、長崎では。ということで、弟と私とで相談をして、ほとんど末期になってからですけれど、兵庫県の病院に入院してほしいということを言ったんですね。その方が私も行きやすいし、弟も兵庫の方が安心だからということで、兵庫県の病院に入院したらどうかということは言いました。けれど、それはやっぱり、父も母も賛成しませんでしたね。一旦は行く気になったんですけども、当日になってキャンセルしたんです。やっぱり、知らない土地で、また新しい病院でやるっていうことに不安を感じたんでしょう。もう、行くっていう段取りまで整えていたんですけど、「行かない」と。（二〇〇二年六月四日）

2　通いと母の呼び寄せ

そして、父は亡くなる。Bさんは父の死後も、長崎県で一人暮らしになった母のためにしばらくは埼玉県から通いを続けた。しかし父の死から一年の後に、母は兵庫県に住む弟の元への呼び寄せ同居を選択することになる。母が長男の元に引き取られた理由の一つは、父とは違い、長男のもとに行き同居をするのが夢であったという、母の思いがある。

母の場合は、もともとは愛知の人間ですから、父ほど長崎に対する愛着はなかったのかもしれませんね。母の場合は長男のところに行くというのが昔からの夢でしたから。現実は厳しかったけれど、年とったら長男のところに行くというのが夢ではあったんですね。（二〇〇二年六月四日）

しかし、長男のもとに移り住むことを夢と思っていた母にもまた、同居には多くの迷いがあった。まず第一に長年住み慣れてきた長崎県を離れるということは母にとって単に物理的な居住地の移動を意味するだけではなく、人間関係を中心とした「自分の歴史を捨てる」ことでもあった。そして「自分の歴史を捨て」たことによる喪失感を乗り越えて、新しい場所で、知らない人たちと新たな人間関係を作り出すことへの不安が、母にはあったのだ。

兵庫に（行って弟夫婦と）同居するということは、今まで築いてきた歴史みたいなもの、友達関係とか、町内との付き合いとか、そういうのを全部捨てるということでしょ。若い人と違って、もう八〇いくつにもなって、ポッと他の土地に行っても、そう友達もできませんしね。急にはね。だから、そういう意味でもね、自分の歴史を捨てるというか、そいでこう行くということに関して、不安。（二〇〇二年六月四日）

さらには、弟との同居は、弟の嫁との同居をも意味するのであり、それまで交流の少なかった嫁との生活がうまくいくかどうかについての母の強い不安があったのだ。

弟のとこに住めば安心かというと、今度はお嫁さんがいるわけでしょ。「お嫁さんとうまくいくかな」という不安感があるわけですね。（二〇〇二年六月四日）

「自分の歴史を捨て」新たな友人関係、そして嫁との家族関係を再構築することへの強い不安を抱えつつも、なお、母が弟との同居に踏み切ったのは、それまで母のために通いを行っていたBさんの事情があるからだった。末期ガンという死が見えた父の元への帰省とは異なり、母のために終わりの見えない帰省を、大きな経済的負担と、Bさんが長く続けていたフルタイムの仕事との両立を図りながら継続することは難しかったのである。そのため、弟との同居をBさんたち子どもらが勧めたのであった。

母はぐずぐず（して）、なかなか（同居するとは）言わなかったんですけども、私も、もう二、三ヶ月に一度（の帰省）とはいっても、限界を感じていましたからね。また母がこれで倒れたら二、三週間に一回通わなければいけない。父の時はそれはやれたけども、もうこれを母の時にやれるかっていうと、まず遠い、遠いですからね。ちょっと限界を感じていました。もし母が倒れても「今までみたいに通えないよ」というようなことで、なるべく近くに住むということで、みんなで背中を押したという感じですね。（二〇〇二

年六月四日）

では、同居を勧めた子どもにとって、その選択はどのように受け止められているのであろうか。確かに、子どもとして、親の突然の病気や親もとへの不審者の訪問といった不安は、同居している子どもがいることで解消された。

（母が）一人でいるという不安はなくなりましたね。同じところに息子夫婦がいるわけですからね。だからその、風邪ひいたぐらい、熱が出たぐらいだったら、病院に連れてってくれるし、不安はない。人が訪ねてきて、どんなセールスマンが押しかけてきてどうしようかといった、そういった不安はなくなった。（二〇〇二年五月七日）

しかしながら、同居前に長く母親が感じていた不安通りの「寂しさ」に母は直面しなければならなかったのである。

今、母と電話すると必ず「寂しい」と言います。結局八〇歳も過ぎると友達ができない、できないですよ。八〇いくつにもなって、言葉も違う、文化圏も違うところに行って、すぐ若い人みたいに友達にはなれないですよ。結局老人会に入っても話す言葉も違えば生活習慣も違う。それは長く生きてきた町を引き払って来たわけですから。結局不安がなくなった代わりに、寂しさを自分で（引き受けなければならなかった）。

（二〇〇二年五月七日）

しかしながら、すでに限界を感じていたBさんの「遠距離介護」をその後も継続できたかというと、それはやはり難しかったのである。だとすれば、母親、Bさん、そして弟、弟の嫁といった人たちにとって、弟の元に母が呼び寄せられて同居することは、手放しで肯定できる「ベストの方法」ではないもののの、限られた選択肢の中でより良い、つまり「ベターな方法」として、ためらいを伴った感情の中で選びとられるものだったのである。

だから、やっぱりそこんとこで、私たちが、母に、じゃぁ、「頑張れば」って言って、母も「頑張るわ」って言った時に、もう一つずつ年をとっていくわけでしょ。八〇過ぎてから。もう年中、私の家に電話かかってくると、ビクッ、として、どうしてるんだろう、何だろうか、って。それこそ飛行機代は一〇万や二〇万は使ってもやっぱり、月に一回や二回は見に帰んなきゃいけない。子どもにも負担がかかってくる。そうするとやっぱり、一番ベターな方法として、そこ（＝同居）しかなかったと。（二〇〇二年五月七日）

第4節　姉妹間の介護協力と「自分の家族」への責任

1　世話役割のサポートと介護方針決定への参与

Cさんは神奈川県に住む女性である。それまで宮城県で実父と二人で暮らしていた七四歳の実母が二〇〇二年にくも膜下出血で倒れてしまった。母は手術を経て意識は取り戻したものの、要介護度は五で、また家族の名前を言うこともできない状態であった。母は病院を退院した後に老人保健施設に入所することになる。

Cさんは三人姉妹の長女であり、次女が埼玉県に、そして三女が宮城県で両親のそばに住んでいた。入院した母の付き添いを一番頻繁に行っていたのは、それまで一緒に暮らしていた父親であったが、同時に両親のそばに住んでいた三女も、入院した母、そして一人暮らしになった父の世話を良くしてくれていた。こうした状況の中で、Cさんそして次女は、一ヶ月交代のペースで、母親の看病、そして親の世話役割を大きく担っている三女を支えるために通いを行うことになった。

Cさんと次女が通うことで軽減させようとしていた三女の負担は三種類あった。第一に要介護状態にある母への世話役割の引き受けである。たとえば母が入所していた施設では、突発的な病気による病院への搬送、そして退院による病院から施設までの移送を家族が引き受ける必要があった。こうしたことを、三女だけに行わせるのではなく、Cさんや次女も手伝っていたのである。

退院する時は、介護タクシーを頼まなくてはいけないんですね。(そして) うちの母の場合、必ず (家族が) 付き添わなければいけない。なるべくそういうのは手伝わないと、一番下の妹だけにそれをやってもらっちゃ悪いなぁと思って。

第二に、三女の負担軽減のためにCさんたちが引き受けようとしたのが、要介護状態の母親以外の周囲の家族に対する世話役割であった。つまり一人暮らしになってしまった父への世話という三女の娘役割、さらにはそれまで行っていた高校生と大学生の子供の世話という三女の母親役割を支えることも、Cさんや次女の通いの目的であったのだ。

なるべく私がいる時は、一人作るのも二人作るのも、ご飯は同じですから、父の分作るんだから、（三女の家族に実家に食事を食べに）おいでと言えば家族で来る。で、妹は仕事してすぐ来ればいいわけですから、ご飯の支度しなくていい。（夕食は三女の家族も含めた）みんな全員。

第三に、Cさんと次女による三女への協力は、老親の介護方針の決定を支えるものでもあった。母は脳梗塞で倒れ意識は戻ったものの、自分で意思決定が行える状態ではなかった。また、一九二五年（大正一四年）生まれで、当時七七歳だった父だけで、病院やケアマネージャーと話し合い、母の介護方針について病院側と折衝することに子どもたちは不安を持っていた。そこで、病院や施設との間で、母の治療・介護を担う外部機関との交渉にあたっていたのが三女であった。

病院との折衝も、父だけだとちょっと不安なので、やっぱりできるだけ妹についていってもらって。今もそうですね、ケアプランとか立てる場合も、妹（は）パートですけど、仕事してるんですけど、終わった後に時間（を）合わせてもらって、父と一緒になるべく聞いてもらう。大事なところ聞き漏らしたりするの、父も。だから二人でなるべく聞いてもらって、情報をもらうというか。

ただし、そうした交渉や情報収集を三女が中心になって行っていたとはいえ、最終的な意思決定には、Cさんや次女も参与していた。三女が収集した情報は、Cさんと次女にＦＡＸで送られ、そうした情報をふまえて姉妹の間で話し合いが行われていた。また病院を退院した後にどの老人保健施設に入所するかといった判断についても、下調べなどは三女が行っていたとしても、実際にCさんや次女が一緒に見学をした上で決められていた。

老健とかいろいろ回りますね、そういうのは、なるべく（私が）行った時に集中して、父と（三女である）妹と私で、真ん中の妹の場合もありますけど、そういう風にして、こう回っちゃう、三人で。でも下調べみたいなのは全部妹がしてくれて。

2 「自分の家族」への責任

ここまで見てきたようにCさんと次女の通いは、両親のそばにいるために姉妹の中で最も大きくなっている三女の負担を、具体的な世話役割や、意思決定にCさんや次女が参加することで軽減させようとするものであった。

こうした配慮が姉妹の間でスムーズにおこなわれる理由として、Cさん自身、きょうだいに女性しかおらず、介護責任を担わされやすい「嫁」という立場の人がいないので、介護分担についてきょうだいの間で話し合いをしやすいからだ、と分析していた。

うちは娘三人なわけだから、三人でどうにかするしかないので。ま、今のところはすごく仲がいいので、連絡取り合って、じゃぁ、ここ行けるからここにしてという感じでストレートに言えますからね。義理の人がいないわけだから。それに実家も自分の所で、お嫁さんとかいるわけじゃないし。その点はうまくいっていますけどね。(それでも) やっぱり一番下の妹には負担は大きいと思いますね。

確かに、こうしたケースは、春日が指摘するような、老親介護の嫁から娘への移行が純化した形とも捉えられ、Cさんの解釈もそうしたものと一致する。とはいえ、姉妹の間の老親介護責任の配分が、親―娘だけの問題として完結しているかといえば決してそうではない。特に、娘と老親との同居の選択についての説明では、親―娘以外の家族関係が姉妹間の介護責任の配分に影を落としていた。

たとえば、実の親の世話を中心的に担っている三女ではあるが、親を呼び寄せての同居という選択はしていない。その理由の一つは、三女はかつて長男の嫁として、夫の母と同居をしていたという事情があったからだ。かつて二世帯同居をしていた義母が亡くなった現在、三女は夫婦家族だけでの生活をしている。しかし、かつて義理の親と住んでいた家に自分の親を呼び寄せることは、夫のきょうだいたちの手前難しいのである。

この (三女) の子どもたちが、「うちでおじいちゃんだけでも引き取ればいいのに」って言うらしいのですけど、妹はお義母さん亡くしてすぐはできませんよね。義理のきょうだいがいるわけだから。(夫が) 長男で (夫の親が亡くなって) すぐ (自分の親を呼び寄せて) 同居というのは。(夫の) 実家に入っているわけですから、（そこに呼び寄せるというのは）ちょっと厳しいですよね。気持ちはあっても。

一方で、Cさんは、一人になってしまった実父を神奈川県に呼び寄せることも考えたと言う。その理由としてCさんが述べていたのは、三女と父の衝突に加えて、Cさんが「長女」であるということであった。

（同居しなければ悪いのではないかという気持ちが）ありますね。長女だから。やっぱり、（同居しないといけない）かなぁと。父も、妹が一番近くにいるんだけど、私に相談したりするんですよね。妹とは近くにいるから喧嘩しちゃうみたいなの。本当に実の親子ですから、言いたいこと言っちゃうから。「あんまり言っても頑固でわかんないから」、って妹が怒っちゃったりするので、「お前は〜」とか（父に）言われるらしいのですね、妹が。だから、気持ち的には同居しなきゃという気持ちがあるのですけど。

しかしCさんが、老親に対する呼び寄せ同居の提案を、父は受け容れなかった。そうした提案は、父が要介護状態にある母に対して感じている夫婦家族的な介護責任遂行のあり方とぶつかってしまうのである。

でも父はね、母がいるうちは行かれないって思っているんですね。自分が面倒看なければと思っているみたいで。（略）だから「来れば」、と言ったこともあるんですけれど、まだあたしが（仙台には）行けないし、「来てもいいよ」って言ったんですけど、（父は）「まだ大丈夫」って。

その一方で、Ｃさん自身もＵターン同居という形での介護責任の遂行は、Ｃさんが神奈川で形成している夫婦家族に対する責任遂行とぶつかってしまうために、実現されない。Ｃさんの娘二人はまだ結婚をしておらず、Ｃさん夫婦と共に暮らしている。Ｃさんが実家にＵターンをするということは、そうしたＣさん夫婦と子どもたちとの共同性を「バラバラ」にしてしまうことでもある。さらに、Ｃさんの夫は、五年前にガンと診断されたことがあり、現在も予後検診が必要な状態である。仮にＵターンをしてしまえば、現在通院している夫の病院も変更を余儀なくされる。こうした状況の中でＣさんはＵターン同居に抵抗を感じているのである。

わたしが実家に戻ればいいんでしょうけども、そこの所も結構難しい。生活がありますからね。子供が結婚してそれぞれに（家庭を）持っていればいいかなとも思うけれど。うちは主人も五年前にガンで入院して、それで今も（医者に通うことがある）。それで病院がこっちなので、そこを離れるのがちょっと。

第5節　娘が抱く《罪悪感》

1　男きょうだいを持つ娘の介護責任の配分

本稿の事例分析から浮かび上がっているのは、離れて暮らす娘にとって、男きょうだいとの介護責任の配分の困難さと、姉妹同士での介護責任分担の柔軟性であった。以下、こうした男きょうだいの有無による経験の位相を、特に介護責任配分の相違に注目して考察を行う。

まず男きょうだいを持つAさんBさんは、きょうだい間での介護の分担が行われず、介護責任の遂行を「遠距離介護」という形で集中的に担っていた。

Aさんの場合は、息子と娘の間の介護責任の配分が、息子の嫁と娘の介護分担であるという問題があった。そしてAさんは、息子の嫁（兄嫁）に親の介護への全面的な協力を期待できない状況だった。兄にとっては働きながらの親の世話は、妻に委ねなければならないにもかかわらず、妻にとって夫の親の世話は、彼女が続けていたパートや夫婦家族に対する責任の中で、引き受けがたかったのである。そうした葛藤的な状況が、兄の家族と父との関係を悪化させていた。そして兄の介護責任遂行に関する閉塞的な状況は、きょうだい間の介護責任の配分や、親の世話をめぐってきょうだい同士で話し合いを持つことも、娘であるAさんにとって困難なものにしていた。

一方、Bさんの弟は再三にわたって、親に呼び寄せ同居を申し出ていたにもかかわらず、父がその提案に応じないという状況であった。そしてそうした事実は、すでに弟が一定の老親介護責任を果たしているということでもあった。こうした中で娘であるBさんが「通い」という形で、一手に介護責任を遂行していた。つまりそこでは、息子と娘とによる、「通い」と「同居」という介護責任の非対称性が存在しており、そうした息子と娘の介護責任の非対称性が、Bさんへの介護責任の集中を招いていたとも言える。

2 男きょうだいを持たない姉妹間の介護責任の配分

娘たちの男きょうだいとの介護責任の配分とは対照的に、姉妹のみで介護責任を引き受けているCさんの事例では、きょうだい間で介護責任の分担を協力的に行おうとする姿勢が強いのが特徴的である。ただしCさん姉妹の間でも、きょうだい間の介護責任の非対称性は存在していた。性差の存在しない姉妹の間で介護責任の非対称性を生んでいた大きな要因は、ありきたりの結論だが、親元からの距離であった[17]。やはり親の近くに住む三女の介護負担が大きく、日常的な親の世話、そして情報収集は彼女の役割になっていた。ただし離れて暮らすCさんや次女は、そうした三女をサポートする形での介護責任の遂行を行っており、介護方針の決定にも積極的に参与しようとしていた。そこでは、親元からの距離によって配分されがちな姉妹間での介護責任を、三女の負担を軽減させるという目的のもとに再編する努力が行われていた。このように、姉妹のみで担われている老親介護責任の分担がスムーズに進む背景として、男きょうだいがおらず、介護責任を引き受ける候補としての「嫁」が存在しないことを、Cさん自身が指摘していた。と同時に、息子＝「同居」、娘＝「通い」、という固定化された介護責任遂行の形式が存在しないことが、柔軟な介護分担を可能にしていたとも言える。

ただし、介護問題は親と姉妹だけの問題として完結しているわけではない。特に同居という選択が考慮される中では、他の家族関係が大きな影響を与えていることが明らかであった。たとえば三女が、父を呼び寄せ同居しない理由は、彼女が「長男の嫁」として夫の親の家に入ったからだと説明されていた。男きょうだいが存在しないことは、姉妹に「嫁」がいないという形できょうだい間の介護配分をスムーズにするが、彼女たち自身が「嫁」という役割を引き受けている場合もある。そして夫の親の「嫁」であることが、姉妹間の介護責任の配分に影響を与えていることも、本事例からは示唆される。また、当然のことではあるが、老親の介護責任の遂行は、夫、そして自身の子供という夫婦家族の関係を考慮した上でもなされていた。

たとえばCさんは、近くに住むがために父と衝突してしまう三女を気遣い、自分が「長女」であるから同居をすべきなのではないかという意識を持っていた。しかしCさんがUターンして親と同居をすることは、Cさんの夫の病気や、結婚していない子どもたちの存在から困難であったのだ。一方で親の呼び寄せ同居は、父が「妻の世話をしなければいけない」という父親自身の妻への配慮によって、実現していないのであった。

3 「遠距離介護」経験がもたらす《罪悪感》

本事例の分析からは、娘にとっての男きょうだいとの介護分担の困難さ、その対比として娘同士による介護分担の柔軟性が明らかにされた。アメリカにおける調査ではあるが、マシューズらは、きょうだい間の老親介護責任の配分では、きょうだいの数や男きょうだいの有無にかかわらず、二人の姉妹がきょうだいの中で日常的な老親への介護を引き受けていく傾向が強いという指摘を行っている(Matthews & Rosner [1988])。とはいえ、介護に協力的な娘をきょうだいの中で二人以上確保しうるかどうかは運に委ねられる側面も強い。それゆえ、介護に協力的な姉妹が複数いることが、きょうだい間の老親介護責任の配分をスムーズにするといった知見は、少なくとも当事者にとっては諦念を要求する以外の意味を持たないのではないだろうか。

そこで、この考察ではもう一歩踏み込んで、三事例のきょうだい間の介護責任配分の分析から見いだされる「遠距離介護」の限界を指摘した上で、そのことが現代日本における老親介護に対して持つ意味についての指摘を行うことにしたい。

Aさんは、そばにいる男きょうだいの家族から老親への介護責任の全面的な協力がえられないがゆえに、遠くから通うことで、老親への責任を自身が一手に引き受けようとしていた。それはAさんに大きな負担を課すものではあったのだが、一方で、それでも老親が「家に帰りたい」という希望を実現させられなかったという、後悔の念をAさんに残すものでもあった。Bさんは、母の長崎県での住み慣れた生活を支えることが重要であるとは感じつつも、「遠距離介護」の負担と、通いだけで親の老いに対応することの限界が、母に「歴史を捨て」させ、弟との同居を選ばせるという選択を余儀なくさせていた。姉妹だけで介護分担を行っているCさんが何度も言及していたことは、三女への負担の集中に対する申し訳なさであった。Cさんが月に一度の帰省を繰り返していたとしても、そばにいる三女とCさんとの間では、現実に親のために行えること、そして背負わねばならない負担感に大きな差があったのである。

そこに共通して見いだされるのは、「遠距離介護」という形で老いゆく／死にゆく親にかかわることの限界、そのことがもたらす《罪悪感》である。そしてそうした《罪悪感》は、その埋め合わせとしてより良い介護参加を、ジェンダー規範や娘の愛情原則以上に強い動機づけとして、当事者に働きかける可能性がある。

Aさんが提示していたような、死にゆく人が在宅での生活を希望することに対して、その責任を家族が引き受けていくという言説に対しては、嫁・娘そして女性であることと老親介護についての自明的な結びつきに一定の留保がなされるようになった現代日本においても、疑義を唱えることは難しい。高齢者の在宅生活が実現しないことは家族だけの責任ではないはずだが、実際に自身の親の希望実現の可否に子どもが直面させられた場合、家族（＝娘）の負担の上でしか老親の在宅生活が維持されえないという政治的な問題は、そうした負担を個々の家族（＝娘）が引き受けるか否かという個人的な問題、あるいはきょうだいの間で協力体制を取ることができるかという、個々の家族問題へと転換されてしまうのである。

とくに今後、医療費抑制の意図のもとに行われる入院日数の短縮は、老い衰えゆく高齢者の在宅生活を受け容れるか否かの選択を多くの家族に迫っていくだろう[18]。その際、在宅介護・看護サービスの充実が、現状のように家族介護を前提にしたままで設計されれば、「遠距離介護」経験がもたらす《罪悪感》は、在宅介護の担い手として娘を動員する動機づけとして働き、同時にきょうだい間の介護配分の困難を、一個人、一家族の問題へと切り詰めてしまうのではないだろうか。

【註】

（1）また、高齢者の子どもとの同居率の内訳をこまかく見ると、現代日本において進行している親子の同居率の減少は、特に結婚した子どもとその親との同居において顕著であるということが分かる。たとえば、一九八〇年時の高齢者のうち、配偶者のいない子どもとの同居を除いた、子ども夫婦との同居率は五二・五％であったが、二〇〇三年時の高齢者の子ども夫婦との同居率は二六・五％と、二六％の減少を見せている。一方で未婚の子供との同居率は、一六・五％から二一・三％へとむしろ増加を見せている（厚生労働省大臣官房統計情報部［2004: 164］）。

（2）本稿で「きょうだい」と平仮名表記をしている場合は、「兄弟姉妹」の意味である。

（3）本稿で対象としている「遠距離介護」者は、親元から二時間以上離れたいわゆる「遠居」の子供で、親の老いによる介護・看護のために頻繁な帰省を繰り返す／繰り返した者である。

（4）さらに春日は、現在夫の親の介護を引き受けている嫁たちにおいてすら、そうした介護の引き受けが義務感からではなく、実の老親を思う夫に対する、妻の愛情に根ざして行われているケースが増えつつあるのだと分析している（春日［1997: 41］）。

（5）同様に藤崎宏子は、老母を介護する実の娘へのインタビューを分析する中で、苦労しながら自分を育ててくれた母に対する恩義から介護を引き受けるという、互酬的な論理をそこに見いだしている（藤崎［2000: 152-3］）。

（6）宮島の指摘は、「長男である別居者」の相続経験が「非長男の同居者」の相続経験とほとんど変わらない割合であること、および、「長男である同居者」の相続経験が「非長男の同居者」の相続経験の割合を大幅に上回ることに基づいている。負担を担う人間と見返りを受け取る人間が異なるというねじれた構造があるとはいえ、長男の嫁が介護を引き受けた場合には、長男が親の財産を相続できる可能性が非常に高いことは容易に考えられる。さらには長男の嫁が介護を引き受けなくとも、長男は親の財産を相続できる可能性が、他の子どもに比べて高いことも推察される。

（7）ただし、春日自身も「遠距離介護」の経験をしている。春日は、熊本に認知症の母を残し、自身は京都で働きつつ、夫婦家族としての生活を広島で送っていた。そうした中で一人っ子の春日は、熊本―広島―京都を往復して、母の様子を看ていた。当時のことについて春日は、母に事態の急変があったとき、病院からまず連絡が行くのは、母のそばに住む甥や姪であったという。そして、春日が駆けつけたときは全ての段取りが終わっていることがしばしばであり、後追いの意思決定しかしていないことが春日に強い自責感を感じさせていたと述べている（春日［1997: 231］）。

（8）調査では、回答者のうち「片道二時間以上かかる親もとに月一回以上帰省している」者についての分析が行われている（離れて暮らす親のケアを考える会 パオッコ［2001］）。筆者の依頼による同会の再分析によれば、「片道二時間以上かかる親もとに月一回以上帰省している」回答者は一五六人（一〇〇％）おり、その内訳は、実の娘が一〇五人（六七％）、実の息子が二〇人（一三％）、義理の娘が二七人（一七％）、義理の息子が四人（三％）という結果になっている。ただし、この調査の標本の収集は、パオッコ会員に加えて、マスコミを通じた呼びかけによるため、調査協力を申し出やすいであろう実の娘が、実際の「遠距離介護」者に占める割合よりも多くなっている可能性は否定できない。

（9） 施の分析では、長男の三二・三％が父と同居し、三八・九％が母と同居している一方、次三男では九・二％と一三・四％である。また娘では長女でも次三女でも父や母との同居率はいずれも一割未満である（施［2006: 105］）。

（10） 松本一生は、痴呆の親元に通う「遠距離介護」者の臨床記録の質的な分析から、他のきょうだいたちが老親介護に関与していることが、継続的な「遠距離介護」を可能にし、逆にきょうだいに対する気負いは「遠距離介護」を破綻させるという仮説を、問題発見的に提示している（松本［2003: 205-6］）。

（11） 現在の老親介護者世代と考えられる、二〇〇六年時点で五二歳～五六歳（一九五四～一九五〇年生まれ）の女性では、男きょうだいを持たない女性の割合は、二九・二％にすぎず、男きょうだいありが七〇・八％である。これが、二〇〇六年時点で二七歳～三一歳（一九七九～一九七五年生まれ）の女性では、男きょうだいなしが四四・九％、男きょうだいありが五五・一％となる（西岡［2001: 20］）。なおこのきょうだい数は、一九九九年の調査時点において生存していたきょうだいの数に基づく割合である。

（12） 春日によれば、娘が老親介護の責任を果たすということと、息子が老親介護の責任を果たすということは、現在異なるものとして位置づけられていると言う。実の息子にとって介護責任を果たすということは、老親介護を自分たちの家族が引き受けるという意思決定の水準までですまされ、実質の世話役割を自分の妻である嫁に引き受けさせる場合が多いのだ。しかし男きょうだいを持たない娘が今後増加していくことは、老親の介護方針の決定を、男性から女性へと移行させる可能性を高める。そして女性による介護方針の決定では、男性が介護方針を決定する場合とは異なり、「介護・世話役割」を配偶者に委ねるという形で家庭に囲い込むのではなく、女性が老親介護を家族外のサービス利用に委ねる可能性を高め、そこに女性による家族介護の労苦からの解放の兆しが見いだせるというのである（春日［1997: 227-34］）。

（13） 筆者が調査のフィールドの中心としたのは、「離れて暮らす親のケアを考える会　パオッコ」という任意団体（二〇〇五年五月にNPO法人となり、法人名は「NPO法人 パオッコ～離れて暮らす親のケアを考える会～」）であるが、知人の紹介やHPなどを通じてパオッコとは関係を持たない「遠距離介護」者からもその経験について聞き取りを行っている。

(14) 以下一六人の属性およびきょうだい構成について。一六人のうち、実の娘は九人、実の息子は二人、義理の娘は五人であった。九人の実の娘のうち、男きょうだいを持つ娘は三人であり、この三人は皆三人きょうだいであった。本稿ではこのうち二人を取り上げている。なお、男きょうだいを持たない残りの娘六人は、三人姉妹が二人、二人姉妹が三人、一人っ子が一人であった。なお、一六人のうちパオッコの会員・もと会員は一〇人、パオッコとは関係を持たない対象者が六人である。

(15) Aさんへのインタビューは二〇〇一年六月に、Bさんへのインタビューは二〇〇一年一〇月と二〇〇二年五月と二〇〇二年六月と三回、Cさんへのインタビューは二〇〇四年八月に、全て筆者が行った。インタビューは許可を得て録音し、必要な箇所を文字に起こした。なお本稿の公表については、執筆段階で三人のインタビュー対象者に原稿を送った上で、本人からの許諾を得ている。Aさん、Bさん、Cさんからは、本稿の公表の許諾のみならず、多くのご意見とご感想を頂き、論文の修正に反映させていただいた。感謝したい。

(16) なお、弟との介護分担については、インタビュー時にはあまりふれられることがなかった。その後、Aさんから伺った話では、弟は、病院での付き添いなどをそれなりにしてくれたが、弟の妻は二人姉妹の長女であり、親の世話を看る必要に迫られていたこと、また彼女の子供が小さいことなどが理由で協力は難しかったと言う。弟も、「自分は介護を手伝うが、自分の妻のことはあてにしないでほしい」と述べ、弟自身が病院の付き添いを行うこともあったそうである。

(17) 親子間の地理的距離が、親子の間で取り交わされる訪問や援助に大きな影響を与えていることを、多くの先行研究が指摘してきた（Cf. 中川［2006: 53］)。近年の研究としては田渕六郎による分析があげられる（田渕［2006］)。

(18) 二〇〇五年七月二九日に、厚生労働省が第一七回社会保障審議会医療保険部会で示した資料「中長期の医療費適正化効果を目指す方策について」では、入院日数の短縮によって、現状二割に過ぎない自宅死亡割合を四割に引き上げることで、死亡前一ヶ月の総医療費、年間約九〇〇〇億円を、二〇一五年度で約二〇〇〇億円、二〇二五年度で五〇〇〇億円減少できるという試算がなされている（厚生労働省社会保障審議会医療保険部会［2005: 14-5］）。

【引用文献】
藤崎宏子　二〇〇〇年「家族はなぜ介護を囲い込むのか―ネットワーク形成を阻むもの」副田義也・樽川典子編『現代家族と家族政策』ミネルヴァ書房、一四一～一六一頁
離れて暮らす親のケアを考える会 パオッコ　二〇〇一年『遠距離介護の実態調査報告書』
春日キスヨ　一九九七年『介護とジェンダー―男が看とる女が看とる』家族社
厚生労働省大臣官房統計情報部　二〇〇四年『平成十五年　国民生活基礎調査』厚生統計協会
厚生労働省社会保障審議会医療保険部会　二〇〇五年「第十七回資料　中長期の医療費適正化効果を目指す方策について」(http://www.mhlw.go.jp/shingi/2005/07/dl/s0729-9c.pdf, 2006.10.12. に確認)
松本一生　二〇〇三年「痴呆の遠距離介護と家族援助の課題」『家族療法研究』二〇巻、三号、二〇三～二〇六頁
宮島洋　一九九二年『高齢化時代の社会経済学』岩波書店
Matthews, Sarah H. and Tena Tarler Rosner, 1988, "Shared Filial Responsibility: The Family as the Primary Caregiver," *Journal of Marriage and the Family*, 50(1): 185-95.
中川敦　二〇〇六年「実の娘による『遠距離介護』経験ときょうだい関係―なぜ男きょうだいを持つ娘が通うのか」『家族研究年報』三一号、四二～五五頁
西岡八郎　二〇〇一年「親族のアヴェイラビリティ」国立社会保障・人口問題研究所『第四回世帯動態調査（一九九九年社会保障・人口問題基本調査）現代日本の世帯変動』一一～二〇頁
落合恵美子　二〇〇四年『(第三版) 二十一世紀家族へ』有斐閣
太田差惠子　一九九八年『もうすぐあなたも遠距離介護―離れて暮らす親のケア』北斗出版
施利平　二〇〇六年「世代間関係における非対称性の再考―日本の親子関係は双系的になったか？」澤口恵一・神原文子編『第二回　家族についての全国調査（NFRJ03）第二次報告書 No. 2　親子、きょうだい、サポートネットワーク』一〇一～一二〇頁

田渕六郎　二〇〇六年「高齢期の親子関係」『季刊家計経済研究』七〇号（SPRING)、一九〜二七頁

第3章　本人の「思い」の発見がもたらすもの
認知症の人の「思い」を聞き取る実践の考察を中心に

井口高志

第1節　本人の「思い」の出現

現在、日本において、認知症とされる人や、彼／彼女と共に生きる人をめぐる状況は大きな変化のただ中にある。介護保険制度以後の高齢者介護政策においては、「認知症ケア・モデル」の標準化が介護政策の中核に位置づけられ（高齢者介護研究会［2003］）、ユニット・ケアや小規模多機能型施設、ならびにそれらの場に対応したケア・モデル(1)に基づく人材育成が積極的になされてきている。また、認知症をテーマとした小説・映画が発表されるなど、高齢者介護という領域を超え中高年期の生き方についての文化的テーマとしても取り上げられてきている。こうした動きは、われわれとは違う「認知症の人」へのケアの問題としてだけでなく、介護を要する高齢者一般、さらに中高年期とも地続きのリスクとしての認知症状態を見据えた「予防的活動」の隆盛(2)ともつながっている。

以上のような潮流の中心には、若年認知症(3)や初期認知症とされる人々への注目がある。その象徴として、自分が認知症であることを公表し「思い」を語る人々や、それまでの「問題行動」への対応を主とした認知症介護からは想像し難い、認知症の人々が集い作りあげている試みが広く知られるようになってきている[4]。

こうした本人たちによる「思い」の語りは、一般的には、大きく以下のような二つのインパクトを私たちに与えてくれていると考えることができる[5]。

一つは、本人が語ることによる偏見、すなわち、「認知症の人は何も分からない」というスティグマを打ち破るような効果である。「何もわからない」のではなく、一定の病識を持ち、忘れていくことに対する苦しみの感情を持っているということ、ならびに、その苦しみの前提にある社会への参加の意思や、感情的側面を中心とした「能力」が存在していることを示している。確かにそれまでも、臨床家による著作や介護現場へのフィールドワークに基づく研究などにおいて、「痴呆性老人」とされる人々の世界の紹介や、「問題行動」と定義づけられる振る舞いが生まれる過程を本人の経験に即して理解していく研究などがなされてきた（小澤［1998］；出口［2004a］［2004b］；阿保［2004］）。しかし、現在の潮流においては、固有名を持った個人から、公的場面で実際に「思い」が語られることがより広く大きな衝撃を与えている。

二つ目は、なんらかの「適切な対応」「適切な環境」によって、認知症をかかえていても、良き生を送ることができる可能性を示す効果である。特に、「ケア・パートナー」(Boden（Bryden）［1997＝2003］）と表現される生活を共にした家族に焦点が当てられるが、本人が、自分らしく生活を送れるための家族外部のケアのあり方などについても議論され、さまざまなケア理論が紹介される潮流にある。

しかし、以上のような潮流に対して、本稿で注目したいのは、認知症介護のただ中にいる人や、認知症とされる相手への介護を経験した人たちから示されるあるタイプの疑問についてである。

まあ、認知症の場合は、まだ認知症として自分で認識もしながら、どうやったらいいのかな、カフェに行ったらいいのか友達に会ったらいいのかな、どうしたらいいのか、という段階は、私は大いに結構だと思いますが、それから一歩進んだ段階の方がもっと重要なんですよ、はっきり言って。自分で生きていくこともできない、家族も支えることができない。その認知症の人たちを、どうしたらいいかってところまで行かないと。しかもそれが一番大事なことですからね。まだみんなで支えて、サポートやって。大いに結構でしょう。しかし、それからもう一歩進んだ認知症に対してどうしたらいいかってことなんですよ。もうね、遅いんですよ。はっきり言って。[6]

この介護経験者は、「一歩進んだ段階の」認知症は、本人が語れるようなケースとは異なり、認識する「自己」が存在せず、変化は望めないこと、また、認知症介護では、端的に言って「問題行動」や寝たきりとなった状態への対応が大変であるということを述べている。そして、それを根拠に、「語れる」初期段階における関係性の構築や自分らしい人生などの問題よりも、重度認知症に注目した対応策を考えることの方が重要だということを主張している。また、本人の生活にとっての鍵となる家族や介護を行う側の立場からも、語る認知症の人を事例に「適切なかかわり方」が強調されることへの違和感や反発、[7] ならびに「適切」なはたらきかけができなかったことへの後悔が表明されることもある。

以上のような疑問や違和感とは、次のような認識であろう。認知症とカテゴライズされる人の間には、臨床的意味での程度の違いや「能力」の違い、彼らを取り巻く環境の違いなどの多様性がある。にもかかわらず、本人が「思い」を語ることの強調が、「一歩進んだ段階」の本当の大変さをかき消してしまうような、偏った問題認識をもたらしているのではないか(8)……。

このように、現実における偏りを指摘する形をとった、理念に対する批判は、認知症ケアという領域に限らず、全体像についての共通了解が曖昧で「進展」し続ける先駆的現象につきものの困惑混じりの反動だと言うこともできる。また、語れる認知症の人を特別な存在として捉える認識の大部分は、「認知症になったら何も分からない」という類の偏見——認知症介護の「標準パラダイム」に基づく「古い文化」(Kitwood［1997＝2005］)——に過ぎないとみなし、本人の語りやその世界へと今以上に接近して、その実際を報告し、その「思い」を生かしたケアのあり方などを強調していくことも必要であろう。

しかし、認知症の本人が「思い」を公的場面で語るという現象は、まだ現れ始めたばかりの段階である。そうした現象を横目に、重度認知症とされる人の介護を行っている(きた)人たちも存在し、上述したような疑問や違和感を持つ人が多くいることも確かである。したがって、本稿は、そうした感覚が一定のリアリティを持つことを踏まえて、次のような問いに歩みを進めたい。近年の本人の「思い」の出現やそれが強調されるという潮流は、本当に、特別な条件下(たとえば、若年、初期、よい専門家に囲まれている、ケア体制が整っている)の認知症の人だけにしか関係のない議論なのであろうか。また、本人の「思い」への照準は、これまで認知症の人と生きてきた人たち——多くは家族——が経験してきた困難とまったく関係ないものなのだろうか。こうした問いに答えていくためには、「当事者」とされる本人が主体的に「思い」を語ること自体の意義を強調することに加えて、「思い」が見出される背景や文脈に注目した新たな検討を行っていく必要がある。

そこで、本稿では、本人の「思い」が発見されていく文脈や過程を検討し、その「思い」が現れることの持つ意義の一端を、特に、認知症の人と生きる身近な者にとって、どういった意義を持つのかということに焦点を当てて明らかにしていきたい。具体的には、本人による「思い」の語りが話題となる際にたびたび取り上げられる、本人の「思い」の聞き取りという実践を中心的事例にし、そこに、本人の「思い」について言及している著作の記述、二〇〇一年から行っている筆者の家族介護者へのインタビューの一部などを事例として加えながら考察していく。先に述べたような疑問や違和感のリアリティの中に生きる他者――多くは認知症の人の介護者として生きてきた人たち――に対して、本人が「思い」を語るという出来事が何らかの意味を持っている可能性を示し、対話を成立させていくための契機とすることが目的である。

本稿の構成をあらかじめ述べておこう。まず、第2節では、認知症の人の「思い」や「自己」に注目するという志向を持つ先行研究を簡単に検討しながら、認知症の本人の「思い」と言った時、その「思い」を見出していく〈媒介〉の実践に注目して考えていくことの重要性を説明する。次に第3節では、〈媒介〉の実践にはいくつかのバージョンが考えられることについて論じつつ、本稿で注目する、デイサービスで本人の思いを聞き取るという〈媒介〉実践の特徴を簡単に説明する。第4節では、聞き取りという実践の意図と内実を明らかにしながら、特に、家族において現れる本人の「自己」との対比でその意義を示す。第5節では、「思い」の発見という実践が、決してこれまでと断絶した新奇なものではなく、認知症の人をめぐる根源的な問題に対する意識と地続きのものであること、さらにそれでも新しさがあるとすればそれは何なのかといったことについて、可能性を示す。

第2節　「思い」を発見していく〈媒介〉への注目

近年の、認知症の人の「思い」の出現という現象においては、本人が主体的に語るという点が特に強調される。しかし、認知症とされる人をめぐる現状においては、多くの場合、何らかの他者たちによる実践を〈媒介〉とする中から、本人の「思い」が現れ、伝えられてきている[9]。具体的に言うと、多くの場合、認知症の人の「思い」は、彼／彼女らが集まる集団的ケアの場や、医療専門職・ケアワーカーとの間の特別な相互行為など、本人を取り巻く関係の中における他者からのはたらきかけを通して明らかになってきている[10]。本稿では、こうした他者による〈媒介〉の実践に注目する。

では、認知症をかかえる人の「自己」を考えていく上で、こうした、認知症の人を取り巻く人々の〈媒介〉実践に注目することは一体どういった意味を持っているのだろうか。社会学的な志向を持つ認知症についての先行研究を簡単に見ることで明らかにしておこう。

これまで、認知症とされる人の理解を深めていこうという志向を持つ研究は、認知症の医療化批判という基調の上に研究を展開してきた（Lyman［1993］; Kitwood［1997＝2005］など）。ここで言う認知症の医療化批判とは、神経生理学などの枠内で認知症症状として理解されてきた行動や状態の構築性・恣意性を明らかにし、これまで症状と考えられてきた行動・状態を、周囲の人間・環境との相互行為の中で理解していこうとする志向の研究を指している。そうした志向の中で、アルツハイマー病患者や認知症とされる人の「自己」への注目が集まることになる。それは、相互行為というファクターを入れていく、行動や状態の説明モデルにとって、行為する主体という存在が必要となってくるためである。

以上のような基調の上で、アルツハイマー病患者や認知症とされる人の「自己」の存在は、記憶障害や見当識障害など認知的側面における障害があったとしても感情は残存している、というような論理で強調されていくことになる。そうした論理と共振する形で行われてきたのは、認知症とされる人の主観的世界への接近や（ex. 出口［2002］［2004a］）、「自己」を持つ認知症とされる人が、周囲の環境や状況とどう相互作用し、認知症症状とされるものがどのように作りあげられてくるかといった研究であった（ex. 小澤［1998］; Kitwood［1997＝2005］）。すなわち、自己が存在することを確かめようとする志向の、あるいは自己の存在を与件として理論を組み立てるような研究だと言えよう。

一方、以上のような議論と関心は重なりつつも、異なったインプリケーションを示す研究として、「自己」や「思い」「心」と表現される人間の内面を構成主義的に考えていく立場の研究がある。(1) こうした立場の研究は、認知症に限らず、障害児や言語的能力を獲得する前の子どもなど、「通常の」言語的コミュニケーションとは異なるかかわり方を結ぶ相手とのやり取りを事例に、「自己」や「思い」は主体に内属するものではなく、ある存在を取り巻く周囲によって実践の中で維持され続けているものだと捉えている（Gubrium［1986］; Bogdan & Taylor［1989］; Sabat［2001］）。

たとえば、S・サバットは以上の発想をとって、アルツハイマー病患者に関して一般的に言われる「自己」の喪失という状態＝出来事について説明している。「言説心理学」という立場に立つ彼は、人間の自己を三つの概念に分けている。自己1とは、生物学的身体のような個人の一貫した自己であり、自己2は、個人の属性や信念のようなもので、生涯を通じて継続するものもあれば、ある一時期に付与される場合もある。それらに対して、自己3とは、場面ごとに異なって表出される自己で、周囲との関係の中で現れてくる自己である。人が自己3を維持するためには、自己1や自己2と異なり、周囲からの承認が不可欠だとされる（Sabat［2001: 17］）。アルツハイマー病患者は、アルツハイマー病というカテゴリーにもとづいて理解され（自己2の付与）、他者との共働によって維持される必要のある自己3が失われる。すなわち、アルツハイマー病や認知症とされる人が、社会生活を行っていく際、自己3を維持するための周囲からの承認が失われることにより、「自己の喪失」（Cohen & Eisdorfer［1986］）として表象されるような事態が生じる。「自己の喪失とは、疾患から直接もたらされるのではなく、彼／彼女の周囲からの協働が不足することからもたらされる」のである（Sabat［2001: 296］）。

認知症の人の「自己」について、ひとまず方法論的にこうした発想で考えていくことは重要である。なぜならば、認知症が進行性の疾患であり、認知症の表象でたびたび語られる老いという出来事が変容の過程である以上、認知症の人とその周囲の人との間には、通常の「成人」同士の相互行為とは異なる非対称な関係が成立していくためである[12]。端的に言うと、周囲の他者や社会が、認知症とされる相手をどう捉え、どう受け容れるかといったことが、本人の「自己」のありようを決める上で大きな影響力を持つようになっていく。

したがって、以上のような観点に立つならば、認知症をかかえる者の「自己」の存在について議論していく上での焦点は、認知症の本人に帰属される「自己」の要件を考えていくことではない。認知能力や言語能力など常識的意味での要件が残っているかどうかという問題とは独立に、認知症の本人の自己3が、さまざまな〈媒介〉の中で、どのように定義づけられ、維持されているのかといった視点を一度とってみることが重要になってくる。こうした発想の内において、感情や心の残存と表現されてきたことは、認知症をかかえる人の「自己」の存在の客観的要件と考えるべきではなく、彼／彼女を見つめる人たちが「自己」の存在を伝えるために生み出してきた「根拠」を表現した語彙だと考えられよう。その発想に立つと、近年の本人の「思い」とは自己3を構成する一つの「根拠」である。そして、一つの「根拠」であることを超え、その存在が認められるという事実認識が、認知症の人の「人間」としての尊厳を認めていくべき、という規範的言説へと（結果として）つながるだけの強力な「根拠」である。

日本において、現段階で認知症の本人の「思い」の発見が、社会的に大きな出来事と見なされるのは、認知症の人が生きる多くの〈媒介〉――家族や大規模施設などの介護関係――において、本人による「思い」の語りがなかなか想像され難かった、あるいは、発見が難しい状況にあったためであろう。本人の「思い」の発見という出来事が、驚きとともに起きている場があるならば、そうした場における〈媒介〉実践において「思い」が発見されたり、維持されたりする瞬間やその過程を、認知症の人が日常生活を送る場での「自己」のあり方と対比しながら考えていく必要がある。すなわち、本人の「思い」を発見していくことはなぜ必要だったのか、どのような状況の中で、どのように見出されてきたのか、その「思い」を見出すことで何を目指しているのか、などを考えていくということである。

第3節　デイサービスにおける聞き取りという〈媒介〉

近年の「思い」の発見と関係した、新たな〈媒介〉に注目すると言っても、それは一様ではなくさまざまな形をとりうる。今回は、ある認知症専門のデイサービスAで行われている聞き取りという実践を、上述した〈媒介〉の一つの意義を示す事例として取り上げるわけだが[13]、その事例の特徴について簡単に述べておこう。

まず、本稿で対象とする実践が行われている、デイサービスという場の特徴について述べておこう。デイサービスは在宅で生活する認知症とされる人が週に何回か通う場である。すなわち、認知症ケアの中心とされるグループホームなどの、その人の生きる時間のほとんどを包摂した生活の場ではなく、家族という生活の場が存在する中で、その外部にできるかかわりという特徴を持つ。したがって、すでに本人の生活に大きな影響力を持っている家族と並行して存在する〈媒介〉がデイサービスである。

次に、デイサービスの中で聞き取りという形をとる実践の持つ特徴について、筆者が同時期に調査のため訪問した本人の「思い」を重視する、他のデイサービスの特徴と対比させて述べておこう。たとえば、Bは、特に若年認知症、認知症初期の人たちに焦点を当てて、参加者たちの自主性を徹底的に生かしたプログラムを設けているデイサービスとして注目されてきている。具体的には、デイサービスのプログラムを、利用者が自分たちで計画立てて決めるという方針をとり、本人たちの「主体性」が可能な限り発揮できるような仕掛け・かかわり方を追求している。

しかし、Bでは、参加者自身が表立って公的な場で「思い」を語るという活動を行っているわけではない。そのデイサービスの活動から見えてくることを、スタッフが講演会や学会などで紹介したり、マスコミが取り上げたりすることで、認知症とされる人の「思い」や自主性に注目することの重要性を示す事例となっている。そのため、大雑把に言えば、そこでの活動は、これまでも「個別ケア」などの表現で語られてきた、先駆的なデイサービスや小規模ケアの場における実践の展開といった性質のものである。周囲が、本人たちの「思い」を重視し、主体性に任せるという――それまでの臨床現場における常識とは異なる――セッティングを意識的に作り追求していくことで、認知症とされる人たちの「思い」や「能力」の幅が、デイサービスの活動における相互行為の中で明らかになっていき、それをスタッフが社会に伝えていくというものである。

それに対して、Aにおける聞き取りは、デイサービスでの活動が行われている場面から離れて、スタッフと認知症の本人とが一対一で面談する空間を作り、そこで、緩やかな質問に答える形で本人が語るという形式をとる。その語りはテープに録音され、さらに場合によっては、その語りをスタッフが書き起こし、何回かそれを繰り返して内容をまとめる形で本人の「思い」が文字化されていく。そして、その内容が、たとえば講演の場で本人が「思い」を語るというような形をとり、社会に発信されていく。すなわちAにおける聞き取りは、本人が「思い」を言語として語ること、その語られる「思い」を知ることに、より照準を合わせた試みだと言える。その結果、本人が「思い」を語る潮流の象徴的な実践例となっており、本人の「思い」の意義を考えていくための典型事例だと言える。

次節では、その聞き取りについて、それが行われる背景にはいかなる状況があり、いかなる意図のもとでなされているのかといったことを中心に、特徴や内実を明らかにしていく。考察では、聞き取りを取り上げた刊行物に加えて、二〇〇五年一一月に行った聞き取りやデイサービスの観察、そのとき以降行っているOさんへのインフォーマルなインタビューの記録も用いる。Aへの実際の訪問以前に、筆者は、二〇〇四年一〇月の国際アルツハイマー病協会の国際会議におけるこのデイサービスを利用するある認知症当事者の発表、それ以後の何回かの講演等も聞いている。そうした中で得てきた「本人が語る」ということのイメージに対する、訪問して詳細をうかがう中で得た印象の変化が、本章の記述の大筋となっている。特に、本稿の問題意識と照らし、聞き取りによる「思い」が認知症の人と生きる周囲の人にとってどういう意味を持っているのかという点が考察のポイントとなる。

また、聞き取りの背景や特徴を明らかにしていく際には、筆者が二〇〇一年から二〇〇四年にかけて行ってきた家族介護者へのインタビューデータや、Aの「聞き取り」以外の本人の「思い」についての手記や著作、調査データなども（対照）事例として用いる。

第4節　関係へのはたらきかけとしての聞き取り

1　家族への「橋渡し」

Aにおける本人の「思い」の聞き取りは、呆け老人をかかえる家族の会（現在は「認知症の人と家族の会」）が二〇〇三年に全国的に行った「痴呆の人の思い」の聞き取り調査をきっかけとしている（呆け老人をかかえる家族の会［2004a］）。その調査に調査員として参加したOさんは、自身が所属するデイサービスでも、プログラムの合間に三〇分から四〇分程度、別室でお茶を飲みながら、利用者に対する聞き取りを行うようになった。現在も、デイサービスの間に、希望する利用者に対して聞き取りを行っているという。

聞き取りがきっかけで、「思い」を講演などで語るようになったある利用者に最初の聞き取りをした際の経験について、Oさんは以下のように記している。

一つひとつの項目に沿って耳を傾ける。もの忘れにより仕事のトラブルが続き辛くなったこと、病院に行った時のこと、その帰り道の車中で奥様から励まされたこと、奥様は何も言わないが自分のことを見守ってくれていること、そして自分が自分でなくなる不安について……。越智さんは、大声で泣き出したい気持ちを抑え、かみ殺したような声で涙をいっぱい浮かべている。「一緒に泣きましょう」。手をしっかり握り、しばらく二人で泣いていた。「なんで涙がでるのだろう」と言いながら――（中島［2005: 11］）。

本人が「思い」を語り、Oさんがデイの活動について語る講演会においては、このように、泣くことや笑えるようになったということがテーマやメッセージとして強調されることが多い。また、実際の聞き取りの際には、聞き取られるある利用者自身が、笑いながら「あーまた泣かされる」と冗談交じりに語っていた。そうした様子から、最初、聞き取りは、認知症患者本人の気持ち・心に直接にはたらきかけ、「涙を流すこと」やそれを通じて「笑えるようになったこと」など、その場面での感情表出を主に目指した試みだという印象を強く受ける。

しかし、「思い」が現れてくる聞き取りのセッティングや原則・注意点などに注目してみると、「本人の心を解放する」というだけではない志向が、そこには含まれているということが見て取れる。

まず、元々、聞き取りは、調査という形式で始まったため、それなりに定められた質問項目が設けられ、[14]それを行う時間も大体定められている。利用者たちが一日を過ごすデイサービスという場で行われているため、聞き取りは、デイサービスのプログラムの合間に、一人、三〇分から四〇分程度の時間で、別室で面談してテープレコーダーに録音する形で行われている。加えて、「相手の昔話を聞かない」ということが「聞き取りの原則」の一つになっている。なぜかと言うと、相手の昔話を聞いていると、話が長くなり枝葉にそれていくため、時間がいくらあっても足りなくなるためだという。この原則は、前述の家族の会の聞き取り調査の研修で設けられ、Oさんによる聞き取りにおいても原則の一つとなっている。[15]以上のような条件や原則の設定からは、聞き手側から尋ねることの内容の範囲が、それなりに定められており、時間的にも限定が設けられているということがうかがえる。[16]こうした時間的限定から、聞き取りは、話を聞き続けることや話すこと自体による効果を主要目的としているのではないことが推測できる。

また、聞き取りは、デイサービスの活動の場面で、スタッフが認知症の人と十分なコミュニケーションをするための方法――「特別な相手」に対する特別なコミュニケーション技法――を生み出していこうという関心でなされているわけでもない。[17]あくまでも、「面談」で向き合う相手は、私たちと同様に「思い」を語れるということを前提とし、限られた時間内で大まかに決められた項目をもとに対面してコミュニケーションをする。そして、その中で生まれてくる言葉の内容から、その人がかかえる現在の問題を把握し、その直近の問題に対してなんらかの示唆を得ることに大きな意義を見出している。すなわち、なんらかの内容的に意味のある情報を得ることに意義を見出すオーソドックスなコミュニケーションなのである。

では、ここで得ることを目指されている情報とは何であろうか。ここでは、Oさんが挙げる聞き取りの意義のうち、「本人の認知症に対する症状や思いを知ることで、ケアのあり方を本人中心に考えることができる」と、「ご家族も本人の思いを知り、家族のあり方を考えるようになる」の二つに注目したい[18]。この二つを大雑把にまとめると、広い意味で、本人に対するケアのあり方を変えるための重要な情報だということである。その中でも、特に強調されるのが、本人の「思い」が家族にとって有益な情報となるという点である。

聞き取りをするようになって、私の介護観も変ってきた。それまでは、隠していればよいことだと思った。だけど、あ、そうではないんだ、と。……。自分の中でどう思っているのかな、というのを聴いてあげて、それにきちんと答えてあげる。それは告知とは違うんですね。不安に思っていることを聴いてあげて。それをお家の人に言ってみようかと。そうするとお家の人も、ああ、そんなふうに思っていたんだって変わるんですよね。だから、そういう橋渡しです。

以上のように、Oさんは、聞き取りの意義を「橋渡し」と表現している。Oさんは、全国的な調査をきっかけに聞き取りを経験していく中で、それまでは聞けるとは想像していなかった本人による「思い」が聞けることを知っていった。逆に言えば、それまでは、日常生活をともにする家族から聞いていた本人についての情報や、デイサービスに来ている時の本人の様子などをもとに相手のことを推測していたということである。しかし、不安に思っていることを聞き、相手がそれに答えるという、通常のクライアントと利用者の関係、あるいは普通の人間関係において当たり前の方法をとることで、本人の「思い」を知るようになっていった。そして、そうして知った本人の「思い」は、実は家族も知らない――聞いたことのない――情報である場合が多く、それを知ることで、家族の方も相手への認識を変えていくことがあるということが分かっていった。すなわち、本人の「思い」は、認知症の人の生活の多くを占める家族関係へとはたらきかけるための重要な情報と意味づけられていったのである。

2　現れにくい「思い」

では、以上のように聞き取りを通じて見えてくる本人の「思い」が、なぜ重要な情報という意味を持つようになっていったのだろうか。それは、本人の「思い」の存在について確信を持つようになり、その存在を前提に悩みなどを聞いていく中で、認知症の人をとりまく日常の世界――デイサービスに来る利用者にとっては家族――において、その「思い」がなかなか現れにくいことに気づいていったためである。聞き取りで語られる本人の「思い」の内容や、その「思い」のストーリー自体ももちろん重要である。その内容に加えて、本人が生活の大部分を送ることになる家族の中で、その「思い」を提示し了解されることが難しく、それが本人の苦しさの一端となっていること、他方、家族の側にとっても、そのままでは知ることが難しい本人の「思い」を知ることが、大きな意味を持っていることに気づいていったのである。

たとえば、Oさんは、初期のころ聞き取りを行なったという、ある利用者（六〇代後半）とその夫との関係について、以下のように語っている。

その人は、やっぱりすごくしゃきしゃきしていたけど、ご主人に対する思いとか、兄弟に対する申し訳なさとかを語ってくれた。ご主人は旅行によく連れていってくれるけど、行きたくないと。なんで行きたくないかを聞いたら、ホテルなんかで迷子になるからと。男性と女性でお風呂が違うじゃないですか。それで、お風呂なんかに行っている帰りに迷子になったら嫌だって。そう言っていたことをご主人に言ったら、ご主人は他の人に［付き添いを］お願いするということにして。それで今はどこに行っても大丈夫に。行きたくない行きたくないっていう理由は、色々あった。ご主人からしてみたら俺がこんなに一生懸命やっているのに何で嫌がるんだろうと。ご主人の方は「何でだ？　何でだ？」と考えてしまう。よくよく聴いてみたらそういうことだった。それは聴いてみて分かったこと。

上述の利用者は、自分の世話を行なってくれる夫や親族に対する「申し訳なさ」という気持ちから、自らの認知症のために困っている「迷子になること」について言い出せなかったそうである。ここで注目すべきは、認知症だとされる本人は、世話をしてくれる、特に夫に対する「思い」「申し訳なさ」という、普通の合理的な判断から語ることができなくなっているということである。聞き取りという形で、通常の対話が成立し、その理由を聴いていくことで、そうした「気遣い」という「思い」が明らかになっている。

また、「奥さんが亡くなってその一周忌まで淡々と終えたが、そのときの気持ちについて子どもたちに言えなかった」利用者（八〇代）もいる。この利用者は、認知症に伴う自分の経験を明確に表現できる人だったが、「お父さんまた変なこと言っている、そんなことあるわけない、と思われるのが怖くて」「家族には言えない」状況だったという。自分の子どもたちに、自分の言っていることや、自分のなくなった妻への気持ちなどを理解されないという「怖れ」——これも合理的な判断から生まれる気持ちである——から、言えないのである。そうした状況の中で、「娘さんたちは、お父さんは冷たい人だと思っていた」が、「本当の心の中ではとても辛かったということが、お父さんが言っていることが入っているテープを聞いてはじめて分かった」という。

一方、Oさんによると、家族側も相手の認知症に対して「何で？　何で？」という思いの中で、「思い」を聴く余裕がなくなっていく場合が多いという。家族は、なぜこうした状況を経験していくことになるのだろうか。そのことを理解するために、ここでは、Aにおける事例ではないが、本人の「思い」と対比させて、家族の「思い」についての文章を掲載している著作に収められている、若年認知症の相手を介護する妻の経験を見てみよう。


……この頃、私は主人の子どもたちに対する態度に腹を立てることが多く、主人が悩んでいることに気づきながら何もできませんでした。何もしてあげられなかったというより、気持ちにゆとりもなく、何もしたくないと思っていました。本当は声をかけたり散歩に誘ったりすれば良かったと思いますが、主人とは一緒にいたくなかったのです。また、下手に話しかけて暴れたり怒鳴ったりされても困るので、どう話しかけていいのかさえ分かりませんでした（若年認知症家族会・彩星の会［2006: 50］）。

認知症である夫（五〇代）の介護を一〇年以上続けているこの妻（四〇代）は、以前を振り返って「悩んでいることに気づきながら」、「何もできなかった」と述べている。その理由として、常軌を逸した行動を呈するようになっていった夫に対して「どう話しかけていいのかさえ分か」らないことに加え、「気持ちにゆとりもない」と述べている。この妻は、それから少し経過して夫がアルツハイマーだということが分かっていったころの経験について以下のように述べている。

主人の暴力はだいぶなくなりましたが、時々、憎くて憎くてしようがなくなるときがあります。私には主人に対して様々な思いがあって、「すべて病気だったから」という気持ちだけでは片づけられないのです。私の中で、〝病気だから〟と思おうとする部分と、それだけでは割り切れない部分が共存していて、納得できない気持ちが大きい（若年認知症家族会・彩星の会［2006: 59］）。

医師から、夫が「うつ」だということ、続いてアルツハイマーだということが診断されていった。その過程でこの妻は、夫が「『アルツハイマー病』と診断されたことで、モヤモヤしていた気持ちの落としどころが見つかった感じでした」と腑には落ちたという。しかし、医師から診断される以前の常軌を逸した経験の記憶から、「病気の夫」に対して、気持ちを汲み取ることや、近くに寄り添うことができなかったと述べている。すなわち、妻は、それまで生活をともにしてきた相手のこれまでの姿とひと続きの存在として現状の相手を認知してしまうため、目の前の夫を免責できず、現在の夫そのものと向き合おうと思ってもなかなか難しいということを語っているのである。

このように、家族の側にとっても、徐々に変容していく相手とつきあう日々の中で、その時その時の相手の「思い」を汲み取り、寄り添っていく志向を持つことは難しいことがあるようだ。この点について、家族の会による、本人の「思い」を感じたことがあるかどうかを家族介護者に対して尋ねた調査が、興味深い知見を示している。この調査では、家族が本人の「思い」に出会った経験が多く寄せられ、KJ法で小見出しをつけて回答を分類している。注目すべきは、「思い」を経験した状況として挙げられている、「その時すぐに気持ちが分からなかった（気持ちになかなか気づけなかった）」「ずっと後になって、気持ちがようやく分かった」「私だって困っている」「私にはどうすることもできない」「自分のこれまでを振り返った」などの小見出しである（呆け老人をかかえる家族の会［2004a: 51-3］）。ここからは、相手が変容していくただ中で、そのときどきに相手の「思い」を汲み取っていくことの難しさが推論できる。介護者が、介護に追われる中、しばらく経ってから、相手も苦しんでいたことや、相手の思いがあったということを、後悔混じりに「気づいていく」様子が見て取れるのである。

以上のように、家族の中で、一方で本人は「思い」を語ることが難しく、他方で家族は「思い」を聞くことが難しくなっていく状況がたびたびあるようである。そして、そうした状況は、その時々では気づきにくく「後悔」という形で振り返って気づかれていくことが多い。こうした状況になってしまう背景には、当然、その家族に応じた個別の事情があるだろう。[19] しかし、家族の中における二者関係——認知症の場合、多くは介護者と被介護者という関係――の中では「思い」が現れにくいという点には共通性があるようである。そのため、その「思い」を外部において見つけ、家族に呈示していくという〈媒介〉の役割を果たすことに、聞き取りの大きな意義があると考えることができるのである。

第5節 「思い」の聞き取りの新しさとは？

1 家族外部における〈媒介〉

第4節で見たような家族における状況に対して、聞き取りを通じて現れる「思い」は、大きなインパクトを与える。それが、家族の認識を変えるまでの、リアリティのある本人の「思い」となるのは、録音テープや本人・家族の登場するストーリーを持つ文章という、本人から発せられる言語的情報として呈示されるためであろう。たとえば、家族の会代表で自身も認知症の親の介護経験を持つ高見国生は、本人が「語る」ことの意義について論じる座談会で、「必ずしもものを言わなくても、その人のことを理解できるというような場面もありますよね。けど、人間て神様やないから、相手が何か言うてくれないと理解できない。そうなるとどうしても本人に言葉を言うてもらわんならん」と述べている（呆け老人をかかえる家族の会［2005: 100-1］）。

高見によると、「長い間、認知症の人は何もわからない人、周りの者がその人の気持ちをくんでその人に合った介護をせなあかんと言うてきた」が、「それはあくまで周りから本人の気持ちを推測していた歴史」（呆け老人をかかえる家族の会［2005: 100］）であった。見守りや相手の「問題行動」への対応、身体的介助などの世話が第一課題となる関係の中で認知症の人とつきあっていく時、多くの場合、相手の気持ちは、推測しながら汲み取っていかざるをえないものであっただろう。あるいは、そうした介護状況の中で、介護者同士で集まって話し合うことや、先駆的なデイケア・宅老所などで相手が活動する姿を見ることは、「思い」の推測に資する社会関係だったと言えよう。他方で、認知症の本人側に視点を映してみると、自らの「思い」の表出は、介護を受ける関係の中――多くの場合「思い」の語りは許容されない――において見せていく（見てとられる）他ないものであっただろう。

それに対して、Aは、一時的に家族を離れたデイサービスの場であり、聞き取りはデイサービスの中でも、一時的であれ職員や利用者同士で行うプログラムから離れて行われている。そうした場で、本人の語りをテープレコーダーに録音し、その後、書き起こすという作業を複数回繰り返す過程を踏み、明確にストーリーを持った言語的情報として呈示されているのである。片桐雅隆は、「夫と妻、親と子供という役割は、自他を認知的に定義するカテゴリーであり、そのことによって自他の行動の予期が可能となるのだが、そのようなカテゴリーは物語性をはらんでいる。そして、その物語にそった出来事がより強く想起され、それに合わないものは例外的なものとして忘却される。記憶はここでも、物語を基準として選択的に焦点化されている」と、相互行為の中での相手の行為期待を含むイメージとして概念化できる「役割」のリアリティ確保に果たす、物語やストーリーの機能を指摘している（片桐［2003: 96］）。その議論を踏まえると、聞き取りで現れる認知症の人の「自己」は、これまでの認知症の人と生きてきた家族の多くが、介護を行う中で経験するものとは違う形の、新たな、強いリアリティを持つ「自己」の発見と言えるだろう。

しかし、ここで立ち止まって考えておきたいのは、言語的情報で示されるということの新しさではなく、言語的情報としての発見に至る背景の、認知症の人と生きてきた人たちの持つ、本人の「思い」の存在の感覚と、その「思い」のリアリティを維持することの困難さである。先の座談会で高見は、本人が何か言うことの大きな意義について語っている。しかし、同時に、「本人がしゃべれない」けれども、本人の言葉を言ってもらうにはどうすればいいのか、しゃべれない本人の思いをどうやって知ればいいのか、という根本的な問題についても言及し、それがこれから取り組む重要課題だとしている（呆け老人をかかえる家族の会［2005: 100］）。こうした高見が示すような問題意識の背景に何があるのかは、本人の「思い」のリアリティをめぐる家族の経験を見ることから理解できる。以前筆者がインタビューを行った重度認知症の相手を介護する者の経験を参照して考えてみよう[20]。

たとえば、脳血管性認知症だとされる母親を自宅で一〇年近くにわたって介護しているSさんは、「箸を持って母親が自分でご飯を食べようとすること」や「寒さ」「暑さ」「周囲の明るさに対して『よい天気』という反応を返してくること」などを、「まともさ」「認知症の頂上に行って元に戻った経験」として語っている。Sさんの介護している母親は、言語でのコミュニケーションは難しい状態であった（二〇〇四年のインタビュー時のSさん宅での観察より）。このSさんのように、重度の認知症の人と生きてきた人たちに話を聞くと、重度でコミュニケーションが難しい相手に何らかの意思の存在を見つけながら生活を続けてきた経験を語ることが多い。同時に、こうした意思の存在のリアリティは介護の中でだんだん失われていくこともうかがわれた。たとえば、何人かの人が相手が寝たきりに近く言語でのコミュニケーションが難しくなっていくにつれ、「自分がつらいと思ったら母も泣き、こちらがニコニコしていると母も笑顔でいる……。鏡のような存在になってしまう」（Tさん）、「ここまで来ると、お人形さんと同じで、すべて自分のことになってしまう」（Uさん）などのように、介護者としてはたらきかける自分の状態をそのまま反映してしまう存在になってしまうと語っている。

しかし、そういった認知症の人と生きていく中で、相手の意思の存在に改めて気づく経験に言及していた介護者もいる。たとえば、先述のTさんは、母を病院からリハビリを兼ねてタクシーでデイサービスに通わせていた時の経験について、「病院の人間関係とは違って色々な人がいて、話しかけてくれ、ゲームなどの時に、母が何となく自分で立とうとしているのがうれしい」と語り、以下のように述べている。

意思表示があんまりない人がね、何かしようとしたりするっていうのは日常の二人きりの中ではなかなか難しいからね。こちらは、もう分かっているから、自分の方でしてしまうっていうのもあるし。やっぱり誰か他の人とのかかわりの中からの方が。周りからのはたらきかけからのほうが引き出せる?……。だから違う環境を作ってあげることがすごく大きいんじゃないかなあ、痴呆の人にとっては。人も周りの景色も含めて全部。日常じゃない世界を作るのが。いくらそれが表情がなくなっている人でもね……。感情みたいなのはすごくよく伝わるしね。

このように、Tさんは、デイサービスなどで、自分以外の別の主体たちの中に、日ごろ介護している認知症の相手がいることを通じて、その相手が自ら動く存在であること、自分とは異なるということに思い至るという経験をしている。このような、相手が日ごろの二者関係の中で見せる存在とは異なるという発見は、言語的なストーリーを持つ「思い」の発見ではない。しかし、かかわる他者によって違う姿を見せるという事実に気づくことで、相手が「思い」を持つ、自分とは異なる存在＝他者であることを、改めて感じる経験となっていると考えることができる。

以上のような経験の存在を踏まえると、聞き取りを通じた「思い」の発見が、言語的情報を通じてなされていることだけを切り離して注目するのは適当ではない。家族の外での〈媒介〉を通じているという意味では上述の経験と同型である。重度にいたるまで認知症の人と生きてきた家族は、これまで相手の「思い」の存在を感じつつも確信が持てぬまま介護を続けてきた。その過程の中で、デイサービスなどの他者たちのいる〈媒介〉の存在が、認知症の人と生きる家族に対して、何とか本人の「思い」が存在することのリアリティを高めてきた。したがって、「思い」を発見していく聞き取りは、認知症の人と生きる家族が相手の「思い」の存在のリアリティ感覚を持ち続けられるための〈媒介〉として、これまでも生み出されてきた家族外の実践と地続きのものとして位置づけられるであろう。

2　語れない時点に向けた聞き取り

以上で見たように、「思い」の聞き取りは、これまで生み出されてきた実践と地続きの〈媒介〉である。では、そのことを強調した上で、なお、言語的情報として「思い」が発見されたことの意義があるならば、それはどういったことであろうか。

まず、さしあたり指摘できるとすれば、その意義は、これまでも経験されてきた「思い」の存在と、それに対する実践の存在をより普遍的に伝える可能性を高めていくという点に求められるのではないだろうか。すなわち、言語的情報として呈示されることは、以下のような意味を持つ。一つは、これまでも個別の経験の中で何となく気づかれていたリアリティが、より伝達可能なものとなったこと。もう一つは、伝達可能性の増大によって、「思い」の存在の信憑性が高まることで、一般的に、認知症と定義づけられている人たちを、コミュニケーションの相手として見なすことへと注意をうながしていく点である。

そうした経験の社会化といったような意義に加えて、最後に指摘しておきたいのは、言語として「思い」を聞き取る実践が、認知症の人と生きる個々の人々に対して独自な意義を持っていく可能性である。Oさんは、語ることのできる時点において「思い」を聞き取っておくことが、相手が語れなくなってしまう時点における〈媒介〉としての意味も持つ可能性について示唆している。そうした実践が、実際にいかなる効果をもたらしていくのかは、今後慎重な検討を行っていく必要があるが、ここでは、その可能性についてだけ指摘しておこう。

本当に聞き取りは大事で、私自身もこれまでのことを反省した。若年の人たちもどんどん悪くなっています。で、もし話ができる時に、この方法が分かっていれば。本人の話を聞いて家族に伝えてあげられたら。家族も、本当にそう思っていたのだと思えたら。家族は介護で大変だから、何で？　何で？　と思う気持ちだけが先行しているのだけど。それ以上に本人がつらい思いをしていたとか、家族のことを思っていたということが分かってもらえれば。多少、認知症が進んでいったとしても、それが支えになっていたと。

ちゃんと分かっていたんだねと。ちゃんと自分たちのこと分かっていたし、つらいことも思っていたんだね、と。そうなると、喋れなくなったとしても、何かの糧になるんじゃないかなと思う。あのときは……って、昔を振り返る思いではなくて、自分たちのできることをしてあげようという気持ちに、もしかしたらなれたかもしれないけど。それは介護していると分からない。苦しみばっかりになって。でも、本人の気持ちを聞いたら、ちょっと落ち着いていくんじゃないかなと。

Oさんは、聞き取りを、相手が言語能力を持ち、その「思い」を言語的情報として聞くことができる時期だけに意味を持つ実践として考えているわけではない。Oさんは、認知症が進行性の疾患であることを経験的に熟知している。その認識の上で、家族が、「介護の大変さに追われ、『何で？　何で？』という思いを抱き続ける中で生きていく」よりは、話すことが可能なうちに本人の「思い」を知り、相手が自分の状況や周囲に対して何を思って生きていたのかを分かった方がよいと捉えている。すなわち、本人が自ら語る言葉を通じて「思い」を聞くことが現実的に難しくなることと、その状態となった後の関係を見据えているからこそ、その本人の「思い」が聞けるうちに、できる限り聞いておくことの重要性を強調しているのである。

以上を踏まえると、Aにおける本人の「思い」の聞き取りは、少なくともその意図のみに注目すると、「語ることのできる本人」だけに注目している実践ではないと言える。まず、その本人の「自己」を形作る重要な〈媒介〉、すなわち家族に注目している。さらに、本人が「語ることができる」時点の家族関係だけにはたらきかける意図を持つだけでもない。今目の前の語れる本人の未来に想定される、語ることが難しい時点を見据え、その時点の生活に決定的に重要だと想定される家族関係にとって「思い」の存在という事実が重要になると考えるからこそ、語ることのできる時点での「思い」の聞き取りという〈媒介〉が重要だと考えているのである。

第6節　本人の「思い」の出現が提起すること

本人の「思い」の出現という出来事の背景の一つとしての聞き取りという実践を見ることから、何が提起されただろうか。特に、第1節で言及したような重度認知症の人と生きる家族の経験に対して何らかの関連性を示すことができただろうか。その関連性を示すことが、そのまま、異なったリアリティの中にいる者同士の対話の成立につながっていくわけではないが、その成立に向けた足がかりとして簡単な考察を示し、本稿を終えることとしよう。

まず、こうした実践は、「認知症の人自身が語る」という主体性だけに焦点を当てたものでは必ずしもないということが言える。少なくとも、Oさんの実践は家族との二者関係外部の〈媒介〉を通じた変容を目指している。その点で、認知症の人と生きる家族が経験していくような困難性――相手の「思い」や意思の存在をどこかで保持しようとしながらも、そのリアリティが失われていく――と、その困難性への支援とつながりのある試みである。また、そもそも、「思い」の発見による家族の認識の変容を重視しているという点は、在宅で生活を行う認知症の人の「自己」にとって、家族という〈媒介〉が否定できない重要性を持っていると捉えているからだと言えよう。

もう一つ言えることは、未来に訪れるであろう、コミュニケーションが難しくなる重度状態を想定した上での試みだということである。今現在の時点で、相手に対して、その話を聞こうとする態度で臨めば相手は語ることができる。そのため、本人の「思い」をなるべく聞くことが試みられる。しかし、それは、本人が語ること自体が確固とした目的とされているからではない。語ることができなくなる時点において、その周囲にいる家族が本人の「思い」を知っていることが重要だと考えるからこそ、本人の「思い」のリアリティをより得られる時点の「思い」を聞き取り録音しているのである。本人の「思い」が何なのかよく分からぬまま、苦悩の中で続いていくような認知症の人と生きる過程全体の中に、「思い」の存在する時期を楔《くさび》として打ち込むことを意図しているのだと言えよう。

もちろん、本稿で指摘した聞き取りの意義は、あくまで、筆者の問題関心をもとに、その一側面を強調した解釈である。実際には、聞き取られる「思い」は言語として公的場面へと伝えられていく際に「語ることができる」姿の強調を伴って紹介されていくことも多い。また、「思い」の存在が言語的情報として聞き取られることが、言語的コミュニケーションが難しくなった重度の時点に何をもたらすのかは、これから実践の展開を見つめながら考えていくべき重要課題である。だが、本稿の考察から見えてくるのは、「思い」を語れることを強調しつつ積極的に聞いていこうとすることと、語ることの難しくなった時点で相手の「思い」の存在のリアリティを担保するような〈媒介〉とはつながりうるということ、そして聞き取りもその認識をもとに試みられているということである。そうした意味で、本人の「思い」の出現という潮流は、重度認知症の人や、その人と生きる家族にとってのリアリティとまったく無関係なものではなく、認知症の人と生きていくことに対して、広く重要な意義を持ちうるのではないかと言うことができるのである。

【註】

（1）新しいケアの担い手の養成テキストである長谷川和夫［2004］や認知症介護研究・研修東京センター［2005］などで紹介される「人間中心ケア person-centered care」の理論書・ガイドとして、T・キトウッド（Kitwood [1997＝2005]）などが翻訳されている。

（2）政策的には、MCI（mild cognitive impairment）という概念で、「記憶低下または認知機能低下の客観的証拠（家族の観察、神経心理検査などに基づく）はあるが、生活上明らかな支障をきたしていない状態」「健常でも認知症でもない」状態の群を把握し、認知症予防のための介入の対象としていこうとする動きが見られる（本間［2005］）。

（3）若年認知症は、「若年期認知症（一八～三九歳に発症した認知症疾患の総称）と初老期認知症（四〇～六四歳に発症した認知症疾患の総称）の両者を含んだ名称」（若年認知症家族会・彩星の会［2006］）である。現在、公的な場で積極的に語る認知症の人は、若年の年齢幅に入る人がほとんどであるが、高齢期（八〇代）の認知症の人の「思い」の語りが聞き取られている例もある（呆け老人をかかえる家族の会［2004a］）。

（4）たとえば、二〇〇四年のアルツハイマー病協会の京都国際会議前後から、積極的に発言・著作活動を行うオーストラリアの認知症当事者C・ブライデンへの注目が集まり、国内の多くの認知症ケアの先駆者が取り上げた。また、国内では、二〇〇四年の会議での当事者の公的場面への登場をきっかけとして、続々と当事者がマスメディアで語るという動きや、彼／彼女らを中心とした著作・テレビ番組などが登場している（越智［2005］；一関［2005］；太田他［2006］；若年認知症家族会・彩星の会［2006］など）。

（5）他に、本人が、認知症の情報を知り、その後の積極的な対応を可能とすることが強調されることもある。実際、認知症当事者として「思い」を語る前提には、本人が、自身は認知症であることを何らかの形で認知していることが条件となる。そのため、本人の「思い」とともに、認知症を知るという出来事の意義についての議論が含まれることになる。

(6) 二〇〇六年五月二七日NHK教育テレビで放送の「ETVワイド　ともに生きる　いま、認知症の私が伝えたいこと」での、認知症当事者の人に向けた認知症介護経験者のタレントの発言である。番組には、認知症当事者数名とその家族が実名で出演し、彼／彼女らの生活の様子や、各地の先駆的実践が紹介された。

(7) たとえば、二〇〇四年に、筆者がある家族会で出会った、妻を施設に預けている男性は、かかわり方によって認知症の人は変化しうることが、認知症当事者の人を事例にメディア等で強調される近年の潮流に対して批判的で、「それはわれわれ庶民には無理なこと」と述べていた。

(8) 加えて、認知症に対するスティグマなどの、周囲のまなざしを考慮に入れたとき、認知症であることを積極的に公表するということが、想像力の範囲に及んでこないという事情もあろう。

(9) 不登校研究の文脈で当事者が語ることについて整理した貴戸理恵［2004］は、不登校当事者の語りは、これまで専門家や運動側が耳を傾け「解釈」して伝達してきたが、当事者そのものの語りはいまだ聞かれていないという問題認識に立っている。一方、認知症当事者の語りについて考えるとき、本人の語りと伝達・解釈の区分は現段階では非常に難しい。だが、新しい動きとして、認知症の人たち同士で集まりさまざまな計画を立てるような活動、認知症の本人たちを主体とした会の成立なども見られるようになってきている。こうした先駆的な例も踏まえて「当事者の語り」という概念の内実を考えていくことは今後の課題である。

(10) 有名な例として、「もの忘れ」について、利用者同士で語りあったり手記を書いたりする実践を行なってきた小山のおうちがある（高橋・石橋［2001］; 石倉編［1999］）。

(11) こうした視角の概要については、中山［2005: chap 1, 2］を参照。

(12) キトウッドは、「認知症では、長い間個人的であり、『内部化』されてきた精神の多くの側面が、再び対人関係の環境に戻される。記憶は消えたかもしれないが、しかし、過去の出来事はだれかが知っている。他人がそれを知っているので、自分らしさが保たれているのだ」（Kitwood［1997＝2005: 121］）と、発達論過程における幼児期と対比して、認知症の人の対人関係の過程について述べている。

(13) 今回扱うAへの訪問とOさんへのインタビュー、比較事例としてのデイサービスBへの訪問、調査データの内容検討などは、いずれも出口泰靖との共同研究の一環として行っており、現在も継続中である（出口［2007］）。なお、Oさんへのインタビューや観察データの引用については、Oさん自身に草稿に目を通してもらい許可を得ている。Oさんをはじめ調査に際してお世話になった方々には深く感謝したい。

(14) 「一、もの忘れで困ったことはありますか？ あればどんなことか教えてください。／二、病院に行ったことがありますか？ どうでしたか？／三、何か不安なことがありますか？ それはどんなことですか？／四、気持ちが晴れるのはどんなことですか？ 逆に気持ちがふさぐのはどんなことですか？／五、これから何かしたいことがありますか？／六、生きていく上で大切にしていることは何ですか？／七、ご家族に何か一言。／八、忘れたくないことがありますか？ 逆に忘れたいことはありますか？」の八項目である。最初の七つは呆け老人をかかえる家族の会の調査で用いられた質問で、八番目はOさんが独自に設けた追加質問である。

(15) 認知症とされる人との会話では、昔話などのトピックが繰り返し話題に出され、何度もそのことについて話し続けるようなやりとりをよく経験する。このような「会話」は、会話そのものや雰囲気自体を楽しむという意味で十分にコミュニケーションだが、その会話から、何か内容的な情報を新たに得ることを主要な目標としたコミュニケーションではない。認知症とされる人と向き合った時に生じるこうしたタイプのコミュニケーションは、限られた時間で終えなくてはいけない聞き取りにおいては、なるべく避けられる必要があるということになるだろう。昔話を避けるという方針はその意味で合理的である。

(16) 認知症の人とのコミュニケーションは、ケア実践の現場で介護者が「行動障害」の理解や、適切なケア実践を行うために、言語を含むさまざまな記号から相手の「自己」を読み解くといった関心で語られることが多い（ex. 野村［2004］）。しかし、聞き取りの関心は、特別なコミュニケーション技術を開発するといったことや、コミュニケーション自体を目的とすることとは異なっている。

(17) そのことは、聞き取りを行うOさんの、デイサービス組織の中での位置づけとも関係している。Oさんは、デイサービスの介護スタッフとしてではなく、相談員として仕事をしている。

(18) 他に、「本人自身誰かに話すことで、わかってくれる人がいると思うことができるようになる。思っていたことを表出することで、前向きに考えられるようになる」「社会の認知症に対する誤解をとき、偏見をなくす契機となる」「認知症の人が普通に暮らしていけるよう、国や行政に働きかける原動力となる」（中島［2005: 12］）の三つが挙げられている。

(19) たとえば、若年認知症の会を主催する医師によると、日常生活をともにする家族にとっては、あらゆるできていたことが消えていく「喪失」のイメージが強くつらいため、「わかっていても本人を責めてしまう」。それに対して、本人は自分でできることは自分なりに応えたい気持ちはあるが、どうしてもできない部分があるため、「お互いにとって悪循環となる」という（若年認知症家族会・彩星の会［2006: 256-7］）。

(20) ここでは、二〇〇一年から二〇〇四年にかけて筆者が行った家族介護者へのインタビュー調査から得た事例を引用する。この調査の概要、調査データを用いた分析について、詳しくは拙著（井口［2007］）を参照していただきたい。

【引用文献】

阿保順子　二〇〇四年『痴呆老人が創造する世界』岩波書店

Boden (Bryden), Cristine, 1997, *Who Will I Be, When I Die?* Sydney: Harper Collins Publishers. ＝二〇〇三年、桧垣陽子訳『私は誰になっていくの？——アルツハイマー病者から見た世界』クリエイツかもがわ

Bogdan, Robert & Steven J. Taylor, 1989, "Relationships with Severely Disabled People: The Social Construction of Humanness." *Social Problems*, 36(2): 135-48.

呆け老人をかかえる家族の会　二〇〇四年ａ『「家族の会」調査報告書　痴呆の人の『思い』に関する調査——家族に対するアンケート調査、本人に対する聞き取り調査』

———　二〇〇四年ｂ『痴呆の人の思い、家族の思い』中央法規出版

———　二〇〇五年『若年認知症　本人の思いとは何か——松本照道・恭子夫妻の場合』クリエイツかもがわ

Cohen, Donna & Carl Eisdorfer, 1986, *Loss of Self: A Family Resource for the Care of Alzheimer's Disease and Related Disorders*, New York: W. W. Norton. ＝一九八九年、佐々木三男監訳『失われゆく自己——ぼけと闘うす

べての人々への心からなる手引書』同文書院
出口泰靖　二〇〇二年「かれらを『痴呆性老人』と呼ぶ前に」『現代思想』青土社、三〇巻七号、一八二～一九五頁
――――　二〇〇四年a「『呆け』たら私はどうなるのか？　何を思うのか？」山田富秋編『老いと障害の質的社会学――フィールドワークから』世界思想社、一五五～一八四頁
――――　二〇〇四年b「『呆け』について私はもの語れるのか？――〈本人の『呆けゆく』体験の語り〉が生成される〈場〉」山田富秋編『老いと障害の質的社会学――フィールドワークから』世界思想社、一八五～二一六頁
――――　二〇〇七年「病い／高齢者「認知症」体験の〈汲み取り〉から〈聴き取り〉へ」川野健治・能智正博編『質的心理学入門シリーズ第二巻　臨床・社会』東京図書（近刊）
Gubrium, Jaber F., 1986, "The Social Preservation of Mind: The Alzheimer's Disease Experience." *Symbolic Interaction*, 9(1): 37-51.
長谷川和夫　二〇〇四年「認知症ケアの理念」日本認知症ケア学会編『認知症ケア標準テキスト　認知症ケアの基礎』ワールドプランニング、一九～二八頁
本間昭　二〇〇五年「MCIとは何か？」『りんくる』四号、一四～一六頁
一関開治　二〇〇五年『記憶が消えていく――アルツハイマー病患者が自ら語る』二見書房
井口高志　二〇〇七年『認知症家族介護を生きる――新しい認知症ケアの時代における臨床社会学』東信堂（近刊）
石倉康次編　一九九九年『形成期の痴呆老人ケア――福祉社会学と精神医療・看護・介護現場との対話』北大路書房
若年認知症家族会・彩星の会　二〇〇六年『若年認知症――本人・家族が紡ぐ7つの物語』中央法規出版
片桐雅隆　二〇〇三年『過去と記憶の社会学――自己論からの展開』世界思想社
貴戸理恵　二〇〇四年『不登校は終わらない――「選択」の物語から〈当事者〉の語りへ』新曜社
Kitwood, Tom, 1997, *Dementia Reconsidered: the Person Comes First*, Buckingham: Open University Press. ＝二〇〇五年、高橋誠一訳『認知症のパーソンセンタードケア――新しいケアの文化へ』筒井書房
高齢者介護研究会　二〇〇三年「２０１５年の高齢者介護――高齢者の尊厳を支えるケアの確立に向けて」老人保健福祉法制研究会『高齢者の尊厳を支える介護』法研、四一～一五一頁

Lyman, Karen A., 1993, *Day In, Day Out with Alzheimer's: Stress in Caregiving Relationships*, Philadelphia: Temple University Press.
中島七海　二〇〇五年「認知症の人の声に耳を傾ける――天神オアシスクラブの取り組み」『りんくる』中央法規出版、二号、一〇～一二頁
中山康雄　二〇〇四年『共同性の現代哲学――心から社会へ』勁草書房
日本認知症ケア学会　二〇〇四年『認知症ケア標準テキスト　認知症ケアの基礎』ワールドプランニング
認知症介護研究・研修東京センター　二〇〇五年『新しい認知症介護――実践者編』中央法規出版
野村豊子　二〇〇四年「コミュニケーションスキル」日本認知症ケア学会『認知症ケア標準テキスト　認知症ケアの実際Ｉ：総論』ワールドプランニング、三九～六一頁
太田正博・菅崎弘之・上村真紀・藤川幸之助　二〇〇六年『私、バリバリの認知症です』クリエイツかもがわ
小澤勲　一九九八年『痴呆老人から見た世界――老年期痴呆の精神病理』岩崎学術出版社
――――　二〇〇三年『痴呆を生きるということ』岩波書店
――――　二〇〇五年『認知症とは何か』岩波書店
Sabat, Steven R., 2001, *The Experience of Alzheimer's Disease: Life through a Tangled Veil*. Oxford: Blackwell Publishers.
高橋幸男・石橋典子　二〇〇一年「痴呆を患って生きる」浅野弘毅編『痴呆性高齢者のこころと暮らし』批評社、一九～三七頁

第4章　院内家族会とその支援的機能

小児ガン患者の「親の会」の事例から

鷹田佳典

第1節　小児ガン患者家族と院内家族会

小児難治性疾患のひとつに小児ガンがある。かつては「不治の病」とされたこの病気も、ここ数十年の急速な医療技術の発達により、現在では全体の約七割が治癒を見込めるまでになっている（佐藤他［2005］）。しかし、寛解《かんかい》導入のためになされる治療は依然として厳しいものであることに変わりなく、小児ガン患者は苦痛を伴う検査をはじめ、嘔吐感や倦怠感、脱毛などの副作用、家族と離れて暮らす寂しさなど、さまざまな困難に耐えなければならない。また、治療が終了すれば問題が一挙に解消されるというわけではなく、小児ガン経験者（幼少期に小児ガンに罹患し、一連の治療過程を経て、現在は寛解状態を維持している人たち）の多くは、晩期障害や再発に対する不安を多少なりとも心のどこかに抱えながら生活していかなければならない。だが、病気によって問題を抱えるのはなにも患者だけではない。小児ガンのような難治性の疾患の場合、その影響は家族全体にまで及ぶからである（Chesney &

Schwartz［1985］; Papaikonomou & Nieuwoudt［2004］; Van Dongen-Melman et al.［1998］)。たとえばケアの中心的な担い手となることが多い母親は、子どもが病気になったのは自分に責任があるのではないかという罪悪感や苦しむ子どもの代わりになってやることができないという無力感、誰も自分の苦悩を理解してくれないという孤独感などを抱えながらも、子どもと医療者の間に入って両者の関係を調整したり、ときには幼い子どもに代わって重要な意思決定をしたりと、困難な課題に対処していかなければならない（戈木［1999］)。また、治療終了後も、病名告知の方法や時期をめぐる葛藤、二次ガンに対する不安、患児の看病のために十分に目を向けてやれなかった他の子どもたちとの関係修復など、引き続き多くの問題に直面することになる（鷹田［2006a］)。さらには、治癒率が飛躍的に向上したとはいえ、現在も小児ガンで子どもを失う親は決して少なくない。単純に悲しみの大きさを比較することはできないが、それでも、乳幼児死亡率が劇的に減少し、子どもが親より後に死ぬことが自明視されるようになった今日の社会において、子どもの死は他の家族成員の死以上に大きな喪失感をもたらすことが多い。

こうしたさまざまな問題はしばしば一人で対処するにはあまりに複雑なものであるため、小児ガンの子どもを持つ親や小児ガンで子どもを亡くした親に対しては何らかの支援が必要となる。多くの親にとって最も支えとなるのは、やはり家族や親族の協力であろう。付き添いの代わりや家に残してきた子どもたちの世話、悩みの相談、財政的な援助など、家族や親族に物心両面で支えられているという親は少なくない。また、彼らほどではないにしても、友人や職場の仲間、あるいは近隣住人なども、家に残された子どもを預かったり、気晴らしに付き合ったりと、重要な支援を提供する存在である。だが、家族や友人たちからのこうした支援が常に受けられるというわけではない。たとえば、親や兄弟が遠くに住んでいて協力を得ることが物理的に困難な場合があるし、弱音を吐くと心配するので家族には辛い素振りを見せることができないという場合もある。また、たとえ親しい間柄であっても、小児ガンの子どもを持つ親の気持ちは当事者でなければ理解できないという思いから、次第に彼らと距離を置くという場合もある。チェスラーらが指摘するように、家族や友人ではどうしても提供しえないような支援もあるのである（Chesler & Chesney [1995: 10]）。こうした状況のなかで、小児ガンの子どもを持つ親、あるいは小児ガンで子どもを亡くした親同士が集まって組織された家族会は、極めて重要な役割を担っている。

そうした家族会のなかでも最も代表的なものが「がんの子供を守る会」である。この会は一九六八年に小児ガンで子どもを亡くした数名の親が中心となって設立したもので、現在では複数の地方支部を持つ我が国最大の支援団体へと成長している（池田 [2002]；稲野 [1991]；小俣 [1998]；若林 [1987]）。「がんの子供を守る会」は創設以来、「広報活動、相談事業、療養費援助、治療研究助成」を中心に、小児ガン患者家族の支援において主導的な役割を担ってきたのであるが、八〇年代に入り、この「がんの子供を守る会」とは別に、小児科を持つ病院や小児専門の病院に、原則としてその施設で小児ガンの治療を受けている（あるいはかつて受けていた）患児の親たちによって構成された家族会が登場し始める。たとえば、最も早い時期に設立された家族会のひとつである久留米医科大学病院の「木曜会」ができたのは一九八一年であり、その後も順天堂大学医学部付属順天堂医院の「えくぼ」が一九八三年に、東京慈恵会病院の「マーガレットの会」が一九八七年にそれぞれ設立されている。こうした動きは九〇年代に入って以降も続き、現在では「がんの子供を守る会」が把握しているだけでも五〇近い数の家族会が全国各地の病院に設立されるまでになっている。

特定の医療機関で治療を受けている（受けていた）患者の家族によって構成され、そこで働く医療従事者との間になんらかの関係を築きながら活動を行っている家族会を、本稿では「院内家族会（hospital-based support group for patient's family）」と呼ぶことにするが、小児ガン患者家族を対象とした「院内家族会」は、その数だけを取ってみても、今や小児ガンの子どもを持つ親や小児ガンで子どもを亡くした親の支援について考えるうえで決して無視することのできない存在となっている。しかし、いくつかの先駆的な研究[1]はあるものの、これまで「院内家族会」に焦点を当て、それを主題的に検討するという作業は十分になされてこなかった。そのため、小児ガン患者家族を対象とした「院内家族会」がどういった時代状況を背景として誕生し、そこで実際にどのような活動が行われ、それが患者家族にとっていかなる機能（役割）を果たしているのかについてはいまひとつ明らかになっていないというのが現状である。そこで本章では、こうした一連の問いに多少なりとも答えるべく、B病院を母体として設立された小児ガン患者家族の「院内家族会」である「B病院・親の会」（以下「B・親の会」）を事例として取り上げ、その活動の歴史や具体的な取り組みについて詳しく記述・検討することにしたい。

この「B・親の会」は小児ガン患者家族を対象とした「院内家族会」の設立が本格化する一九八〇年代後半（一九八九年）に発足した組織であり、したがってその設立の経緯について知ることは、こうした「院内家族会」が八〇年代に入って相次いで誕生するようになった理由を理解するうえで重要な手がかりを与えてくれるであろう。また、「B・親の会」では設立当初からB病院の小児科スタッフが積極的に会の活動を支援してきており、「院内家族会」への医療従事者の関わりについても興味深い知見が得られるはずである。

第2節 「B・親の会」とは

事例の具体的な検討作業に入る前に、「B・親の会」の概況を確認しておこう。「B・親の会」は一九八九年にB病院の小児科病棟内に設立された「院内家族会」で、小児ガンで治療に取り組む子どもとその家族を支援するためのさまざまな活動に取り組んでいる。会は小児ガンの子どもを持つ親と小児ガンで子どもを亡くした親、B病院の小児科スタッフ、それに賛助会員らによって構成されている。「B・親の会」の主な活動としては、まず、年に数回行われる「学習会」が挙げられる。そこでは病気や治療方法についてはもちろんのこと、病名告知や院内教育、医療保障、晩期障害など、小児ガンにかかわる多様な問題が取り上げられ、講師による報告の後、参加者を交えた活発な意見交換が行われている。また、「会報」の発行も「B・親の会」の重要な活動のひとつである。この「会報」では、「学習会」をはじめとする各種活動の案内や関連書籍の紹介、会員の近況報告などがなされ、参加者の重要な情報源となっている。他にもバザーの実施や病棟主催の催し物（クリスマス会や七夕会など）の手伝いなどが行われており、最近では演奏会も定期的に開催されるようになっている。また、こうした活動の企画や準備作業を行うために、「定例会」という集まりが役員を中心に毎月もたれている。

筆者は一九九九年以来、役員を務めている会の中心的なメンバー（Aさん、Cさん、Dさん、Eさん）

および会の活動に深く関わっている医療スタッフ（G医師）への聞き取りを中心に、「B・親の会」に関する継続的な調査を行ってきた。以下の分析では、そうした一連の聞き取り調査から作成された「トランスクリプト」と会の刊行物、それに参加者が書いた著書や論文などを基本的な資料として用いる。

第3節　「B・親の会」の設立と発展をめぐって

本節では「B・親の会」の活動の軌跡を詳細に辿っていく。「B・親の会」は小児ガン患者家族を対象とした「院内家族会」としてはかなり古い歴史を持っている組織のひとつであるが、まずはこの会がどのような経緯で設立されたのかというところからみていくことにしよう。

1　親同士の相互支援的な集まりに対するニーズ

【A1】発案は、会を作ってくださいっていうのは親御さんですよね。で、できるかなって思ったのはG先生だと思うんですよね。

ここで引用したのは、「B・親の会」の設立の契機を尋ねる調査者の質問に対してAさんが語った内容の一部であるが、この短い言葉に集約されているように、「B・親の会」は小児ガン患者の親と医療スタッフとの双方の働きかけによって誕生した「院内家族会」である。では、具体的に両者の間でどのようなやりとりがあったのだろうか。それを理解するためには、「B・親の会」が設立される数年前に遡り、B病院の小児病棟において子どもに付き添う親たち（その一部が後に「B・親の会」の役員を担うことになる）がどのような闘病生活を送っていたのかを確認しておく必要がある。

小児ガンのように長期的な入院治療を必要とする疾患の場合、患者に付き添う親同士が次第に顔見知りとなり、情報交換や悩みを相談したりする（ゆるやかな意味での）相互支援的な集まりが形成されることがあるが、B病院の小児病棟にもそうした集まりが存在していたようだ。

【C1】実は入院してるときにね、お母さんたちと仲良くなるわけですよね。それで毎晩ね、病室に集まって、えー、ま、飲みながら同じことを話したりするわけですよね。検査結果が良かったら一緒に喜ぶし、悪かったら、やっぱりがっくりしたり、慰め合ったりね、そういうことをしながら何年間か暮らしてきたわけですよね。それで、あのー、話し合うってことは、病気の助けにはならないかもしれないけども、精神的なね、精神衛生上はね、すごくこう、助かったの。あれ、あの話し合いがあって、なんとか乗り越えてこれたんじゃないかなと、辛い闘病生活をね。

B病院では付き添いが可能だったこともあり、母親たちは「お洗濯をしながらぺちゃくちゃしたりとか、朝御飯食べにちょっと喫茶店行って喋ったりとか、お風呂行きながら喋ったりとか」（Cさん）、とにかく「話す時間はたっぷり日常生活の中にあった」（Aさん）という。看病の合間や消灯後になされるそうしたお喋りは、子どもの病気に直接的な効果をもたらすわけではなかったが、不安や孤独感で崩れそうになる自らの精神状態をなんとか正常に保つという意味では大いに役立つものであった。それはここで語られているように、Cさんにとって「辛い闘病生活を」「乗り越えて」いくうえで欠くことのできないものだったのである。こうした親同士の「話し合い」が持つ能動的な役割については、Cさんと同時期に子どもの入院生活を経験したAさんによっても語られている。

【A2】同じことを聞いてくれる友達がいて、そういう意味では救われましたよね。昨日も聞いたし、一昨日も聞いた話を毎日毎日するんですよ。「ああ、(子どもが)元気になったら何食べたい?」とかね(笑)。「何処に行きたい?」とか、そういうことをいつもいつも飽きずに聞いてくれて。何か結局、自分を確かめてるみたいな、そんな感じだったのかもしれないですね。

*引用文中の括弧内は筆者による補足(以下同じ)。

Cさんと同じように、Aさんにとっても、毎日「同じことを聞いてくれる友達」が側にいることは大きな救いであった。自分の子どもが小児ガンという命にかかわる病気を発症したことに加え、慣れ親しんだ日常から病院という異質な空間に突然放り出されることによって、進むべき方向性の喪失や自己感覚の混乱を経験する親は少なくないが、「あそこ(病院)にいるとほんとに日常生活をぶつっと切られたようだったとか、「ほんとに、『ここはどこ、私は誰?』みたいな、そういう世界になっちゃうんですね、病院にある日突然入院すると」と語るAさんもまた、子どもの発病によって同様の危機に直面していたものと思われる。そのような状況にあって、Aさんにそれまでの生活とのつながりやある程度のまとまりを持った自己感覚（両者は密接に関わっている）を取り戻させたもの[2]のひとつが、他の母親たちとの間で日夜交わされるお喋りであったと言えよう。Aさんにとって「仲間」の親と「毎日毎日」同じ話を繰り返すことは、単なる気晴らし以上に、「自分」という存在を確認する作業に他ならなかったのである。

しかし、時期を同じくしながらも、そうした集まりに参加できないでいる親もいた。筆者がお話を伺った参加者の一人であるEさんがそうである。当時（一九八七年）四歳になる長男が小児ガンを発症したとき、Eさんには下に二歳になる長女と、お腹の中に妊娠一〇ヶ月目になる次男がいるという状況だった。間もなくして無事に出産を終えたEさんであったが、幼い子どもを二人も抱えていたために、入院中の子どもには「ほとんど付き添ってやることもできない」状態で、当然のことながら、他の親とゆっくり話をする時間など皆無に等しかった。しかし、ふだんから付き合いのある近隣の母親や医療スタッフ、ときには夫にさえも本心を語れなかったり、自分の気持ちを理解してもらえないと感じたりしていたEさんにとって、自分と同じように小児ガンの子どもを持つ母親と話がしたいという思いは切実なものであった。あるとき「がんの子供を守る会」の存在を知り、実際にアクセスしたこともあったのだが、「もっと身近に、この病院の中に、この状況をよく知っていて、お話をできる方はいないのかな」という思いが強かったEさんは、結局、主治医であるG医師に「院内家族会」の設立を直接求めることになる。

Eさんが「会を作ってください」と申し出たのとちょうど同じ頃、あることがきっかけで、B病院の医療スタッフは「院内家族会」に対する患者家族のニーズがいかに大きなものであるのかを知ることになる。そのきっかけとは、会が設立される前年の一九八八年に小児科スタッフが行ったアンケート調査である。「病む子どもの日常生活とその環境」と題されたこの調査は、小児ガンの子どもとその家族が病院や学校、家庭の中で直面している問題や医療スタッフに対する要望を明らかにすることを目的としたもので、治療中の子どもを持つ親と治療が終了した子どもを持つ親、それに子どもを亡くした親の計四一人の協力を得て実施された。この調査によって小児ガン患者やその家族が抱えるさまざまな問題が明らかになったわけであるが、調査を進めるなかで、他の親と悩みを話し合ったり、励まし合ったりできるような場を設けてほしいという要望が多くの親たちから提示された。こうした要望はそれ以前にも散発的ながら存在していたのだが、医療スタッフはこの調査を通じて、親同士の交流の機会を求める声が決して一部の親たちだけのものではなく、多くの親に共有されたものであることを認識することになったのである。

こうしてB病院小児科スタッフが行った調査は、「院内家族会」の設立を求める親たちの要望を掘り起こす結果となったわけであるが、言うまでもなく、病院側は患者家族の全ての要求（ニーズ）に応えられるわけではない。中には対応する必要性が認められなかったり、あるいはそもそも対応不可能と判断されたりするものも少なくない。「院内家族会」の設立についても、その有効性を疑問視する声や圧力団体化を危惧する声がありうるだろう（星［1995: 188］）。そうしたなかで、B病院において、親同士の交流や情報交換の場を設けてほしいという患者家族の要望がその必要性を認められ、医療スタッフの協力のもとに「院内家族会」が設立されるに至ったのはどのような理由によるものだったのであろうか。このことを明らかにするために、次項では「B・親の会」の設立において中心的な役割を担ったG

医師に着目することにしたい。本項の冒頭でAさんが語っていたように、家族会を作ってほしいという患者家族からの「発案」をG医師が「できるかな」と判断したことが「B・親の会」の誕生につながったのだとすれば、そうしたG医師の判断を支えていたものが何であったのかを明らかにすることが、会の設立の経緯を理解するうえで重要になってくる。

2 「家族ケア」に対する医療従事者の関心の高まり

前項でみたように、B病院の小児科スタッフが行った調査のなかで患者家族から他の親との交流の場を求める要望が提示されたわけであるが、しかし、当時はすでに「がんの子供を守る会」が活動を行っていたので、わざわざ病院内に家族会を作らなくても、支援を必要とする人たちにはそうした既存のサービスを利用してもらえばよかったようにも思われる。実際、Aさんに伺ったお話によれば、看護師長の方から「がんの子供を守る会」に関する情報提供がなされていたし、「会合」もB病院のすぐ近くで開かれていたということで、利便性も高かったと言えよう。だが、こうした疑問に対してG医師は、そのような「考え方も一部にはあるんだけども」と断ったうえで、次のように述べている。

【G1】段々そういうふうな風潮っていうかな、(中略)やっぱり、インハウスっていうか、ひとつの病院の中でそういうような(親同士の)話ができるっていうことの意味っていうのはあるんじゃないかってことで、ま、ちょうど僕らのところでそういうようなことが起こってきたのと同じような時期に、他の幾つかの病院でも、やっぱりそういうことに取り組み始めたっていうことで、だったらまあ、やってみるかということで。

確かに「がんの子供を守る会」の活動に参加すれば、他の親と話をしたり、必要とする情報を入手したりすることはできる。しかし、先ほどのEさんのように、実際に「がんの子供を守る会」から会員を紹介してもらったものの、相手がいかに大変な状況に身を置いているかが分かるだけに電話をすることにためらいを感じてしまう親もいるし、あるいはAさんのように、「行きたいけど、ちょっともう目の前のことで目一杯で行けない」という親もいる。その点、自分の子どもが入院している病院の中に家族会があれば、自分も他の親もどういう状況にあるのかがお互いある程度分かっているし、また、看病の合間などに会の集まりに顔を出すこともできるだろう。そういった部分では、ここでG医師が語っているように、「ひとつの病院の中」に家族会があるということの「意味」というのは確かに存在するのである。

さらにここで私たちが注目しておかなければならないのは、同時期に他の病院でも同じような「取り組み」が始まっていたことが、「B・親の会」の設立を後押しすることになったというG医師の発言についてである。第1節でも指摘したように、小児ガン患者家族を対象とした「院内家族会」は一九八〇年代に入ってから複数の病院で設立されるようになる。「B・親の会」もそうした動きに呼応する形で一九八八九年に誕生するわけであるが、では、なぜ八〇年代という時期に「院内家族会」を作ろうとするこのような「風潮」が生まれることになったのであろうか。そこにはおそらく、当時医療界全体において進行しつつあった患者家族に対する医療従事者の認識の変化が深く関係しているように思われる。野嶋佐由美が指摘するように、それまで医療界では、家族を「患者／クライアントの背景として捉え、患者にケアを提供する資源として活用しようとする傾向が強くみられた」のだが、「家族の立場や気持ちを十分把握し考慮していないために様々な問題や葛藤が生じている」との反省のもと、八〇年代前後から、患者の家族を「ケアを必要としている対象」として位置づけ、これを支援しようとする新たな試みが実践されるようになる（野嶋［1995: 10］）。一般にこうした試みは「家族ケア（family care）」と呼ばれているが、八〇年代に入って小児ガン患者家族を対象とした「院内家族会」が相次いで設立される背景には、まさにこうした「家族ケア」に対する医療従事者の関心の高まりがあったと考えられる。たとえば、「B・親の会」と同時期に設立された東京慈恵会病院の「マーガレットの会」の発足に関して、当病院で小児科医を務める星順隆は、「有志の呼びかけ」と共に、当時の医療体系の中で最も不足していた患者家族の「精神的ケア」を目指す医療スタッフの働きかけが寄与していたことを明らかにしているが（星［1995］）、同様のことが「B・親の会」についても指摘できよう。B病院の医療スタッフが患者家族の支援に関心を抱いていたことは、彼らが小児ガン患者とその家族が抱える日常的な諸問題を明らかにするための調査を行ったという事実に示されているが、このことが意味するのは、患者家族のニーズとは別に、医療スタッフの側にも「家族ケア」の具体的な試みのひとつとして「院内家族会」に対する（潜在的な）ニーズがあったということである。つまり、確かに「B・親の会」の設立を促す直接の契機となったのは患者家族からの要望であったのだが、同時に、医療スタッフの側でも彼らを支援するための方途を模索していたわけで、そうした意味では、医療スタッフには患者家族の要望に応えるための一定の身構えがすでに準備されていた、ということである。もちろん、「院内家族会」を支援することだけが「家族ケア」の実践ではないし、後述するように、たとえ患者家族のケアやサポートの必要性が認識されていたとしても、医療従事者が「院内家族会」の活動にどのようにかかわるかは各病院で異なるわけであるが、少なくとも「家族ケア」に対する医療従事者の関心の高まりが、八〇年代に入って「院内家族会」が設立されるようになる要因のひとつであったことは間違いないと言えよう。

3　「核」となる人材

さらにG医師によれば、ちょうど会の中心的な役割を担いうる人材がいたことも、この時期に「B・親の会」が設立されたことと大きく関わっているという。

【G2】やっぱり何事かやろうと思うと、核になってくれる人が必要ですよね。だからまあ、そういう人もちょうどいたし、っていうようなことが、やっぱり大きなことかなって思うんですけども。

「院内家族会」の設立については、患者家族からの要望もあるし、医療スタッフもその必要性を認めているのであるが、これらは会が設立されるための必要条件であって、必ずしも十分条件であることを意味しない。というのも、G医師が語っているように、「核になってくれる人」がいなければ、(3) そうした組織を立ち上げ、活動を継続していくことは困難だからである。これについては、「院内家族会」の設立を希望する人たちにやってもらえばよいのではないか、という意見もあるだろうし、実際そのようにしている「院内家族会」も多いと思われる。しかし、役員の一人であるDさんが指摘するように、闘病中の子どもを持つ親は治療のことで「身動き」が取れないために、「なかなかそういう親としての活動ができない」という側面がある。先ほどのAさんの言葉にもあったが、親は子どもの付き添いをすることで「目一杯」で、それ以外のことに費やす余力はほとんど残されていないのである。そうしたなかでG医師が「院内家族会」の設立に力を貸してくれるように声をかけたのが、すでに子どもを亡くされていたCさんであった。

【G3】ずっと付き添いをしてて、お母さん方が病院に、まあ、お父さん方もいらっしゃるけども、ま、お話をしてて、なんていうかな、そういうことに骨を折ってくださる人じゃないかっていうふうに思ってていたんですよ。だからまあ、確かに、そういうときに色々頼むのも非常識って言われるのは確かだと思うんですけど、現実にはなかなかそういうような機会をとらないと、あのー、話が展開しないっていうかな、そういう面があったと思うんですけども。

子どもを亡くされて間もない時期だったということもあり、Cさんに「院内家族会」の仕事を頼むことに対して、G医師には大きな「迷い」があった。会への参加は本人の「自由意志」ではあるのだが、いったん会の活動に関わり、ましてそこで中心的な役割を担うということになれば、「そこから抜けることは簡単ではないし、それによって再び病気のことに（しかも継続的に）かかわることは、子どもを亡くしたCさんのような親にとっては「辛いことになる可能性もある」と考えていたからである。しかし、先述したように、実際に組織を立ち上げるためには、どうしても「核」となって他の参加者をまとめていってくれる人が必要となる。そして、G医師にとってそうした役割を担ってくれるであろう人は、Cさんをおいて他にいなかった。それはひとつには、ここでも語られているように、これまで主治医として何度も言葉を交わすなかで、「院内家族会」の設立という大変な作業にも「骨を折ってくださる人じゃないか」という印象をCさんに対して抱いていたからであるが、もうひとつにはやはり、かつてCさんらを中心に親同士の相互支援的な集まりができていたということが大きかったようである。確かに、そうした光景を目にしていたG医師が、そこに「院内家族会」の雛型のようなものを見出し、彼女たちであれば会をうまくまとめていってくれるのではないかと考えたとしても不思議ではない。G医師が大きな「迷い」を抱きつつもCさんに「院内家族会」の設立を依頼した背景には、こうした理由があったのである。

このG医師からの突然の申し出に対してCさんは、一緒にいた夫が「うちのでよかったら」と即座に引き受けたこともあり、「私がやったら飲み会ばかりでいいですか」と前向きに返事をした。しかし、あまり「考えもせず」に「軽い気持ち」で引き受けてしまったものの、帰りの車中では、果たして自分にそのような大役が務まるのだろうかという不安があったし、「また病院に来なきゃいけないのかしら」という思いが頭をよぎったのも事実であった。また、自分のように子どもを亡くしている親は、闘病中の子どもを持つ親にとって「縁起が悪い」存在なのではないかとも感じていた。しかしその一方で、「親の会」の存在意義のようなものも、漠然とした形ではあったが、思い描いていた。

【C2】もしかしたら、一人ぼっちじゃないから、そういう会があるから、あの、何かあったら愚痴も言えるし、会報出せば、「あ、こんな人もいるんだ」って分かって、なんとかこう、頑張っていけるんじゃないかなって。私たちは気の合った仲間がいてね、喋って発散できたんだけど、どうも段々こう、悪いグループがいなくなると、私たちのことですけど（笑）、いなくなるとやっぱり孤立してる人も多くなってきてたようなのでね。

すでに述べたように、CさんやAさんには、他の親たちと毎晩のように語り合い、「泣き笑いを共に」（Cさん）することで、辛い闘病生活をなんとか乗り越えてくることができたという思いがあった。しかし、そうした親同士の集まりはあくまでもインフォーマルで「流動的」（Aさん）なものでしかなく、決して永続的に存在するわけではなかった。実際、Aさんたちの「グループ」がいなくなった後は、なかなかそうした集まりが形成されず、病棟内で「孤立」する親も多くなってきたようであった。そうしたこともあってCさんは、自分たちが「院内家族会」を作ることで「一人ぼっち」になっている親を少しでも支えることができるならば、という思いで、G医師の依頼を引き受けるのである。

4　恵まれたスタート

こうしてCさんを中心とした数名の母親たちの手によって「B・親の会」の発足に向けた準備作業が進められていくわけであるが、医療スタッフはここでも重要な役割を果たしている。

【A3】そうは言っても、切り出すっていうのはなかなか親の方からはできないですから、医療スタッフの方に、例えば、何年間かすでにアンケート調査をしていて、対象になった方たちに、まあ、お誘いしていただくというふうなことで、会の発足のときは、そういう最初のスタートは、B病院のスタッフも応援してるんだよっていうような。それと同時に、あの名簿の発送は医療スタッフに委ねてっていう形になりました。そういうスタートっていうのは、とても恵まれていたんじゃないかっていうふうに思うんですね。他の色んな方たちに聞くと、なかなかそういうようなところはできにくいというふうに（おっしゃいますから）、本当に。

「院内家族会」を設立するにあたっては、会の存在をできるだけ多くの患者家族に知ってもらい、参加者を募る必要があるのだが、これは病院側の協力が得られない場合にはなかなか困難な作業になる。たとえば、「院内家族会」の設立を告知する貼り紙なども病院側の許可が必要となるし、患者家族に直接連絡を取ろうにも、患者やその家族の個人情報（病名や住所、電話番号など）は病院によって厳しく管理され、関係者以外がこれを利用することは基本的に禁止されている場合が多いからである。しかし、【A3】でも語られているように、幸いにも「B・親の会」では、会への参加を呼びかける資料の発送を医療スタッフに全面的に請け負ってもらうことができた。これにより、闘病中の子どもを持つ親だけでなく、治療が終了した子どもの親や子どもを亡くした親にも会への参加を呼びかけることが可能になった。また、同資料には小児科の全スタッフの連名で、会の理念と活動に賛同している旨の文章が添えられ、病院側の「応援」する姿勢がはっきりと示されたことも、「その後の会の活動を進めていくうえで大きな力になった」とAさんは自身の論考のなかで記している。

Aさんによれば、「B・親の会」がこうした「スタート」を切ることができたのは「とても恵まれていた」ことだったという。他の「院内家族会」の参加者からは、なかなか医療スタッフの協力を得るのが難しいという話を聞いていたからである。実際、Cさんのお話では、「医療スタッフを巻き込むのが大変で」、病棟にもなかなか「入り込め」ずに「苦労して」いるところも少なくなかったようで、他の会の参加者からはずいぶんと「羨ましがられ」たという。こうした二人の言葉からは、少なくとも当時は、「B・親の会」のように医療スタッフが非常に協力的であるのはむしろ「特別」（Cさん）であったことを窺い知ることができる。

さて、そうして一九八九年、いよいよ「B・親の会」がその第一歩を踏み出すことになるわけであるが、当時は「院内家族会」というものがほとんど存在していなかったということもあり、組織作りや会の運営については役員を中心に「話し合い」（Cさん）をしながら手探りで進めていくという感じであった。そうしたなかで「B・親の会」が特に力を注いでいったのが「学習会」である。すでに述べたように、この「学習会」では小児ガンにかかわるさまざまなテーマが取り上げられているが、それらを年代順に整理しているCさんの指摘にあるように、とりわけ治療に関するものと入院患児の保育・教育に関するものが目立つ。小児ガンの子どもを持つ親にとって、治療方法や副作用、薬、晩期障害など、疾患や治療にかかわる事柄が大きな関心事であることは言うまでもないが、現在のようにインターネットが普及していない当時は、情報を集めること自体が大変であったし、たとえ情報を得ることができても、医学的な専門知識を持たない患者家族がそれを十分に理解することは決して簡単なことではなかった。また、インフォームド・コンセントといった考え方が今ほどには浸透していなかったこともあり、医師になかなか質問できないという親も少なくなかった。そうした状況において、専門的な知識や最新の情報を分かりやすく説明してもらうことができ、また、医療スタッフと「対等な立場で」（Eさん）話ができる「学習会」の持つ意義は極めて大きかったと言えよう（もちろん、現在でも「学習会」は重要な役割を担っているのであるが）。また、この「学習会」は一方の医療スタッフにとっても非常に重要な意味を持っていて、患者家族に医学情報を提供し、病気や治療への理解を深めてもらうと共に、ふだんなかなか耳にすることのできない彼／彼女たちの率直な意見や思いを聞き、交流を深めるよい機会となっている。

だが、小児ガンの子どもを持つ親の関心は治療に関することばかりではない。第1節でも述べたように、小児ガンの子どもを持つ親は実に多岐にわたる課題に対処しなければならないからである。子どもの保育・教育問題もそのひとつである。しばしば長期的な入院治療が必要となる小児ガンのような疾患の場合、子どもの教育の機会をいかに確保するかということが、本人にとっても親にとっても重要な課題となる。たとえ入院をしていたとしても、十分な教育を受けることができれば、退院して学校に戻ったときに勉強の遅れを心配しなくても済むし、なにより学童期の子どもたちにとっては、勉強すること（できること）が復学への意欲を喚起し、将来への希望を持つことにつながるからである。だが、AさんやCさんの子どもが入院をしていた当時は、「病院＝治療をする場所」という考え方がまだまだ一般的であったために、院内保育・教育を積極的に導入している病院は少数であった。また、入院している生徒との関わり方も学校や教師によってまちまちで、たとえばCさんのところのように、入院中も励ましの手紙や授業で使った資料などを頻繁に届けてくれ、外泊時には学校へ顔を出すよう積極的に勧めてくれるケースもあれば、Eさんのところのように、学校側から全く支援を得られず、教育番組などを利用して独力で学習しなければならないケースもあった。このように、「B・親の会」の参加者は皆それぞれ、子どもの保育や教育の重要性を自らの闘病経験の中で強く実感していたこともあって、それらに関連するテーマが「学習会」で頻繁に取り上げられることになったのである。

5　変わるものと変わらないもの

当然のことではあるが、組織のあり方は時間の経過と共に変化していく。「B・親の会」もその活動を開始してから今年で一七年、筆者が初めて聞き取り調査を行った一九九九年の時点でも、すでに一〇年の月日が経過しており、その長い時間の流れのなかでいくつもの変化を遂げてきた。ここではそのなかでも重要と思われる二つの変化について言及しておきたい。そのひとつは、役員を務める参加者間の関係性の変化である。「B・親の会」では若干の入れ替わりはあるものの、発足から今日まで基本的に同じ役員で会を運営してきたということであるが、Eさんのお話によると、一〇年ほどの間に「それを言うのはあなた、それをするのはあなた」といった感じで、役員「それぞれの役目」というものが次第に決まっていったという。たとえばEさんであれば、次の「学習会」のテーマを提案したり、医療スタッフに会費を催促したりすることが（Eさんが会計を担当されているということもあろうが）、会の中で「暗黙」のうちに期待される役目になっている。このことは、時間の経過と共に役員間での相互理解が深まっていったことを示すものと言えよう。つまり、役員を務める参加者たちは、多くの時間を共有する過程でそれぞれの「向き不向き」や「得手不得手」（Eさん）を理解し、それによって「適材適所」

（Cさん）の役割分担が確立されていったのである。

こうした役員間の相互理解の深まりはCさんも指摘するところである。Cさんは、闘病中の子どもを持つ親と子どもを亡くした親が一緒に活動していることでお互いに気を使ったりすることはないのですか、という調査者の質問に対し、「最初は多分あったかもしれない」けれども、最近では「ここまで踏み込める、大丈夫だなっていうのが、なんとなく阿吽《あうん》の呼吸っていうか、分かるようになってきた」と答えているが、このような言葉からも、役員を務める参加者が会での共同作業を積み重ねていくなかで互いに理解を深め、適切な距離の取り方や接し方を学んでいったことを読み取ることができよう。「B・親の会」は設立当初から闘病中の子どもを持つ親と子どもを亡くした親が一緒に活動を行っている「院内家族会」であるが、こうした（基本的には）立場の異なる参加者が長年にわたって一緒に活動を継続してこられたのも、ひとつにはこうした役員間の相互理解の深まりがあったからである。

もうひとつは、参加者の構成比の変化とそれに伴う活動内容の変化である。既述のように、「B・親の会」では闘病中の子どもを持つ親と子どもを亡くした親が一緒に活動しているわけであるが、Cさんのお話によると、会の発足当初は前者の方が多かったものの、時間の経過と共に子どもを亡くす参加者が少しずつ増え、設立から一〇年程が経過した時点では、両者の数は同じか、あるいは後者の方が多くなっていたという。そうしたこともあって、それまでは「学習会」を中心に、闘病中の子どもを持つ親の支援に主眼を置いた活動を行っていたのであるが、子どもを亡くした親の支援につながるような活動も一方では必要なのではないか、という意見が役員の間で話題にのぼるようになる。なかでもCさんは、そうした意見を積極的に主張した一人である。

【C3】で、他にこう、もうちょっとこう、なんて言うのかな、フォローって変な言い方だけど、亡くなった人にもね、出られるような会にしたいなあっていうのが、ここ三、四年前からちょっと考え始めてきたんですね。（中略）これはもうほんとに、めったに私「お願いお願い」って言ったことなかったんだけど、これはみんなに言って、「お願いお願い」って忙しい最中に言って、一〇周年（の集まり）をさせてもらったんですよ。

Cさんは会長を務めていることもあって、複数の会が一堂に会する「親の会連絡会」や小児ガン関連のフォーラムなどに参加することも多いが、そうした機会に他の「院内家族会」の参加者と意見を取り交わすことは、「色んな意味で」「目が開」かれ、とても「勉強」になるという。「学習会」以外にも、お花見会や茶話会、父親を対象とした「お父さんの会」など、さまざまな活動があることを学んだのもそうした機会を通じてであるが、Cさんは子どもを亡くす参加者が増えてきたこともあって、自分たちの会でも（子どもを亡くした親も含め）みんなで集まって「昔話」ができるような場が持てないだろうかという思いを次第に強めていく。ちょうどその頃、会が設立から一〇年という節目の時期を迎えようとしていたこともあり、Cさんは他の役員に一〇周年の集まりを開くことと記念の論文集を作ることを提案する。ふだんはほとんど頼み事をしないというCさんであったが、このときは自らの思いを強く訴えかけたようである。そうして開かれた「B・親の会」設立一〇周年の集まりには、懐かしい顔ぶれも含めて多くの参加者が出席し、さながら同窓会のような雰囲気で大変な「盛況」ぶりであったという。また、記念論文集の方も、患児の親や兄弟、医療スタッフ、遊びのボランティアなど、多くの関係者から昔の思い出や現在の状況、会への思いを綴った原稿が寄せられ、「B・親の会」の一〇年の歩みをさまざまな視点から振り返る素晴らしい内容のものが完成している。Cさんは第一回目の聞き取り調査（一九九九年）のときに、「学習会」と一緒にこうした活動を「無理のない程度に」「少しずつ」やっていきたいという話をされていたが、その後も（これほど大規模なものではないにせよ）同種の集まりが何度か開かれているようである。

このように長い月日の流れのなかで変化を遂げてきた「B・親の会」であったが、その一方では時間が経っても変わらないものもある。医療スタッフの会への関わりもそのひとつである。当初から非常に協力的であった小児科の医療スタッフであるが、会が設立されて以降もさまざまな形でその活動を支援してきた。会場の提供はもちろんのこと、依頼に応じて医師や看護師が「学習会」の講師を務めてきたし、患者家族の紹介も行ってきた。また、「総会」（役員の選出や年次活動報告などをするための集まりで、年に一回開かれる）や「学習会」には毎回必ず複数の医療スタッフが出席し、討論に加わるというスタイルも、会の発足以来、現在まで変わらずに続いている。「B・親の会」は一五年以上にわたって活動を継続してきたわけであるが、そうしたことが可能であったのも、ひとつにはこうした医療スタッフの変わらぬ支援があったことを忘れてはならない。

6 「B・親の会」が直面する課題

前項で述べたように、「B・親の会」の役員を務める参加者の顔ぶれは、会が発足して以来、基本的に変わっていない。そのことは役員間の相互理解を深め、安定した組織運営を可能にしてきたわけであるが、同時にいくつかの問題も生み出しているようだ。たとえばCさんによると、役員それぞれが「一〇年の付き合い」のなかで自分が何をすればよいのかをある程度自覚するようになり、それによって会が「スムーズ」に運営できるようになってきた反面、活動がやや「マンネリ」化してきてしまい、「会報」作りなどにおいても「結構大雑把」になる部分が出てきたという。そのため最近では、「初心に戻って細かいところまで気を配」ることを役員間で確認し合ったとのことであるが、ここにはまさに同じメンバーが役員を続けることの長所と短所の両面が表われていると言えよう。

だが、問題はこれだけではない。自身も会の発足時から役員を務めているEさんは、役員の固定化がもたらす弊害を次のように述べている。

【E1】あのー、今の病院の中の問題点を解決していきたいんですけれども、その問題と感じてることを言ってくれる人がいない。で、それはお医者さんや看護婦さんの立場から見た目じゃない、親の立場から見た目の情報であってほしいので、そういう方がいらっしゃらないっていうのは残念だなとは言ってるんですけれども。

時代が進むにつれて、治療方法や病院の設備、制度的環境など、患者とその家族を取り巻く状況は変化していく。当然のことながら、それに伴って小児ガンの子どもを持つ親が直面する問題も変わっていくはずであるが、「B・親の会」では、現在どのような問題があり、それをどう改善していってほしいのかということを「言ってくれる人」がなかなかいないのだという。そのためEさんは、会の活動が今まさにB病院で闘病生活を送っている人たちのニーズにうまく対応できていないのではないかという危機感を抱いているのである。彼女はこうした事態が生じている理由として、「情報源」が変化したことが大きいのではないかと考えている。すでにみたように、「B・親の会」設立のひとつの契機になったのは、情報交換を求める患者家族の声であったが、最近では小児ガンに関する書籍も増えたし、なによりインターネットの普及によって情報へのアクセスが以前よりもはるかに容易になっている。そのため、情報を提供するという「院内家族会」の役割の重要性が相対的に低下してしまい、それが新しく会（の運営）に参加する人がなかなか増えないという事態を招く結果になっているというのである。また、これに関連してCさんは、パソコンや携帯電話に慣れ親しんできた「今の若い」「インターネット世代」の親たちにとっては、会に参加して他の親や医療スタッフと直接会って話をするより、顔を合わせないで済むメールなどの方が「言いたいことも言える」ため、新しい人がなかなか会に参加しないのではないか、と語っているが、確かにこうした情報源やメディア環境の変化は、患者家族のニーズにも大きな影響を与えているであろう。「B・親の会」ではこうした現状認識を踏まえて、メーリングリストの作成なども検討しているそうであるが、こうしたことも含め、なるべく新しい人たちが参加できるような環境作りを行うと共に、役員の「世代交代」（Cさん）を推し進めていくことが、現在の重要な課題となっている(4)。

以上、設立をめぐる動きを中心に、「B・親の会」のこれまでの歩みを概観してきた。それによって、「B・親の会」が親同士の情報交換や交流の場を求める患者家族の要望だけでなく、「家族ケア」への関心を抱く医療スタッフの積極的な関わりや会の中心的な担い手となる人材がいたことなど、複数の条件が折り重なって誕生した「院内家族会」であることが明らかになった。また、一五年以上に及ぶ長い活動の歴史のなかで「B・親の会」が経験してきた変化や今後の課題についても確認できた。

さて、こうした議論を踏まえたうえで次に考えてみたいのは、「B・親の会」がそこで活動する参加者にとってどのような機能（役割）を果たしているのか、ということについてである。これについては本節でも断片的ながら論じてきたわけであるが、小児ガン患者家族の「院内家族会」を理解するためには欠くことのできない重要な主題であるので、次節において改めて検討することにしたい。

第4節 「B・親の会」が果たす支援的機能

前節でみたように、「B・親の会」は闘病中の子どもを持つ親と子どもを亡くした親が一緒に活動する「院内家族会」である。そこで本節では、「B・親の会」が果たす機能を、闘病中の子どもを持つ親に対する機能と子どもを亡くした親に対する機能とに便宜的に区分し、それぞれについて概括的な把握を試みる。その際、「院内家族会」に固有の機能と思われるものに注意を向けながら考察を進めたい。

1 孤独感の緩和と情報・知識の伝達

まず、闘病中の子どもを持つ親に対して「B・親の会」が果たしている機能（役割）についてであるが、ひとつには自分と同じように小児ガンの子どもを持つ親と語り合う（一緒にいる）ことによる〈孤独感の緩和〉が挙げられる。「孤独感（isolation）」は小児ガンの子どもを持つ親が直面する問題としてしばしば指摘されるものである（Papaikonomou & Nieuwoudt［2004］）。こうした孤独感は家族や親しい友人に話を聞いてもらうことで軽減する場合もあるが、逆に、当事者ではない彼らでは自分の気持ちを本当に理解することはできないという思いに直面し、さらに孤独感を深めてしまうことも少なくない。B病院の小児科スタッフが行った調査で多くの親から他の親と励まし合う場が欲しいという要望が提示されたのも、その根底にはこうした孤独感の問題があったからであろう。そうした意味で、同じ「試練」（Eさん）を経験している（経験してきた）者同士が集まる「B・親の会」が、参加者の孤独感の緩和に大きく貢献しているであろうことは想像に難くない。

だが、ここで私たちが留意しておかなければならないのは、「B・親の会」の参加者が単に同じ問題を抱える当事者であるというだけではなく、B病院で子どもの治療を受けている（受けていた）親たちでもあるということだ。とりわけ役員を務める参加者は、その多くが同時期にB病院で闘病生活を経験してきた親たちである。そのことの持つ意味は、Eさんの次のような言葉に端的に示されている。

【E2】みなさんに会うだけでよかったような気がします。もう全てを語らなくって、その中にいるだけで分かってくれるっていうんですか。一（いち）語らずしてみたいな感じですね、十（じゅう）分かってくれるっていうんですか。

前節の第1項でみたように、健康な子どもを持つ周囲の母親に対してだけでなく、医療スタッフや自分の夫にさえも認識や経験の「ずれ」を感じていたEさんは、自分と同じように小児ガンの子どもを持つ母親を強く求めていたわけであるが、二人の幼い子どもを抱えながらの闘病生活であったため、他の親と満足に話をする余裕はほとんどなかった。さらには、「がんの子供を守る会」を通じて紹介された母親に対しても、相手の置かれた厳しい状況が分かるだけに連絡ができなかった。そこでEさんはG医師に「院内家族会」の設立を願い出ることになる。Eさんにとって必要だったのは、「もっと身近に、この病院の中に、この状況をよく知っていて、お話をできる方」だったからである。【E1】で語られている圧倒的な受容感覚とでも呼ぶべきものは、Eさんがいかにそうした機会を待ち望んでいたかを雄弁に物語っている。

「B・親の会」のもうひとつの重要な機能は、〈情報と知識の伝達〉である。前節で確認したように、「B・親の会」では特に「学習会」に力を入れ、小児ガンに関するさまざまな情報や知識を提供することに努めてきた。多くの研究者が指摘するように、それらは医療がますます高度化・複雑化しつつある現在、患者家族にとって欠くことのできないものとなっている（Ball et al.［1996］; Chesler & Chesney［1995］）。だが、先述したように、患者家族が膨大な情報の中から必要なものを取捨選択し、その内容を十分に理解したうえで実際の闘病生活に役立てることは決して簡単なことではない。そうした意味で、各分野の専門家から最新の情報や有用な知識を学ぶことのできる「学習会」の重要性は何度も強調されてよいだろう。だが、「学習会」はそうした専門的な知識だけではなく、他の参加者の考えや経験を学ぶ場でもある。たとえば、病名告知の時期や方法については、医療スタッフの意見と共に（あるいはそれ以上に）他の参加者の経験談から学ぶことが多いようである。当事者の経験に根ざし、それゆえ実践的な有用性を備えたこれらの知識は、抽象度の高い「専門的知識(professional knowledge)」に対して「体験的知識(experimental knowledge)」と呼ばれ、セルフヘルプ・グループの主要な援助特性のひとつに位置づけられているが(三島［1998］)、「B・親の会」もまさにそうした「体験的知識」を互いに学び合う場としても機能しているのである。

2　悲嘆作業の場としての「B・親の会」

このように「B・親の会」は闘病中の子どもを持つ親にとって重要な役割を担っているわけであるが、同時にそれは、子どもを亡くした親にとっても一定の支援的機能を果たしている。それは単に、「B・親の会」が最近になって子どもを亡くした親の支援を視野に入れた活動に取り組んでいるという理由からだけではない。というのも、AさんやCさん、そしてDさんのように、子どもを亡くされている参加者(Dさんの場合は会に参加している途中で子どもを亡くされているわけであるが)にとっては、長期にわたる会での活動それ自体が、ある種の「悲嘆作業(grief work)」となっているからだ。そのことは、彼女たちが会での活動を、「私のリハビリ」や「命の洗濯」(共にAさん)、「癒しの時間」(Cさん)という言葉によって、あるいはより直接的に「グリーフ・ケア」(Cさん)という言葉によって表現していることや、なにより彼女たちが会の活動に継続的に関わり続けてきたということに示されているように思われる。だが、子どもを亡くした親を支援するための活動も一部で行われているとはいえ、闘病中の子どもを持つ親のサポートが活動の中心である「B・親の会」において、どのような部分が子どもを亡くした参加者の悲嘆作業を促すことにつながっているのだろうか。

これについては当然のことながらさまざまな可能性が考えられるわけであるが、聞き取り調査の結果からみえてくるひとつの重要な事柄は、子どもを亡くした参加者にとって会での活動が故人との「絆の継続（continuing bond）」を可能にし、それが先述したような「癒し」の感覚をもたらしている、ということである（鷹田［2006b］）。長らく死別研究の領域では、故人との絆を継続することは「病的な悲嘆（abnormal grief）」を示す兆候として治療の対象と見なされてきたのであるが、その後になされた多くの実証的な調査研究によって、現在では、故人との絆を継続することも、故人との絆を切断することと同様、正常な悲嘆プロセスのひとつとして位置づけられるようになってきている（Klass, Silverman & Nickman［1996］）。いくつかある故人との絆の継続方法の中で最も一般的なのは、故人の記憶を保ち続けることであるが、「B・親の会」の参加者の語りから読み取れるのは、まさにこうした故人の記憶の保持に対する強い思いに他ならない。

【D1】続ける、やっぱり一番は、お姉ちゃんの思い出を切りたくないっていうのが一番（大きいと思う）。それぞれみなさん、そうやってあのー、やってらっしゃるお母さんって、なにかしらそういうお声を持っていらっしゃるんだと思うし。

Dさんは子どもが闘病中の頃から役員として「B・親の会」に参加し、子どもを亡くされた後も引き続き会の活動に携わってこられたのであるが、死別後も会の活動に継続的に参加しているのは、子どもが治療を受けているときに「精神的」な面で会にずいぶんと助けてもらったので、今度は自分がそういう家族の支えになりたいからだ、ということと共に、亡くなった子どもの「思い出」を忘れないためでもある、と語っている。では、どうして会に参加し続けることが、故人の記憶の保持を可能にするのであろうか。その理由のひとつは、役員が病棟時代からの知り合いであるという点に求められよう。これまで繰り返し述べてきたように、「B・親の会」の役員の多くは、同時期に子どもの入院を経験した母親たちである。つまり、彼女たちは過去の時間と空間を共有する（場合によっては故人を直接知る）間柄にあるのである。そうした関係にある他の参加者の存在が、Dさんのように故人の記憶を保ち続けたいと望んでいる参加者にとって極めて重要であることは言うまでもないであろう。彼女たちとの間で「思い出」話をすること[5]はもちろん、たとえ昔の話をすることはなくても、過去を共に過ごした仲間と一緒に活動することそれ自体が、故人や故人と共に生きたかけがえのない時間を想起し、その記憶をつなぎとめておくことを可能にするからである（鷹田［2006b: 181-182］）。

さて、ここでDさんが、故人との思い出を保ち続けたいという「声」は他の参加者にも共有されたものである、と語っているが、確かにAさんやCさんの話を伺っていても、亡くなった子どもとのつながりを維持していくことが死別の悲しみに対処するうえで重要な意味を持っていることや、それが「B・親の会」で活動を続ける大きな理由のひとつになっていることが分かる。もちろん、このように故人との絆を継続することだけが「B・親の会」においてなされている悲嘆作業の実践ではないが、そのための場を提供する（たとえそれが意識的になされていることではないにしても）ことが、子どもを亡くした参加者に対して「B・親の会」が担っている重要な役割のひとつであることは間違いない。

故人との絆を継続しようとする「B・親の会」の参加者のこうした営みは、実は一定の制約された状況下でなされているのだが、その点についてては別稿（鷹田［2006b］）を参照していただくことにして、ここではそれが、〈故人を知る（あるいは過去を共有する）他者〉との共同行為であるということに着目してみたい。というのも、それは「院内家族会」の固有の機能にかかわる部分だからである。

3　故人を知る他者との思い出の共有

代表的な「絆の継続モデル」の提唱者であるクラスが指摘するように、故人との絆は必ずしも故人を知る他者との間でしか継続されえないというわけではなく、もちろん故人を知らない他者との間で継続される場合もある（Klass［1999］）。だが、たとえばCさんが、悲しい気持ちについては友人などに話して和らぐことがあるものの、「思い出話をしたいなっていうときはね、あの、やっぱしその、共有部分がちょっと多い人にしたいなって思うかな」と語るように、小児ガンで子どもを亡くした親のなかには、同じ病院で闘病生活を送り、故人についても詳しく知る人と故人についての思い出を共有したいという気持ちを持つ者が一定数存在するように思われる。そうした故人を知る他者とは、具体的には長期にわたる入院生活のなかで知り合いになった他の親や医療スタッフといった人たちのことであるわけだが、しかし、子どもが亡くなって病院に行かなくなると、そういった人たちとの関わりを維持することは思いのほか困難なものとなる。特に医療スタッフとの関係は、患者の死によって失われてしまうことが一般的である（若林［1987］）。しかし、小児ガンで子どもを亡くした親にとって、医療スタッフは故人を知る数少ない人物であり、彼らと故人の思い出を共有したいという思いはときに切実なものとなる。この点について、別の「院内家族会」で会長をされているHさんは次のように述べている。

【H1】で、子供が病気になって、死んじゃうと、その、亡くなって「さようなら」って病院を出たその瞬間から、病院の先生方や看護婦さんたちとは、一応縁が切れるわけよ。(中略)もうそれこそ先生方も大変なので、病院でお送りするの。だから、そこでさよならなの、ほんとに。そっから、死んじゃった子の親っていうのは、死んだことっていうのはすごく辛いんだけども、でもそれが唯一の思い出なのよね。で、その辛い思い出を共有してくれるはずの先生も看護婦さんも相手にしてくれないわけでしょ。

小児ガンで子どもを亡くした親にとって、病院で子どもと共に過ごした時間は、しばしば想起することが「すごく辛い」ものであると同時に、亡くなった子どもについての「唯一の思い出」でもある。そうした貴重な「思い出を共有してくれるはずの」医療スタッフとの「縁」は、しかし、子どもが亡くなって「病院を出た瞬間」に途切れてしまう。そのため、「院内家族会」の活動を通じて自分や自分の子どものことをよく知るHさんに何人もの親から連絡がくるのだという。

こうしたことを踏まえるならば、故人を知る他者との間で亡くなった子どもの思い出を共有する場を提供することも、「院内家族会」に固有の機能として位置づけることができよう。少なくとも「B・親の会」に関しては、故人を知る(過去を共有する)他の参加者や医療スタッフなど[6]と一緒に活動するということが、故人との絆の継続を可能にし、それが子どもを亡くした参加者の悲嘆作業に能動的に寄与していることは間違いない。子どもが亡くなると同時に他の親や医療スタッフとの関係までもが失われてしまうことが多いなかで、定期的にそうした人たちと会って話ができる場所があるということの意味は決して小さくない。

第5節　院内家族会と医療スタッフ——残された問題の所在

ここまで本章では、小児ガン患者家族を対象とした「院内家族会」である「B・親の会」を取り上げ、その活動の軌跡や具体的な取り組み、それらが果たす支援的機能などについて検討してきた。もちろん、本章で取り上げたのはわずかに一事例のみであり、したがってここでの議論も限定されたものであるのだが、最後にそこから得られた知見を、今後の課題と共に整理しておきたい。

第一に、小児ガン患者家族を対象とした「院内家族会」が八〇年代に入って登場し始める背景には、患者家族の要望と共に、「家族ケア」に対する医療従事者の関心の高まりがあったということである。「B・親の会」に関しては、そのことが会の活動に対する医療スタッフの積極的な関わりとなって表われていたわけであるが、第3節でみたように、少なくとも当時はこのように医療スタッフが協力的なのはむしろ珍しかったということで、仮に「家族ケア」へと向かう全体的潮流が「院内家族会」誕生の背景にあるのだとしても、医療従事者と会の関係は必ずしも一様でないという点には留意しておかなければならないであろう。Cさんの話では、最近になって状況も変わってきているということなので、そうした変化も含めて、「院内家族会」への医療従事者の関わり方についてさらに検討していくことは、今後の重要な課題である。

第二に、「院内家族会」は小児ガン患者家族の支援において固有の機能（役割）を担っているということである。もちろん、孤独感の緩和にせよ、情報と知識の提供にせよ、あるいは悲嘆作業の促進にせよ、前節で概観した「B・親の会」の機能の多くは、一般の家族会にも共通するものである。だがその一方で、同じ病院で闘病生活を送る他の親や馴染みのある医療スタッフと交流を深めたり、故人を知る（過去を共有する）他者と故人についての思い出を共有することができたりするという部分は、「院内家族会」に固有の機能と言ってよいであろう。また、本稿では検討することができなかったが、当然「院内家族会」に固有の問題といったものもあるはずである。たとえば岡知史と池田文子は、特定の病院や機関の支援の有無を基準にセルフヘルプ・グループとサポート・グループを区分し（この区分に従えば、「院内家族会」は後者にあたる）、両者の特徴[7]を整理した上で、「どちらにも長所と限界がある」と述べているが、彼らが指摘しているように、重要なのは、多様なニーズを持つ小児ガン患者家族が「必要に応じて」さまざまなサポート資源を自由に「選ぶことができるように環境を整えること」であろう（岡・池田［2001: 49］）。そのためにも今後は、「院内家族会」以外の支援活動にも注目し、それぞれの特徴（長所と短所）や各組織の連携の可能性などについて明らかにしていく作業が必要になる。

そして、これらに関連して最後に指摘しておきたいのは、「院内家族会」の活動においては医療スタッフの協力が重要な意味を持っているということである。先に指摘した「院内家族会」に固有の機能は、医療スタッフの協力によって支えられている部分が大きい。医療スタッフとの交流などはまさに彼らの協力がなければ成り立ちえないものであるし、医療スタッフと故人の思い出を共有したいという患者家族のニーズに応えるためにも、彼らの存在が不可欠である。また、このように直接的な支援の仕方ではなくても、たとえば、故人を知る他者と故人の思い出を共有できるような場（そのひとつが「院内家族会」であるわけだが）を確保するといったことも、医療スタッフの協力がなければ、ことのほか労力を要する作業となる。しかし、「B・親の会」の参加者から伺った話や、数少ないながらも他の「院内家族会」の活動などをみる限り、こうした医療従事者による「側面（sideline）」（Chesny & Schwartz［1985: 44］）からの支援でさえも、必ずしも十分に行われていない現状があるようである。「家族ケア」を志向しながらも、医療スタッフが「院内家族会」の支援にあまり積極的でないとすれば、それは一体なぜなのか。また、「B・親の会」のように医療スタッフが協力的であるためには何が必要なのか。(8) 多くの問題に直面している小児ガン患者家族により有効な支援を提供するためにも、こうした問題が引き続き検討されなければならない。

【註】

（1）たとえば、東京慈恵会病院の「マーガレットの会」の活動の歴史や会が患者家族と医療従事者双方にとって持つ役割について検討した星［1995］や、組織論的アプローチを用いて八つの「親の会」の特性を検討した井上［2003］などがある。また、本章を執筆する上で、「B・親の会」の参加者の一人であるAさんの書かれた論考も、特に「B・親の会」の設立の経緯や医療スタッフとの関係について参考にさせていただいたことをここで明記しておきたい。

（2）Aさんによれば、病室に使い慣れた日常生活の品々（たとえば子どもの玩具など）を持ち込むことによって、病室をただ単に治療を受ける場ではなく、「子どもが成長する場」「学習する場」「生活する場」にすることが、それまでの生活と病院での生活とのつながりを回復するのに役立ったという。

（3）かつてB病院で「院内家族会」設立の話が持ち上がったものの、結局実現にまでは至らなかった理由のひとつとして、引き受け手がいなかったということがあるようである。

（4） Cさんのお話によると、役員の「世代交代」は「B・親の会」だけでなく、他の「院内家族会」でも重要な課題となっているが、なかなかうまく進んでいないのが現状のようである。

（5） ただし、「B・親の会」ではこうした「思い出話」が頻繁になされているわけではない。詳しくは鷹田［2006b］を参照されたい。

（6） 確かに医師や看護師は移動の多い職種であり、故人を知る医療スタッフの数は次第に減っていくのかもしれない。しかし、「B・親の会」に関して言えば、たとえば当時看護師長を務められていたKさんなどが、今も「学習会」などに頻繁に顔を出しているし、なによりG医師が発足以来、現在まで会の活動に関わり続けており、その存在は子どもを亡くした参加者による故人との絆の継続に大きく貢献していると考えられる。

（7） 本章では、「院内家族会」において医療スタッフが果たす役割（たとえば故人を知る他者としての故人の絆の継続に寄与するという役割）の重要性を指摘したわけであるが、岡らが指摘するように、たとえば医療スタッフに対して不信感や怒りを抱いている患者家族にとっては、むしろ彼らと顔を合わせる可能性のない場所の方が、思っていることを十分に「吐き出す」ことができてよいという側面も確かにある（岡・池田［2001: 48-49］）。

（8） これらに関連して、本章では十分に検討することができなかったが、「院内家族会」が医療従事者にとっていかなる役割を担っているのかを明らかにすることも、今後に残された重要な課題である。

【参考文献】

Ball, S. J., Bignold, S. & Cribb, A. 1996 “Death and the diseased: inside the culture of childhood cancer.” in Howarth, G. & Jupp, P. C. eds. *Contemporary Issues in the Sociology of Death, Dying and Disposal.*: 151-164.

Chesler, M. A. & Chesney, B. K. 1995 *Cancer and self-help: Bridging the troubled waters of childhood illness*. The University of Wisconsin Press.

Chesny, B. K. & Schwartz, N. H. 1985 “Active roles in self-help groups for parents of children with cancer.” *CHC Summer* 14(1): 38-45.

星順隆　一九九五年「院内『親の会』による小児がん患者家族の問題解決に対する試み」前川善平・牛島定信・星順隆監修『小児がん患者への精神的ケア――実践報告を中心として』日本小児医事出版社、一八一～一九三頁
池田文子　二〇〇二年「子どもを亡くした親の悲嘆とそのケア――がんの子どもを守る会の活動から」『生活教育　特集：家族に対するグリーフケア――地域ケアシステムの構築に向けて』四二巻、二号、三一～三六頁
稲野美喜子　一九九一年「小児がん患児家族に対する援助について――がんの子供を守る会の相談活動から」『ターミナルケア』一巻、二号、一一四～一一七頁
井上玲子　二〇〇三年「小児がんの子どもを持つ親の会の活動の特性に関する研究――組織論的分析による会の活動の構造と意味」『日本小児看護学会誌』一二巻、二号、一～七頁
Klass, D. 1999 *The spiritual lives of bereaved parents*. Philadelphia: Brunner / Mazel.
Klass, D., Silverman, P. R. & Nickman, S. L. eds. 1996 *Continuing Bonds: New Understanding of Grief*. Bristol, PA & London: Taylor & Francis.
三島一郎　一九九八年「セルフヘルプ・グループの機能と役割」久保紘章・石川到覚編『セルフヘルプ・グループの理論と展開――わが国の実践をふまえて』中央法規、三九～五六頁
野嶋佐由美　一九九五年「家族看護学の確立に向けて」『保健医療社会学論集』六号、一〇～一五頁
岡知史・池田文子　二〇〇一年「セルフヘルプグループとサポートグループ」『ターミナルケア（特集：大切な人を亡くした方を支える）』一一巻、一号、四六～四九頁
小俣智子　一九九八年「この癒しの場で、風になりたい――『(財)がんの子供を守る会』」石川到覚・久保紘章編『セルフヘルプ・グループ活動の実践――当事者・家族のインタビューから』中央法規、一〇六～一二〇頁
Papaikonomou & Nieuwoudt 2004 "Exploring parents' stories of coping with their child's cancer: a qualitative study." *South African Journal of Psychology* 34(2): 283-300.
佐藤典子・金井幸代・松下竹次　二〇〇五年「小児がんキャリーオーバー患者の進路」『小児看護（臨時増刊号）』二八巻、九号、一二二七～一二三二頁
鷹田佳典　二〇〇六年a「小児がん経験者の母親であるということ」『Trace 2005（法政大学社会学部鈴木智之ゼミ・

研究報告書)』二七〜六六頁
鷹田佳典　二〇〇六年b「故人との絆はいかにして継続されるのか」『年報社会学論集』一七七〜一八八頁
Van Dongen-Melman, J. E. W. M., Van Zuuren, F. J. & Verhulst, F. C. 1998 "Experiences of parents of childhood cancer survivors: qualitative analysis." *Patient Education and Counseling* 34: 185-200.
若林一美　一九八七年『死をみつめる心』主婦と生活社

【謝辞】今回、聞き取り調査にご協力いただいた方々、ならびに「院内家族会」の活動についてお話を伺わせていただいた「がんの子供を守る会」のスタッフの方々に深く感謝いたします。

第5章 職業者として寄り添う
病院内看護職と末期患者やその家族とのかかわり

三井さよ

第1節 「家族のように」とは何か

本稿は、A病院[1]・B病院[2]における看護職への聞き取り調査に基づき、職業者として末期患者に寄り添うということの意味について、特に家族との対比という観点から考察するものである。

一九七〇年代頃より、医療や看護において、末期患者に寄り添うことが必要だと言われるようになってきた。末期の患者に対して、治療という面では、医療専門職に可能なことは必ずしも多くはない。それだけに、患者が最期の時間をいかにして過ごすか、そこに医療専門職がどのようにかかわるかが問われており、それが寄り添うことと呼ばれている。

寄り添うということの内実については、それ自体が本稿の問いでもあり（本稿が問うのはそのごく一部にすぎないが）、あらかじめ厳密に定義することは避けたい。ただ、N・エリアスが「死を間近に控えた人間が——まだ生きているのに——周囲の人々にとって自分はもはやほとんど何の意味も持っていないのだ、と感じなければならないような事態に身を置くとき、その人間は真に孤独である」（Elias［1982=1990: 96］）と述べるような現状において、死にゆく人をそのような「真に孤独である」状態に捨て置かないでおこうとする試みを、寄り添うことと仮に呼んでおきたい。

ところで、職業者として寄り添うとは、どのようなことか。寄り添うことが重要だとは従来からよく論じられてきたが、その多くは、患者に寄り添うこともまた医療専門職の職務である、とし、その具体的な方途を探るというものであった[(3)]。では、寄り添うことが職務であるというのなら、職業者として寄り添うとは、何を意味するのか。

寄り添うことを示す上で従来からよくある表現に、「家族のように」というものがある。看護職自身、患者と近しくなったと述べるときには、「自分の親だと思って」などのように「家族のように」という表現をしばしば用いる[(4)]。

このような表現が示すのは、第一に、看護職が家族[(5)]ではないこと、職業的なケア提供者でしかないことである。「のように」という表現には、家族とはなりえないことが含意されている。このことはさまざまな論者によってくりかえし指摘されてきた。たとえばE・C・ヒューズは職業一般に関して、クライアントにとっては「非常事態（emergency）」であるにしても、職業従事者にとっては「日常業務（routine）」であるとし、両者の間には大きな観点の相違があることを指摘した[(6)]（Hughes［1956］）。また、V・ジャンケレヴィッチは、「第二人称の死」「第三人称の死」を区別し、後者は無名性や代替可能性によって定義される死であるとしたのに対して、前者は「評価しきれぬ此在性《しざいせい》」によって捉えられるとし、両者の間には大きな違いがあると述べた[(7)]（Jankélévitch［1966=1978: 29-30］）。看護職にとっての患者の死は、少なくとも家族との対比で見れば、「日常業務」や「第三人称の死」に分類されるであろう。

しかし、ここで留意しなくてはならない第二の点がある。だからといって、看護職が死にゆく患者に寄り添うことができないとは限らないということである。先に述べたように、多くの看護職は、患者とのかかわりがときに「家族のように」なると表現しているが、「日常業務」や「第三人称の死」という表現は、家族ではないことは指摘していても、それでも「家族のように」と言われ続けることの意味には触れられていない。A病院のある看護職は、医療関係者ではない知り合いに「死には慣れてるんでしょ」と言われることがあると言い、それには「私なんか引っかかる」と述べている。「単に慣れてるんじゃなくっていろいろあるのに、ただ『慣れてるんでしょ』とか、『平気なんでしょ』とか、まるでこっちに感情がないみたいなことを言われると、『何言ってるの』と思って、頭にくることもあるんです」という。ここには、「日常業務」や「第三人称の死」という枠組みだけでは捉えきれない経験が含まれていると思われる。

では、家族ではない職業者として寄り添うとは、どのようなことか。[8] 一方で「のように」という言葉に含意されているように、家族ではないことが強く意識されつつ、他方でそれでも「家族」のように、と言い続けられるようなかかわりとは、何なのか。「日常業務」や「第三人称の死」と片付けられない経験とは何で、それでも家族と区別されているのはなぜか。

この問いは、一義的には職業者として寄り添うという内実を探るものである。だが、同時に寄り添うということそのものの内実を探るものともなるであろう。看護職が用いる「家族」「のように」という表現の内実を探ることで、死にゆく人に寄り添うということの一端が見えてくるであろう。

本稿は、看護職が、家族ではない職業者として死にゆく患者に寄り添うということを、どのように意味づけているのか、A病院およびB病院で働く看護職への聞き取り調査に基づいて考察する。特に看護職を取り上げるのは、後述するように、看護職は看護業務を通して末期患者に密接にかかわらざるを得ず、寄り添うということが看護職にとって特に重要な課題とならざるを得ないからである。A病院やB病院を取り上げるのは、これらの病院では看護職の間に、末期患者に寄り添うことを職務として明確に位置づける姿勢が共有されており、職業者として寄り添うという内実について、看護職が自覚的だと思われるからである(9)。

その際、便宜的に患者の生前と死後に区分して論じていくことにしたい。患者の生前には、看護職と患者のかかわりに患者の家族がかかわってくることが多いのに対して、死後しばらくたてば、ほとんど家族がかかわってこなくなる。患者の家族が目前に立ち現れるかどうかによって、看護職が家族との対比で自身を職業者として位置づける意味が大きく異なってくる。もちろん、生前と死後で看護職の患者観が大きく変化するというわけではないが、家族との対比という点に照準を絞った本稿では、便宜的に二つの段階を区別することとしたい。

第2節　患者に「深くかかわる」

1　個人的な事柄を知り「思い」を抱く

末期患者に対するかかわりとして、看護職の多くがまず重視し強調するのは、「深くかかわる」ことである。まずは、この言葉の内実について考察しよう。

「深くかかわる」と同様の表現として、「その人の人生全部を知る」「すごく話をよくしたり」「人間としてかかわっていく」「人間対人間として、人と人との関係」といったものも挙げられる。たとえば、B病院のある看護職は、自身が受け持ちを担当した患者が食事療法を守らないことに対して注意したところ、「すごい怒鳴られたりとか、怒られたりとか」し、「なんでこんな思いしなきゃいけないんだろうって思った」という。だが徐々にその患者が「人に迷惑かけたくない」「自立しようとしている」という姿勢を保っているのだと捉えるようになり、「そういう生き方に感動してしまって」という。その患者とのかかわりをこの看護職は「深くかかわ」ったケースとして述べ、「家族のように近くなった」と述べている。

このように、「深くかかわる」とは、必要最低限の看護業務を遂行するというかかわりにとどまらないものである。第一に、特定の患者についての個別的な事柄をよく知るようになることを指している。身体的な状態はもちろん、「生き方」と表現されていたように、その生活や生活史を知ることも含んでいる。死が近づいていることを知っている患者は、その最期のときに向けてさまざまな葛藤や望みを抱く。それらを見ようとせずに看護業務だけを遂行するのではなく、むしろ積極的にそうした葛藤や望みを知ろうとすることも、ここには含まれている。

第二に、自身も「感動してしまって」と表現されるように、看護職自身も心動かされることを指している。これを、看護職がしばしば用いる表現を使って、看護職の「思い」と呼ぶことにしよう。「思い」

と呼ばれるものの内容は実にさまざまだが、基本的には、個別の具体的な患者に対して、一人ひとりの看護職が抱く心情や感情を指す。おおむね肯定的な心情や感情が「思い」と呼ばれるのだが、中には何もできないという無力感や、死にたいとばかり繰り返す患者への苛立ちなど、肯定的とは言いがたい感情が「思い」と呼ばれることもある(10)。

このような「思い」が生じるのは珍しくないとされる。患者が亡くなった後にも、看護職にはさまざまな「思い」が残されるとしばしば言われており、またそれは「当然のこと」と捉えられている。詳しくは後述するが、患者が亡くなった後にさまざまな「思い」や感情的な揺れが生じることはA病院やB病院の看護職の多くが指摘することである。冒頭で挙げたA病院の看護職が「感情がないみたいなことを言われると、『何言ってるの』と頭にくることもあるんです」と述べたように、「感情がない」とは言えず、むしろあるのが当然だとみなされている。

このように、患者について個別的な事柄をよく知り、看護職自身も「思い」を抱くような関係が作り出されることが、「深くかかわる」ということの意味である。「人と人との関係」といった表現にも示されているように、「深くかかわる」ことは、看護職という職業者としての立場に還元されきらないかかわりと位置づけられており、その意味では「家族」に近しくなっていくものとして捉えられているとも言えよう。

2　職務とのかかわり

といっても、「深くかかわる」ことが、看護職の職務と切り離されて捉えられているわけではない。

まず、「深くかかわる」といわれるかかわりは、看護業務を通して実践されるものである。看護業務と別に話をすることや、業務を超えて私生活上の話題に触れることでなくてはならないというわけではない。たとえばA病院のある看護職は、「深くかかわる」ことを、清拭《せいしき》などの一つ一つの看護業務に「気持ちが入る」ことだと表現する。

逆に言えば、患者への具体的な業務を通したかかわり方、清拭時の身体の拭き方、朝の声のかけ方、こうしたもののひとつひとつが、「深くかかわる」という関係を作り出す。B病院のある看護職は、「(患者の) 言ったことがちゃんと伝わらなかったり、やってもらえなかったになっちゃうともう、一気に、今までの信用失います」と述べる。「言葉遣い」「ちょっとした声かけ」「頼まれたことはちゃんとできるできないの意思表示をする」「自分で調節できたらその場で調節してあげる」といったひとつひとつの行為が、患者との関係のあり方に影響するという。

そもそも、看護職と患者が清拭などを介してかかわることはほぼ避けられない。そして、清拭などの直接的な身体的かかわりは、社会的あるいは心理的にニュートラルなものではあり得ない。看護職が患者に対してどのように触れるか、どのように声をかけるかは、それ自体が患者への一つのメッセージとなりうる。[11] そのため、看護職の日常業務すべてが「深くかかわる」ということに密接に結びつく。「深くかかわる」とは、看護業務の中で実践され、醸成されるものなのである。[12]

そして、「深くかかわる」ことは看護職の職務において重要な意義を持つものと捉えられているからこそ、重視されている。象徴的な例として、ここで、A病院のある看護職の挙げる例を取り上げよう。ある末期患者の娘が、父（＝患者）に見てもらいたいと、本来の結婚式の一ヶ月前に簡単な式を挙げることになっており、そこに向けて医師や看護職は準備を整えていたという。ところが、いざタクシーを頼むという段階になって、患者は吐血してしまった。本人は「迷惑をかけるから行きたくない」と言い、家族は真っ黒な血を見てショックを受け、「本人が行きたくないというのならいい」と言った。しかし、看護職は「毎日見てればまだいけるってわかるじゃないですか、勘で」という。それまでにも吐血をくりかえしていたが、吐血した後は胃が空になり、かえってすっきりした顔をしていることが多かった。そこで今日もそうではないかと考えたのである。それでも患者本人は「式の最中にしてしまったら」と気にしているのに対して、院内のチャペルゆえに関係者も慣れており、親戚も状態をわかっているはずであり、「そんなことは気にしなくてもいいんじゃないのかな」と話しかけたという。その結果、患者は式に出席した。帰った後にはもう一度吐血したというが、「すっごく、あ、こんな笑顔見たことないっていうくらいの笑顔で、もう、本当、花嫁の父親だねってみんなで言うくらいの、それは本当に感動的な式で」という。

振り返ってその看護職は「日常見ている状況からみてまだ大丈夫と判断した」と述べている。この判断の前提となっているのは、まずは患者の身体的状態だが、特にその特定の患者がこれまでにどのような状態をくりかえしてきたかという個別的な知識である。そして、それだけであれば「まだいける」という判断にはならない。実際、患者はもう一度吐血したのであり、患者の身体的状態だけを考えるのであれば、出席は避けた方が無難ではあったはずである。だがそれだけでなく、看護職はそれまでに患者と「深くかかわる」中から、娘の結婚式に出たいという強い願い、けれども出席者に迷惑はかけたくないという願いを捉えていた。だからこそ、「まだいける」という判断と、「そんなことは気にしなくてもいいんじゃないかな」という言葉が生み出され、患者が出席することを可能にしたのである。

そしてこれらの働きかけの前提となっているのが、看護職が患者の望みを実現したいという強い「思い」を抱いていた、ということであろう。A病院やB病院では、末期患者に寄り添うことを職務の一環と捉える見方は多くの看護職が共有するところとなっているが、病院全体のシステムがそのように成立しているわけではない。患者を結婚式に出したところで診療報酬上の点数に換算されるわけではなく、むしろ「事故」が発生したときにはその病棟に勤める医療専門職たちに非難が集中する可能性がないわけではない。そうした中、A病院の別の看護職が「患者さんのためなら出来ないことはないってくらいの気持ちで」と表現するような「思い」がなければ、身体的状態に不安がないわけではない状況で患者を励ますことは困難であったろう。

こうしたことからすると、ここで看護職は、「深くかかわる」がゆえに、患者を励まし結婚式への出席を可能にしたと言えよう。個別的な事柄をよく知り、「思い」を抱いているがゆえに結婚式への出席が実現したのである。そして、それが「こんな笑顔見たことないっていうくらいの笑顔」を生んだことからすれば、この看護職は確かに死にゆく患者に寄り添う上で重要なことを成しえたと言えよう。ここに挙げたのはあくまでも象徴的な例だが、このような特別なイベントがなくとも、患者の入院生活の日常において、同様のことはくりかえし生じている。

「深くかかわる」という表現に込められた意味からすれば、看護職は限りなく家族に近づこうとしていると考えられるであろう。しかもそれは、看護業務と切り離されるものではなく、そして寄り添うということを職務とみなすのであれば、職務の重要な一環なのである。

第3節　「冷静さ」を失わない——家族を支えるために

1　家族を前にしての「冷静さ」

だが、いくら「深くかかわる」といっても、家族と「まったく同じ」と言われることはほとんどない。家族との違いについて看護職が具体的に挙げるものはさまざまだが、その区別の仕方とそれが有する意味について、まず患者の生前に注目しよう。

しばしばなされるのは、看護職は「冷静さ」を失ってはならないという言い方である。[13]「冷静さ」と言われるものの具体的な内容は多岐にわたる。ひとつには、ある処置の医学的背景を把握することである。たとえば見た目がいかに苦しそうに見えても、気道確保のためには枕をはずして頭を下げた状態にすることが望ましいこともある。こうした医学的背景を踏まえることが「冷静さ」だと言われる。そして、患者の急変に際しても冷静に処置ができることだと言われることもある。患者の急変はときに家族をパニック状態に陥らせるが、それに対して看護職は「冷静に」処置することが必要だと言われる。前節で述べたように、患者に「深くかかわり」、「思い」を抱くことが重視される一方で、「冷静さ」を維持することもまた、必要だとみなされているのである。

では、「冷静さ」はなぜ必要だとみなされているのだろうか。これらの内容はどれも、一方では、病院内で働く医療従事者であるがゆえに課せられる制度的な条件に関するものであると言えよう。病院は医学的処置を行うところであり、患者の急変に際しても医学的処置をまず提供しなくてはならない。病院で働く医療従事者である看護職にとって、それは職務上の責任でもある。だが、それだけで説明しつくせるものではない。医学的処置自体は、死にゆく患者に寄り添う上で必要なものであり、家族であれば無視してもよいというものではないはずである。

それでも看護職は家族との違いを、自身が「冷静さ」を失わないことであると述べる。ここには、同時に患者の家族に対する意味づけが含まれている。[14]「冷静さ」を保持しなくてはならないという自己定義は、しばしば家族は「冷静さ」を失ってもよい存在とする定義と表裏一体になっているのである。

たとえば、A病院のある看護職が、「冷静さ」を失った新人について述べた際の表現を取り上げよう。

家族だったらそれで許せたと思うんですよ。でも、あなたは看護者なんだからっていうところで。……たとえば自分がほんとに患者さんの家族だったとした場合、たとえば自分のお父さんお母さん、なんでもいいでしょう、そういうときにはまあしょうがないって思うんですよね。冷静さを失ってもしょうがないって。そのときにはやっぱり「一人の人間として」になっていいと思うんです。そのときに、他の、病棟のスタッフがこの人を支えれば。ただ、そうじゃない場合は別だと思うんですね。

このように看護職に「冷静さ」が必要だと言われるときには、同時に家族は「冷静さを失ってもしょうがない」という言明がともなうことが多い。

そして、看護職の「冷静さ」は、しばしば家族を支えるためのものとして位置づけられる。たとえばB病院のある看護職は、死期が迫っていることはわかっていた患者が急変した際に、家族が激しく動揺した例を挙げ、それを目の当たりにすることで自身は「冷静さ」を取り戻し、的確に処置すると同時に、家族にその処置について一つひとつ説明し、家族を支えようとしたと述べている。ここには、家族が「冷静さ」を失うという状況と対比的に看護職が「冷静さ」を取り戻すと同時に、それが「冷静さ」を失った家族に配慮することとも位置づけられていることが示されている。

それは、患者が亡くなった直後についても同様である。先述したように、患者が亡くなった直後、看護職も「深くかかわって」きたがゆえに、さまざまな「思い」を抱くことが多い。だが、家族を前にしたときには「冷静さ」を取り戻すと多くの看護職が述べる。たとえば、B病院のある看護職は次のように述べている。

自分の受け持ちの患者さんが亡くなっても、すごく悲しいんだけども、なんかそういう、なんていうのかな、ご家族の方が取り乱しているときに私まで一緒に泣いていたら、っていうふうに思うから、そういうときは逆に冷静になるのもある、気持ちの中では。ああ、亡くなっちゃったんだって思って悲しいんだけども、でも逆に、そういう家族のことを思うと、自分が冷静になるっていう。

「家族のことを思うと、自分が冷静になる」と言われているように、「冷静さ」を失ってはならないと自身を意味づけるのは、家族が「取り乱す」のを許容するのと表裏一体であり、またそうした家族を支えるためなのである。

ここには、看護職が患者の家族を、患者にもっとも近しい人びとであり、患者という人が失われるに際してもっとも激しい動揺を示す人びとであると捉えていることが示されている。死にゆくという過程は、患者自身にとっても、自らの生の終わりを前にして、自身のこれまでを問い直す契機となるだろうが、家族にとってもしばしば自らを問い直す契機となる。患者が亡くなるということは、家族に甚大な影響を与えることであり、家族が処理しなくてはならない情報や生活上の変化も非常に大きい。そして家族構成員の一人が失われるということは、家族関係や自身を問い直させる契機となることもある。このような家族の置かれている状況を考慮し、家族を支えようとするがゆえに、看護職はときに自身の「思い」と相反していても、「冷静さ」を自身に課そうとするのである。

2 「冷静さ」と「思い」

しかし、家族を支えるためだといっても、看護職がいつでも「冷静さ」を容易に取り戻せるとは限らない。患者に「深くかかわる」ことを重視する看護職には、たとえ葛藤や苦悩を抱える家族を目前にしたときであっても、「冷静さ」を保つのが困難なときもある。

というのは、看護職からしてみれば、患者と家族との間で観点や望みに違いがあることは、経験的にいわば自明だからである。A病院やB病院の看護職によれば、死期の近づいた患者が一時帰宅を望んでも、家族が不安や負担からそれを望まないこともあり、また患者が最期を前にして家族とかかわりたいと思っていても、家族の方が拒絶し続けることもあるという。そして、家族といっても一様の観点や望みを有しているわけでもない。A病院やB病院の看護職によれば、死にゆく患者の最期の時間をどのように過ごさせるか、あるいは死後の遺産相続等をいかに進めるかについて、家族の間でも意見が割れ、家族が互いに言い争うことも珍しくはない。

「深くかかわる」ことは、患者について個人的な事柄まで知り、自身も「思い」を抱くことだと先述した。患者と家族の間あるいは家族間に観点や望みの違いが存在している場合、「深くかかわる」看護職は、患者が家族に対して何を望んでいるかを知り、そして家族がそれにいかに応えようとしていないかを知るであろう。そうしたときには、患者に対する強い「思い」を抱くだけに、看護職も家族になんとか応えてほしいと思うことがある。それは、ときに家族に対する強い違和感や非難めいた感情に結びつく。[15]当然ながら、家族に対して強い違和感や非難めいた感情を示したところで、それで家族が変化するわけではない（だからこそ家族を支えるという課題に際して必要とされるものが「冷静さ」と呼ばれるのだとも言える）。それでも、「深くかかわる」だけに強い「思い」を抱いているときには、「冷静さ」を維持するのは容易なことではないだろう。患者に「深くかかわる」ことと、家族を支えるという課題は、ときとして矛盾を孕むのである。

もちろん、いつでも矛盾するわけではない。家族を支えることが、ひいては患者にとって意味を持つと思われ、最終的に看護職の職務の一部と思われる場合も多い。先に挙げた急変で動揺した家族の例で言えば、家族は患者に近寄ることすら難しかった。それに対して、看護職の配慮が功を奏した結果、患者の傍に寄ることができるようになった。この事例において患者に明確な意識があったわけではないのだが、患者の観点からすれば、家族が近寄ってくれることには、意味があった可能性も高いだろう。

だが、必ずしもそうとは限らない。家族が看護職の思う通りに変化しないことは、むしろ常態である。A病院やB病院の看護職の多くが、家族については看護職の努力だけで変化させられるものではないと述べている。

にもかかわらず、看護職は家族を支えるという課題を重視しようとする。それも、A病院やB病院の多くの看護職が「家族もケアの対象」という表現を用いていることに示されているように、看護職の職務の一部として主題化しようとする。[16]「深くかかわる」という方向性とは矛盾する可能性すら孕んでいる課題を、あえて職務の一部とみなすのは、なぜなのだろうか。[17]

3 患者の「人」としての姿と家族

それは、患者に寄り添うために具体的に何が必要になるかを考えたときに、明らかになる。患者は（少なくとも家族と呼べる人がいる場合には）単独で生きているわけではなく、家族とのかかわりの中で生きている。患者を単なる「患者」ではなく、自身の生の終わりを前にしている「人」であると捉えるなら、このような家族とのかかわりを考慮に入れざるを得ない。特に、患者に寄り添うために具体的に何が必要になるかを問う上で、あるいはその問いの中に、家族という存在が密接にかかわってくるのである。

まず、家族を支えようとする具体的な働きかけが、看護職が知っていた患者像を、より「人」としての深みや広さを有したものへと転換させることが多々ある。たとえば、A病院のある看護職は、ある男性の末期患者の妻と「交換日記」をしたことがある。それは、取り残されるであろう妻が強い不安を示していたために、男性の病状や毎日の状況について細かく伝えることが必要だと思われたからであった。だがこの「交換日記」は思わぬ効果を看護職に生んだという。妻は「交換日記」に、患者と結婚した経緯などについても書き記すようになった。それを読むことによって、看護職は患者に対する見方が変わった、「その人の人生」を見るような視点に変わったと述べている。

それ以前であれば、いかに「深くかかわって」きたとしても、その患者は高齢で末期の「患者」でしかなかったであろう。看護職が患者とかかわるのはあくまでも入院生活においてであり、それ以前の生活や生活史については、ある程度以上直接に知るすべを持たない。それが、妻に配慮する中から、妻と出会って結婚し、今日死を目前にするまでを生きてきた「人生」が見えてきた。看護職がそれまで有していた患者像を超えた患者の姿が、家族にかかわることによって浮かび上がってきたのである。いわば、看護職と患者だけが「深くかかわる」ことで得られる以上の「深いかかわり」が、家族を介することによって生み出されたとも言えよう。

また、そもそも患者自身の望みの中に、家族への配慮が含まれていることもある。たとえばB病院のある看護職が挙げる例によれば、亡くなった患者が、家に帰りたいと言っていたという。「でも、奥さんね、かなり今まで看病してきて疲れてるし、帰っても、自分が今動けないのに帰っても、迷惑をかけるだけだから」ということからだろうか（これは看護職の推測である）、「帰んないでいい」と言うようになった。看護職は息子に協力してもらい、どうにか家で過ごせるようにと考えていたというが、患者が「帰りたい」と言ったのは一度か二度だけで、後はずっと「帰んないでいい」と言い張り、最終的には病院で亡くなったという。

この患者について、看護職は当初「なんでもっと早く帰してあげなかったんだろう」と悔やんでいたという。だが徐々に、帰宅しないというのも「患者さんの考えっていうか生き方っていうか」と考えるようになった。「自分の思いだけで家に帰ったりしないで、まわりの方を、人を気遣うっていうのも彼なのかなあと思って」「それはそれでよかった」と述べている。看護職と患者という関係だけで考えれば、帰らせることが「よい」ことだということになろう。だが、患者自身の中に「迷惑かけないように」と「まわりの人を気遣う」という望みが含まれていると捉え返されることで、帰宅しなかったこともまた、「よかった」と捉え返されたのである。

死にゆく患者に寄り添うというとき、特に重視されることの一つが、その人の望むような最期を迎えてもらうことであるが、家族への配慮がその望みそのものの中にすでに含まれていることがある。死にゆく患者に寄り添おうとするとき、その具体的な内容を考えようとするのなら、家族を視野に入れざるを得ないのである。

患者に、看護職が知らない生活や生活史があったこと、あるいは家族のことを思いやるという望みの抱き方があること、これらは言ってみれば自明のことである。だが、看護職と患者としてかかわる限りでは、なかなか具体的には見えてこない。それに対して、具体的な家族を介することによって、看護職にも患者の異なる像を具体的に感じ取る機会が与えられるのである。

このように、家族を支えることを看護職が課題とする理由として、看護職が抱く患者像が、家族を直接あるいは間接に介することによって、大きく変化する余地があることが挙げられる。言い換えれば、看護職が「冷静さ」を自身に課すのは、一義的には家族を支えるためだが、より根本的には、家族を視野に入れることが患者に寄り添うことにつながるからである。「深くかかわる」ことで「思い」を抱くことと、「冷静さ」を保つことが、相反する局面はありうるのだが、それでも双方が患者に寄り添うことにつながるがゆえに、看護職はどちらをも実践しようとしているのである。

第4節　「同じ重さのいのち」／「次に進む」——他の患者と新たな患者

1　家族の死との相違

ここで、看護職が患者の死後しばらくたってから、患者とのかかわりをどのように捉え返すかに目を移したい。看護職は患者の死後にこそ、自身を問い直す契機を得ることが多い。すでに述べてきたように、患者が亡くなるまで、あるいは亡くなった直後は、看護職は患者あるいは家族への配慮の方に専念しがちであり、死にゆく患者にかかわるということの意味について自身を問い直す余裕がないことが多い。看護職が自覚的に問い直すのは亡くなってしばらくしてからのことである。

くりかえし述べているように、看護職は患者に「深くかかわる」ことを重視しており、個別のその人をよく知ろうとしており、その人に対する「思い」を抱いている。そのため、患者が亡くなった後には看護職にさまざまな心の揺れ動きが残されることがある。A病院のある看護職は「魂が抜けちゃう」と表現し、A病院の別の看護職は「その人がいなくなったってことがつらかったり寂しかったりする」と述べる。またA病院の別の看護職は、「この方ってどういう方だったのかなあ」と患者の人生について考えたり、「何かもっとできなかったのかなあ」と自身を振り返ったりするという。

にもかかわらず、亡くなった患者の死と、たとえば自身の近親者の死とが全く同じだと言われるわけではない。目前に患者の家族がいないにもかかわらず、看護職は家族と自身を明らかに区別しているのである。それを端的に示すものとして、二つの典型的な事例を挙げることにしたい。

2 「同じ重さのいのち」――他の患者

まず、A病院のある看護職の例を取り上げよう。この看護職には、特に心に残る患者がいるという。その患者から多くを学び、人としても尊敬していたと述べている。そのため、それまで別の患者が亡くなっても思わなかったことだが、亡くなった後に、墓参りに行きたいと強く思ったという。だが、この看護職は墓参りに実際に行くことは自身に禁じている。それは、看護職によれば、「個人的な付き合いみたくなっちゃうから」だという。「看護婦と患者の関係で接しているのだから」、墓参りのような「個人的な付き合い」を想像させる行為は慎みたい、というのである。

ここで言われている「個人的な付き合い」とは何を意味しているのか。それを探る手がかりとなるのは、この看護職がさらに、すべての患者の墓参りに行くわけではない以上、それは他の患者に対して「失礼」だと思うと述べている点にある。

私に対していろんなこと言ってくださったのは、その人一人じゃあないのに。……同じ死なのに、この人の死に対しては自分がすごくショックを受けて、この人の死に対してはそんなにないっていう考え方をしてしまうのが。同じ、同じ重さのいのちだから。それに対して自分が、その人の死に対して重いとか、この人のことは忘れちゃったとか、そういうふうなことになるのは、生きてきたことに対して、一所懸命生きてきたことに対して、ものすごくなんか、失礼な感情だと思うんですよ。

看護職が出会う患者は一人ではない。それらの患者の間に軽重をつけるのが「個人的な付き合い」と呼ばれており、軽重をつけないのが「看護婦と患者の関係」である。そして、後者を選ぶのは、そうしないことが他の患者に「失礼」だからだというのである。

背景にあるのは、目前にいる患者に軽重をつけることが問題を孕むという認識であろう。「深くかかわる」ことで患者について個人的にもよく知るようになり、また看護職自身が「思い」を抱くようになることが、ときに看護職に患者の好悪の情を抱かせることもある。A病院やB病院の看護職によれば、死にゆく患者は必ずしも看護職に好意的にふるまうわけではなく、看護職に攻撃的な態度を繰り返す患者もいる。だが、それに対して看護職が好悪の感情を抱き表に出せば、死にゆく患者に寄り添う人がいなくなってしまうこともある。患者の家族にも患者に対して好意的にふるまう人がいない場合であれば、看護職以外には、患者に寄り添おうと試みる人が全くいないかもしれないのである。患者に寄り添う人がいなくなってしまうのを避けるためには、少なくとも看護職は患者に軽重をつけないということが必要になる。そうした目前の患者への姿勢が、患者がすでに亡くなった後であっても、そして自身にとって重要な意味を持つ患者であっても、せめて墓参りという具体的な行為に際しては特別扱いを避けることにつながっている。

3 「次に進む」——新たな患者

もうひとつ、これに近い事例だが異なる意味づけの仕方として、B病院のある看護職の発言を取り上げよう。この看護職は、患者の死は近親者の死と同じようにさまざまな「思い」を抱かせるものだと強調しつつ、同時に違いはあり、それは患者の死に際しては「次に進む」という姿勢が生まれる点にあると述べ、次のように続けている。

その人のことを忘れちゃうとか、そういうことじゃなくって、それ、そういう、経験っていうか思いを、大事にしながら、でも次に進むっていうか。次の新しい患者さんとかそういう人のケアに切り替えるし、またその前の人のを参考に、前はこうだったからこうしてみようとかっていうふうにしていくっていうか。なんか、忘れる、じゃなくって、受け容れるっていうか、そういうことが必要なんだと思うんです。

このように「次に進む」という表現（亡くなった患者への「思い」を「経験」として捉え返し、新たな患者に向き合う、というもの）は、しばしば見られるものである。A病院のある看護職によれば、自身の祖母の死に際してはそのようには考えなかったといい、患者の死に際して心が揺れ動くことを強調しつつも、この点において患者の死と近親者の死とは異なるという。

「次に進む」という捉え方は、患者が亡くなった後に直面する新たな患者への意味づけと表裏一体である。いくら特定の患者が亡くなった後にさまざまな思いを抱いていたとしても、他の患者からナースコールで呼ばれれば、その患者の前に立たなくてはならない。そして、日本の多くの病院では患者の死を他の患者に知らせないのが一般的であり、他の患者の前に立ったときには、亡くなった患者がいることを悟られることのないようにすることが多い。そのため、看護職が他の患者を前にするときに、亡くなった患者を悼む気持ちを表情に出してしまうわけにはいかない。それは、A病院のある看護職が「整理がつけきらないうちに行くことがほとんどなんで」と述べるように、看護職にとってはしばしば容易なことではない。そのとき、看護職にとってみれば、新たな患者は自身が「整理をつけきらない」間に呼び出す、いわば障害として立ち現れてしまう。それでは、新たな患者もまた患者であるにもかかわらず、その人に寄り添うことが困難になってしまうであろう。

つまり、「次に進む」と自身を意味づけるのは、こうした新たな患者を、それもまた自身が寄り添うべき相手として捉えることと密接にかかわっているのである。新たな患者を、自身の「思い」を隠さなくてはならない相手というよりも、自身が改めて寄り添うべき相手として捉えるために、「次に進む」といった捉え方が選び取られるのである。

4　残される葛藤

といっても、このような捉え方は必ずしも貫徹されているわけではない。「同じ重さのいのち」と述べる看護職が、それでも墓参りに行きたいと思っていることも確かである。そして、「次に進む」と述べた看護職が、「忘れる、じゃなくって、受け容れる」とあえて付け加えていることにも注意したい。わざわざこの表現を付け加えているところには、「次に進む」という姿勢を、看護職自身が亡くなった患者を「忘れる」ことに近いと感じた上で、それとは異なるものとして位置づけようと試みていることが示されている。

また、A病院のある看護職は、先に挙げた看護職と同じように、「次に進む」という捉え方をすると述べているにもかかわらず、「でもやっぱり、次に亡くなったあの人が入院したときには、私はこういうことも出来るんだっていうふうにまた戻るんですよね、記憶の中でも」とも述べている。亡くなった患者への「思い」が、新たな患者へのかかわりに完全に切り替えられているとは言えない。

このように、「同じ重さのいのち」「次に進む」というだけでは言い尽くせない葛藤は、確かに残されている。亡くなった患者への「思い」は残っており、それと「同じ重さのいのち」「次に進む」という捉え方とが矛盾を孕むことは、看護職自身が自覚しているところでもある。そうした矛盾を孕んだ捉え方をしていることへの葛藤は、片方を採用することによって完全に消去されているわけではないのである。

それでもあえて、「同じ重さのいのち」「次に進む」という表現がなされている。これはあえてなされる捉え方であり、看護職の意識的な努力によるものである。そしてそれは、他の患者との間に軽重をつけないこと、新たな患者を寄り添う相手と捉え返すことにつながるからなのである。

第5節　死にゆく他者に寄り添う生者

1　職業者として寄り添う

A病院やB病院の看護職は、「深くかかわる」ことを寄り添う上で重要な一環だと捉えている。「深くかかわる」とは、看護職と患者という関係だけにとどまらないような、家族に近しい関係づくりとも呼べるものであり、患者の個人的な事柄を知ると同時に、患者に対して看護職が「思い」を抱くことでもあった。ただし、それは職務と無関係というわけではなく、あくまでも看護業務を通して実践されるものであり、看護職の職務にとって意義があるから試みられるものでもあった。

その上で、家族との違いが際立つ局面を、患者の生前と死後とに分けて、それぞれ考察した。患者の生前について言えば、看護職は家族との違いを「冷静さ」を保つ点に求めるが、それは家族を支えるという意味も持っていた。家族を支えるという課題は、患者と家族の間にしばしば観点や望みの違いが存在するということからすれば、矛盾も孕んでいるのだが、にもかかわらず採用されるのは、それが同時に患者には看護職が捉えている側面以上のものがあるということを知る手がかりとしての意味も持っているからであった。患者の死後について言えば、看護職は自身の近親者の死と患者の死を区別しているが、それは、他の患者との間に軽重をつけないことや、新たに目前に現れる患者を寄り添うべき相手として位置づけるためであった。

一方で、患者個人に対して一人ひとりの看護職が「思い」を抱く。他方で、家族を前にすれば「冷静さ」を保持し、他の患者を想起あるいは前にすれば、「同じ重さのいのち」「次に進む」という。この二つの実践が、矛盾を孕んでいないわけではない。看護職が「冷静さ」を欠くと思われる言動に至ることもあれば、「同じ重さのいのち」「次に進む」というだけでは言い尽くせない葛藤も確かに残されている。だが、それでも看護職はその矛盾を引き受けつつ、二つの方向性を同時に実践しようとする。なぜなら、両者ともが、患者に寄り添うということの一環につながるからなのである。

ここで、冒頭で挙げた、家族との違いを強調した論者たちの議論に立ち戻ろう。「冷静さ」を保とうとするふるまいはヒューズのいう「日常業務」としての姿勢に近く、「同じ重さのいのち」あるいは「次に進む」というふるまいは、ジャンケレヴィッチのいう「第三人称の死」としての捉え方に近い。

その意味で、彼らの指摘が間違っていたわけではない。

だが、彼らの議論は、職業者のふるまいが常にそうであるかのような静態的なものにとどまっていた。それに対して本稿が示したのは、看護職があえて「冷静さ」を失うまいと意識し、あえて「次に進む」と捉え返そうとするふるまいであり、そうすることが持つ意味であった。看護職がその職務において「思い」を抱く中、いつでも「冷静さ」を保てているとも限らず、簡単に「同じ重さのいのち」「次に進む」と言えるわけでもない。それでも「日常業務」に立ち戻り、「第三人称の死」として捉え返すのは、患者が一人ひとりの「人」であることを意識し、一人ひとりに「深くかかわろう」とするがゆえのことである。そう考えるなら、「日常業務」「第三人称の死」と呼ばれてきたふるまいは、死にゆく患者に寄り添うために看護職があえて採用するものである。この点を看過し、単に「日常業務」「第三人称の死」と呼ぶだけであれば、看護職にとっての職業者として寄り添うことの意味は、明らかにはならない。「深くかかわる」ことも、そして「日常業務」「第三人称の死」ともみえるような「冷静さ」「次に進む」という姿勢も、ともに、死にゆく患者に寄り添うことにつながるから採用されているのであって、それと無関係にただ実践されているわけではない。ただ単に職業者だからというより、死にゆく患者に寄り添うために、あえて職業者としての自身の立場を呼び出しているのである。

2　寄り添うということの矛盾と難しさ

別の観点からも述べよう。本稿で述べてきたように、看護職の実践が二つの方向性を持ち、それらが矛盾を孕みつつも同時になされていくのは、まずは、看護職が死にゆく患者に寄り添うということを職務とするがゆえである。職務であるとするために、看護職は他の患者や新たな患者にも寄り添おうとしており、それがあえて「第三人称の死」に近しいような、「同じ重さのいのち」「次に進む」という表現につながっている。看護職が職務でしか患者とかかわれないために、入院以前の患者やその望みの内実を浮かび上がらせる家族を自身と区別し、「冷静さ」を保とうとしている。その意味では、死にゆく人に寄り添うことを職務とするということが抱えている矛盾と難しさが背景に存在するとも言える。

だが、おそらくはそれだけではない。より正確に言うなら、背景にあるのは、死にゆく人に寄り添おうとすることが有する矛盾であり、難しさである。看護職が「冷静さ」や「同じ重さのいのち」「次に進む」という捉え方をする背景は、一義的には職務であるということにかかわるのだが、より普遍的な問題としても捉えられる。

まず、患者を家族という関係の中で生きる人として、そして自身が完全には把握できない面を持つ人として捉えるということは、患者を自身にとっての他者と認めることである。これは何も看護職と患者との関係だけで言えることではない。ある人は、自身にとっていかに親しく近しい相手であったとしても、それ以外の人たちとの関係の中で生きる他者でもある。原理的には、たとえ家族であっても、その人が他に有する人間関係を無視してよいということにはならないはずであり、他の人たちから示されるその人の像によって、自身が抱くその人の像をより豊かなものにされることもあるはずである。

また、看護職が他の患者や新たな患者ともかかわっていかなくてはならないということは、ある患者が亡くなった後でも、看護職が看護職として生きていかなくてはならないということを意味している。それもまた、看護職と患者との関係だけで言えることではない。家族であったとしても、亡くなる人以外の人びととともかかわっていかなくてはならないことが多い。死にゆく誰かに寄り添うからといって、その誰かとともに死ぬことが必ずしもできるわけではない。多くの場合、その誰かが亡くなった後も、その人は自分自身の生を生きていかなくてはならないはずである。

つまり、背景にあるのは、本来的には、死にゆく他者に寄り添おうとする生者が抱える矛盾であり難しさなのである。より厳密に言えば、死にゆく人を自身とは異なる他者と認めつつ寄り添おうとするときに浮上する、避けがたい矛盾であり難しさである。

言い換えれば、死にゆく人に寄り添おうとすることは、それだけの広がりを持つ。単に理想の「家族」像を思い浮かべ、それに準じればいいというものではない。看護職が「家族のように」と言い、職業者として自身を位置づけるあり方は、そのことをかいま見せてくれるのである。

本稿が考察したのは、あくまでも病院内看護職が、死にゆく患者に家族とは異なる職業者として寄り添うことの意味を、どのように捉えているか、ということに過ぎず、過度な一般化は避けなくてはならない。本稿の議論は、家族にとっての患者の死が看護職にとってのそれとはまた別のものとして経験されている可能性を示唆してもいる。おそらく家族にとっては、患者の亡くなる過程は激しい動揺と葛藤に満ち、「冷静さ」を保つことは非常に困難なものとして経験され、また患者の死はそれこそその人によって異なる個別の重みを持つものと経験されているのだろう。看護職の経験が家族の経験とまったく異なるというわけではないが、両者の間に大きな違いが存在するのも確かである。

それでも、本稿での議論の背景にあるのが、単に寄り添うことを職務とする人びとだけが抱える矛盾と難しさだけではなく、死にゆく他者に寄り添うということそのものが内包する矛盾と難しさだということは、強調しておきたい。本稿で明らかにしたような看護職の葛藤は、本来的には私たちが抱える葛藤でもあるのだ。

【註】

(1) 調査は一九九八年五月から二〇〇〇年八月までに、崎山治男氏と筆者によって行われた。A病院は首都圏内にある五〇〇床を越える大学病院であり、周辺は郊外と呼ばれる地域である。物流管理システムが充実しており、看護職も四〇〇人あまりが配置されるなど（新看護体系二：一）、比較的看護職が看護業務に専念できる環境が整っている。調査対象は経験年数三年から一五年程度の看護職計一七名（全員が女性の看護師）で、一七名のうち六名の方に一回、六名に二回、三名に三回、二名に四回、各一時間程度の聞き取りを行っている。一回目は患者との関係と看護職としての自己意識について質問表に基づいて聞き取りを行い、二回目以降は前回に出た話に基づいてこちらから質問する形で行った。聞き取りの内容はカセットテープに録音し、後日テープ起こしを行った。本文中で取り上げている引用は全てそこからの引用であり、（　）内は筆者による補足説明である。調査にご協力をいただいた方々に、この場を借りて深く御礼申し上げたい。

(2) 調査は一九九八年六月から二〇〇〇年三月にかけて、崎山治男氏と筆者によって行われた。B病院は首都圏内にある一〇〇床あまりの社会福祉法人立の病院であり、周囲は下町と呼ばれる地域で、患者には高齢者が多い。一九九〇年頃からの病院改革によって、看護職が増員され（新看護体系二・五：一）、看護職が看護業務に専念できる環境作りが試みられてきている。調査対象は経験年数三年以上の看護職計一二名（全員が女性の看護師）であり、一二名のうち一名の方に二回、五名に三回、六名に四回、各一時間程度の聞き取り調査を行った。一回目は患者との関係と看護職としての自己意識について質問表に基づいて聞き取りを行い、二回目以降は前回に出た話に基づいてこちらから質問する形で行った。聞き取りの内容はカセットテープに録音し、後日テープ起こしを行った。本文中の引用は全てそこからの引用であり、（　）内は筆者による補足説明である。調査にご協力をいただいた方々に、この場を借りて深く御礼申し上げたい。

（3）E・キューブラー＝ロスは、死にゆく患者へのインタビューに基づいて「私たちは、シーツと毛布の下にいる患者のことをもっと考え、……患者の手を握り、やさしく微笑みかけ、質問に耳を貸したほうがいいのではないか」と述べた（Kubler-Ross［1969=2001: 24］）。日本では柏木が「その患者の生きざまに参加しようとする」（柏木［1977: 133］）ことが重要だと述べ、日野原が「死が訪れるまでにまだ少し時間のある間に、どうすればその人になにか本当の生命を与えるようなこと、またはそのためのお手伝いでもすること」、「臨死の患者と共にある」ことが必要だと述べている（日野原［1983: 137］）。

（4）こうした表現の仕方は日本に限らず欧米でも見られ、また看護職だけでなく介護職など多くの職業的ケア提供者が用いるものである。T・X・カーナーはこれを「フィクションとしての家族 fictive kin」と呼んでいる（Karner［1998］）。

（5）ここでいう家族とは、看護職が捉える家族である。看護職の家族定義はかなり実践的なものである。患者の療養過程において重要な役割を果たすと思われる人物を、そのつど「キーパーソン」と判断し、その人物を中心に家族を考えるのが一般的である。患者の療養過程において、患者にとって経済的・社会的・心理的に重要な役割を果たすと思われる人が「家族」と名づけられる。血縁関係や婚姻関係に限られるものではなく、またそのつど患者ごとに名づけられるものだが、看護職の中に患者の家族について一定の社会的な像は存在している。本稿は看護職が患者の家族と呼ぶ像に注目しており、その意味では主観的家族論の立場に近いが（Gubrium & Holstein［1990=1997］）、あくまでも看護職が家族と呼ぶ像への注目であって、患者自身の観点とは異なる可能性もある。

（6）T・パーソンズも、医療専門職と家族との相違について論じている。医療専門職は、家族が個人主義や無限定性、感情性といったパターン変数に区分されるのに対して、感情中立的であり患者とのかかわりを限定的にするなどの異なる性格を有するものとして位置づけられた。彼においては医療専門職と家族が異なるのはむしろ自明であり、医療専門職が「集合体志向」と名づけられたように営利志向ではないことが強調される点であった（Parsons［1951=1973］）。

（7）D・サドナウは、病院における参与観察から、看護職がキャリアを積むにつれ、患者の死を数えなくなり、特別なケースでもない限り、日常的なものとして位置づけていくことを指摘している（Sudnow［1967=1992: 64-75］）。

（8）末期患者への看護職によるかかわりを社会学的観点から考察した研究はこれまでにも多々あるが、職業者として寄り添うという点を明らかにしたものは見られない。たとえばB・G・グレイザーとA・L・ストラウスは、後述するように、看護職が末期患者とかかわる過程で、さまざまな感情を抱きつつ行為していることを記述しているが、看護職が職業者として寄り添うという自身の寄り添うあり方をどのように意味づけているかについては、焦点化していない（Glaser & Strauss［1965=1988］）。D・F・チャンブリスも看護職が患者の死に際してさまざまな感情を抱いていると述べつつ、病院内における死は「ルーティン化」されていると指摘するにとどまっている（Chambliss［1996=2002: 206-208］）。

（9）なお、寄り添うという言葉自体は、何も末期患者に限られることではなく、広く医療全般にわたって用いられるものである。そのため、本稿の議論も、末期患者に限られず、患者一般へのかかわりに敷衍しうる要素を有するであろう。ただ、末期患者へのかかわりにおいては、その患者という一人の人間が失われてしまうという意味で、後述するような看護職や家族の心情の揺れは格段に激しくなる。他の患者へのかかわりにも安易に一般化することは、これらの揺れの激しさを看過してしまうことになりかねない。そのため、本稿では末期患者へのかかわり、それも家族との対比という論点に議論を限定することにしたい。

（10）E・フリードソンは、患者が医療従事者に期待しているものを専門的技能と個人的関心であると指摘し、「普遍主義」的態度が双方に期待されているとしたパーソンズを批判している（Freidson［1961］）。彼が指摘したのは、患者が「深くかかわる」ことを求めているということであろう。だが、彼は個人的関心の内容についてほとんど踏み込んでおらず、それが日常的な業務を切り離して生まれるものではないことや、後述するような「冷静さ」他を要する可能性についても触れていない。

（11）M・イグナティエフは、身体的・経済的ニーズが満たされる際に、その提供のされ方によっては、その人の帰属や尊厳を否定することにつながってしまうこともあると指摘している（Ignatieff［1984=1999: 14-35］）。

(12) ただし時間的長さが必須なわけではない。先述した看護職は、「深くかかわるっていうのは時間がどうのこうのっていいますけど、ほんとに一瞬でもいいんですよね。一瞬でもいいから、手を握るなり体を拭くときでも構わないから。やっぱり気持ちがやっぱり入るか入らないかで(違う)」と述べている。

(13) なお、「冷静さ」という表現は、家族との違いを表現する際だけでなく、他の局面でも用いられる。たとえば患者が理不尽に見えるような攻撃的態度を示してきたときや、医師などの他医療専門職と交渉するときなどにも、必要だとされている。ここでは、特に家族との違いとして挙げられている「冷静さ」に着目している。

(14) 看護職が具体的に「冷静さ」を失ってはならないと意識するのは、患者や家族との相互作用過程の只中においてである。相互作用過程において相互の意味づけが形成されていくという相互作用論的立場(Mead [1934=1973]; Blumer [1969=1991] 他)に立つなら、そこにおいては、病院内医療従事者という地位にともなう制度的条件が意識されているというだけでなく、同時に相手への意味づけが含まれている。

(15) 当然ながら、A病院やB病院の看護職は、患者の家族への非難をあからさまに口にすることはなく、むしろ家族について言及する際には常に、家族への配慮を示す表現を用いる。ただ、他の看護職に関する言及では、看護職がしばしば患者の家族に対して批判的になり、それが結果的に患者と家族の間の関係を悪化させるケースがあると指摘されることもある。

(16) 一九九〇年代に入ってから日本でも「家族看護学」が生まれ、家族を患者支援上での資源としてのみ捉える考え方に対して、家族もまた看護の対象だとみなす考え方が提示されるようになってきた(鈴木・渡辺 [1995])。ただ、「家族看護学」という名称はつけられずとも、家族を支えることを課題とする見方は、もう少し以前から看護教育の現場などに浸透していたようであり、A病院やB病院では調査当時にはすでに、「家族もケアの対象」という言葉を多くの看護職が用いるようになっていた。

(17) この点について、グレイザーとストラウスが興味深い指摘をしている。彼らは、看護職が末期患者の家族にしばしば、患者を支えるものとしての役割と同時に、看護職によって支えられるものとしての役割を与えることを指摘し、それを死にゆく患者に何もできないという無力感と闘う上で重要な力となる、「対象切り替え」であると述べた(Glaser & Strauss [1965=1988: 160-182])。看護職が死にゆく患者に対してなしうることは決して小さくはないが、最終的に患者が亡くなることを避けられるわけでもなければ、亡くなる患者が感じるであろう孤独や葛藤から、完全に患者を救い出せるわけでもない。それゆえ、看護職は死にゆく患者に接する上で自身の無力感に苛まれ、患者の前に立つことすら困難になるときがある。そうした際に、「対象切り替え」を行うことによって、患者にかかわり続けることが可能になるというのである。実際、A病院のある看護職は、患者の死後の処置であるエンゼルケアを、「きれいになった顔を見れば家族が喜ぶかもしれない」「ひとつでもやれたってものがあれば」という思いで行っていると述べている。だが、これはあくまでも看護職にとっての心理的な意義であり、職務と直接にかかわるものとは言いがたい。

【引用文献】

Blumer, Herbert, 1969, *Symbolic Interactionism: Perspective and Method*, Prentice-Hall, Inc. ＝一九九一年、後藤将之訳『シンボリック相互作用論――パースペクティブと方法』勁草書房

Chambliss, Daniel F., 1996, *Beyond Caring: Hospitals, Nurses, and the Social Organization of Ethics*. The University of Chicago Press. ＝二〇〇二年、浅野祐子訳『ケアの向こう側――看護職が直面する道徳的・倫理的矛盾』日本看護協会出版会

Elias, Norbert, 1982, *Über die Einsamkeit der Sterbenden*, London, Basil Blackwell. ＝一九九〇年、中居実訳『死にゆく者の孤独』法政大学出版局

Freidson, Eliot, 1961, *Patients' Views of Medical Practice: A Study of Subscribers to a Prepaid Medical Plan in The Bronx*, Russell Sage Foundation.

Graser, Barney G. & Anselm L. Strauss, 1965, *Awareness of Dying*, New York, Aldine Publishing Co. ＝一九八八年、木下康仁訳『死のアウェアネス理論と看護――死の認識と終末期ケア』医学書院

Gubrium, Jaber F. & James A. Holstein, 1990, *What is Family?*, Mayfield Publishing Company. ＝一九九七年、中河伸俊・湯川純幸・鮎川潤訳『家族とは何か――その言説と現実』新曜社

Ignatieff, Michael, 1984, *The Needs of Strangers*, London, Penguin Books. ＝一九九九年、添谷育志訳『ニーズ・オ

ブ・ストレンジャーズ』風行社

Jankélévitch, Vladimir, 1966, *La Mort*, Paris, Flammarion, Éditeur, Paris. ＝一九七八年、仲沢紀雄訳『死』みすず書房

Karner Tracy X., 1998, "Professional Caring: Homecare Workers as Fictive Kin," *Journal of Aging Studies*, 12-1: 69-82.

柏木哲夫　一九七七年『死にゆく人々のケア——末期患者へのチームアプローチ』医学書院

日野原重明　一九八三年『延命の医学から生命を与えるケアへ』医学書院

Mead, George H., 1936, *Mind, Self, and Society: from the Standpoint of a Social Behaviorist*, Edited and with an Introduction by Charles W. Morris, The University of Chicago Press. ＝一九七三年、稲葉三千男・滝沢正樹・中野収訳『精神・自我・社会』青木書店

Sudnow, David, 1967, *Passing On: The Social Organization of Dying*, Prentice-Hall. ＝一九九二年、岩田啓靖・志村哲郎・山田富秋訳『病院でつくられる死——「死」と「死につつあること」の社会学』せりか書房

鈴木和子・渡辺裕子　一九九五年『家族看護学——理論と実践』日本看護協会出版会

第6章　ホームヘルプの事業所間比較

ヘルパーによる利用者への対処に着目して

齋藤曉子

第1節　介護サービスの新たな局面

二〇〇〇年度の介護保険制度導入により、高齢者介護サービスの供給主体が多様化・多元化した。特に、他のサービス領域と比較した場合、ホームヘルプサービスでの民間やＮＰＯ事業所の増加率は高い。こうした供給主体の多元化状況について、これまでは、組織レベルでの検討が中心であった。そのため、多元化がもたらす事業所間の組織状況の違いが、ホームヘルプへどのような影響を及ぼすのかについては、あまり考察されてこなかった。

そこで本章では、異なる形態の事業所に所属する管理者・ヘルパーへのインタビュー調査から、近年ホームヘルプ労働で中心的な課題となっているヘルパーと利用者の関係性について、事業所間比較を行う。このような試みは、次の二点で重要であると考えられる。第一に、まだ先行研究が少ない供給主体ごとのホームヘルプサービスの特徴が明らかになる。第二に、これまでヘルパーの個人の資質や利用者との個別的な関わり、というようなミクロレベルの要因でのみ議論される傾向があったヘルパーと利用者との関係性について、事業所の特質や組織での管理というメゾレベルの要因からの分析が可能になる。このような分析は、労働団体がほとんどなく、個人責任にさらされやすいヘルパーの「保護」という観点から重要である。

本章の構成は次のとおりである。まず第2節で、議論の背景となる介護保険制度導入後の現在のホームヘルプサービスの事業所の多元化状況を概観し、そこでの議論状況を整理する。次に、事業所の特質とホームヘルプサービスとの関連について議論した先行研究の検討を行い、本章での着眼点と分析の視点を提示する。第3節以降は、筆者が行った東京都A区のフィールドワークをもとに、ホームヘルプの事業所間比較をしていく。第3節では、調査概要を示し、第4節では、ヘルパーの職場分析として、管理者データから各ホームヘルプサービス事業所の特質を整理し、比較を行う。第5節では、ヘルパーのインタビューをもとに、各事業所のヘルパーに共通して認識されている利用者との関係性で生じる問題について考察していく。そしてその問題についての対処のロジックが、事業所の特質によりどのように異なるのかについて、第6節でみていく。

第2節　介護保険制度下のホームヘルプ労働

1　介護保険制度下の供給主体の多元化

平岡公一は、イギリスの「ウルフェンデン報告」(Wolfenden［1978］) をもとに、「福祉多元主義 (welfare pluralism)」を、福祉国家体制の相補的な下位システムとして、①インフォーマル部門、②営利部門、③非営利部門、④政府部門として整理している[1]（平岡［2000］）。さらに、福祉多元化を、政策の営利・非営利への志向性から「市場化と参加型[2]」に、福祉多元化の実現方法から「市場化のサービス購入型と利用者補助型[3]」の類型に分類し、日本の介護保険制度の分析を行っている（平岡［1998］）。平岡によると、介護保険制度は、前者の類型では、市場型と参加型の両方の要素が含まれており、後者の類型では、利用者補助型に属すると指摘されている（平岡［1998］）。

次に実際の介護保険制度導入後の多元化状況を、厚生労働省が行ったホームヘルプサービスの事業所調査[4]を例にみてみよう。現在に至るまでの四年間で、政府部門である地方公共団体や準政府部門とも言える社会福祉法人（社会福祉協議会を含む）が減少しているのに対して、民間企業とＮＰＯの割合が大きく伸びている。その他の医療・社団・財団法人は、若干ではあるが減少傾向にある。供給主体数の第一位は、制度導入直後は社会福祉法人であったが、平成十五年以降は民間企業になっている。同調査における施設ケアや通所介護の供給主体数の第一位が、依然として社会福祉法人であることと比べると、ホームヘルプサービスは介護保険サービスの中で多元化が特に進んだ領域と言える[5]。またこの傾向は、平岡が指摘した市場型と参加型の拡大という政策の方向性が、実際の事業所数の推移へと影響を及ぼしたとも考えられる。

介護保険制度後のこうした変化について、これまでの研究では、民間営利企業による介護サービスの提供という福祉の「市場化」による影響が着目されてきた。たとえば芝田は、民間営利企業が介護サービスを提供することの問題点として、利潤の追求による事業の撤退や、人件費の削減によって生

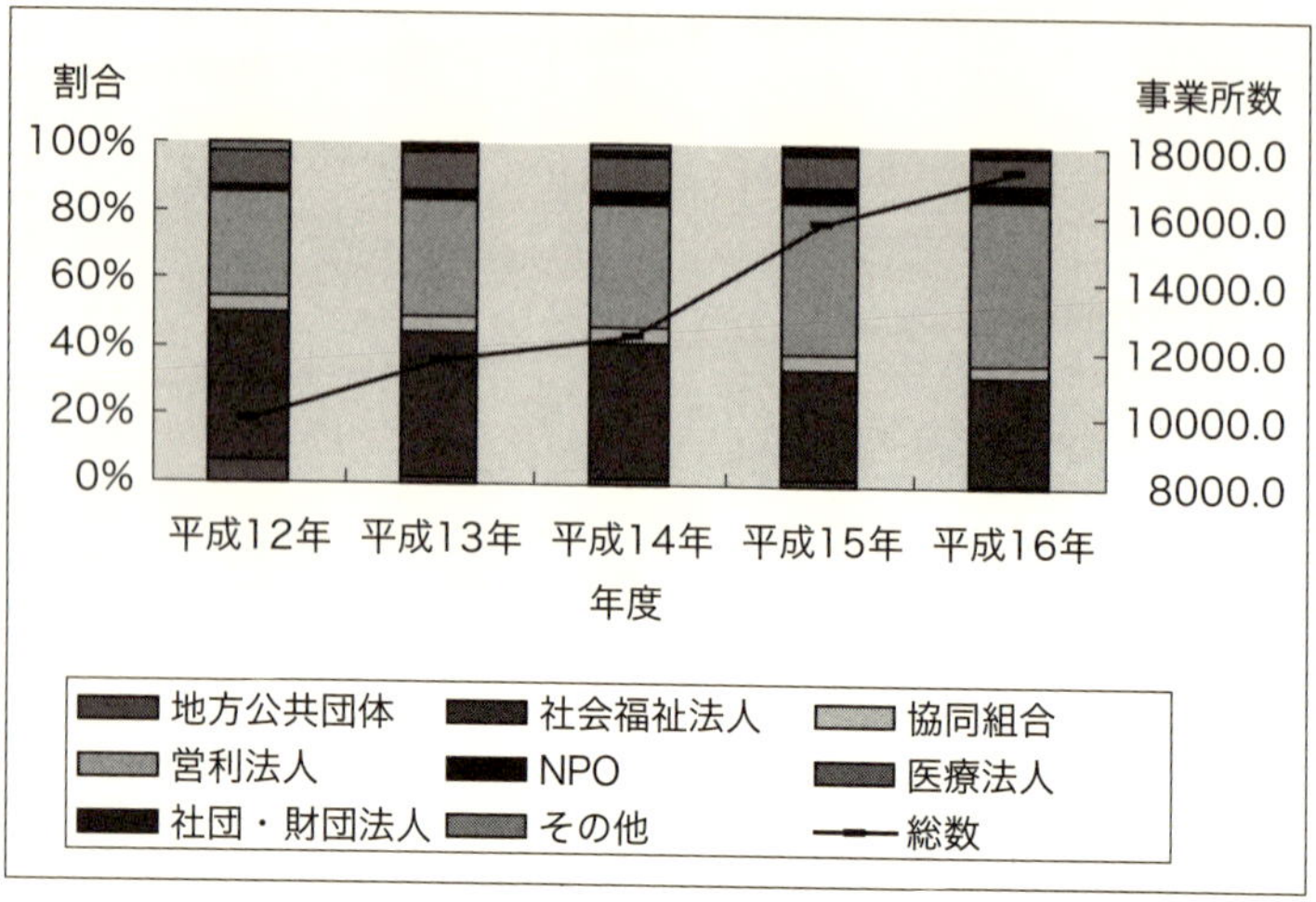

図1　ホームヘルプサービスの事業所数と割合の推移(6)

じうる問題を指摘し、『社会福祉』分野という限り、事業において守らなければならない基本姿勢はやはり『非営利』」であるべきだと述べている（芝田［2001：69］）。さらに新井は、「市場化」による民間事業所の増加が、ヘルパーを非常勤の「質の低い」労働者にすると批判し、ホームヘルプサービスは、かつての行政での提供型である常勤労働の形へ戻す必要性があると述べている（新井［2004］）。このような議論は、「効率化」・「利潤」を追求する民間営利事業所によるケア提供の拡大が、公正を目的とする「福祉の理念」とは相反するという、介護保険制度下の供給主体の多元化の一側面である「市場化」の持つ問題点を指摘したものと言える。しかし、これらの研究では、供給主体でのサービスの提供理念やマネジメントの比較に焦点がおかれているため、そうした供給主体の理念や方向性の変化が、実際の職場状況や提供されるホームヘルプサービスにどのように影響しているのかについての実証的な議論は十分になされていない。

2 供給主体の多元化とホームヘルプ

一方海外の知見では、官・民を含めた供給主体の比較から、供給主体の特質がいかにホームヘルプサービスへ影響を及ぼしているか、という点が明らかにされている。たとえば、M・デントンらは、カナダでのアンケート調査から、介護サービスを政府主導から民間営利による提供へと転換する政策の改変によるホームヘルプサービス組織の民営化が、ヘルパーへもたらす影響を分析している。ホームヘルプサービスへの市場原理の導入によって、ヘルパーの労働が不安定化するだけでなく、民間営利の事業所に所属するヘルパーは、以前よりもフレキシビリティが奪われ、ストレスが増大している、と報告されている（Denton 他［2003］）。これは、先述した「市場化」の問題点の指摘と重なる知見といえる。しかしながら、民間営利事業所よりも公的事業所のほうが、ヘルパーのフレキシビリティを制限するという逆の知見もある。V・ティモネンとM・ドイルは、アイルランドでの公的・民間非営利（NPO）・民間営利の事業所の比較から、公的サービス事業所では、官僚主義的なマネジメントのためヘルパーの労働が管理され、自律性（autonomy）が制限される傾向があるのに対し、民間事業所ではよりフレキシビリティが高くヘルパーの自律性が確保されていると指摘している（Timonen and Doyle［2006］）。これらの研究から、「市場化」の論理の有無や、「官か民か」や「営利か非営利か」という二分法だけではなく、サービスの管理や労働状況などの供給主体の特質を明確にすることが、ホームヘルプ労働への影響を考察するには重要であると言えるだろう。

さらに、供給主体の特質は、ヘルパーの労働状況やサービスの質だけでなく、利用者との人間関係にも影響を及ぼす。先述したティモネンとドイルによると、民間のヘルパーが利用者と「親しく友愛的（close and companionate）」な関係をつくる傾向があるのに対し、公的事業所のヘルパーは、比較的多くの利用者を担当せねばならず、関係性を作り上げる時間が少ないため、そうした関係には至らない（Timonen and Doyle［2006］）。また、ＮＰＯのヘルパーは、ホームヘルプサービスが有償労働化される以前から勤めているものが多く、収入を目的に労働をしていないこと、長期間の担当が可能であること、利用者が近隣地域の比較的軽度の人が多いことなどから、利用者との関係性を発展させる余地があると指摘されている（Timonen and Doyle［2006］）。[7]

このように、供給主体の職場状況の特質は、ヘルパーの労働状況やサービスの質、ヘルパーと利用者との関係性に影響を及ぼすため、各供給主体の職場分析とホームヘルプサービスの関連性を見ていくことが重要となるだろう。日本においては、介護保険制度導入以前の状況ではあるが、笹谷が職場状況とホームヘルプ労働の関連性を検討している（笹谷［2000］）。笹谷は、ホームヘルプ労働の養成政策の「専門性」について分析した上で、こうした養成理念が対照的である二つの組織――家事型のパートの中高年を中心とした「伝統的」タイプである社会福祉協議会と、専門職としてヘルパーを位置づけようとする「先進事例」タイプである特別養護老人施設を併設する社会福祉法人――の比較を行っている（笹谷［2000］）。笹谷によると、両事業所のヘルパーにおいて、利用者とのコミュニケーションの重要性が認識されているという点では共通性がみられたが、労働の目的や利用者とのかかわりについては、各供給主体の運営理念が反映され、事業所間で相違がみられた。社会福祉法人ではソーシャルワーク的な「自立のサポート」が最優先され、社会福祉協議会では「高齢者のニーズを満足させること」が最優先されていた（笹谷［2000: 200］）。

笹谷の調査時の状況と現在との大きな違いが、介護保険制度の影響である。第一に、供給主体としての民間営利事業所の拡大があり、第二に制度によるホームヘルプ労働の内容やヘルパーの労働状況の変化が挙げられる。後者について、佐藤は、制度導入によりホームヘルプサービスが厳密に「類型化」され、「抑制」されることから、以前のような「総合的な生活支援」が難しくなったと指摘している（佐藤［2001］）。介護保険制度下でのホームヘルプサービスの内容は、ヘルパーでは決定できない（ケアマネジャーによりサービスの項目が決められている）。さらに、提供できるサービスの範囲や内容が制度によって細かく規定されているという内容面での制限と、単位制の導入により提供時間の制限がある。たとえば、ホームヘルプサービスの「適正化」として、「日常生活の援助」に該当しない行為であると禁止されているのは、玄関の掃除や草むしり、窓ふきなどである（厚生労働省保険局企画課［2000］）。そのため、介護保険制度下のホームヘルプについて考える場合には、このような制度的な要因の影響も含めて考える必要があるだろう。

以上から本章では、供給主体の多元化がもたらした事業所による労働状況やサービスの管理の相違が、ヘルパーと利用者の関係性にどのように影響を与えるのか、という点を明らかにしていきたい。ただし、先述したとおり、介護保険制度で提供されるホームヘルプサービスは、制度による提供の特色や規制もある。そのため、ヘルパーと利用者の関係性の分析には、介護保険制度の規定それ自体による影響（その組織で制度の規約がどの程度遵守されているかも含めて）と、組織の特徴による影響との、二つの要因を見ていく必要があるだろう。では、次節からは筆者が行った複数事業所への事例調査を素材として、上記の課題を検討していこう。

第3節　調査の概要

対象とする事業所は、営利部門、非営利部門、政府部門のそれぞれの代表的な事業所種別である民間営利企業・NPO・地方公共団体を選択した。さらに、依然として主要な提供事業主体である社会福祉協議会を対象に追加した。

フィールドは、介護保険制度導入後急激に減少した公務員ヘルパーが現存し、民間事業所を含め多様な提供主体がある東京都のA区を選択した。調査は二〇〇五年の七月と二〇〇六年の二月に、各供給主体の管理者および所属するヘルパーを対象に筆者がインタビュー調査を行った(8)。調査は半構造化面接法を用いた。ヘルパーの場合は、三〇分から五〇分のインタビューを事業所もしくは喫茶店で行った。質問項目は、利用者との関係性、勤務状況、などである。管理者の場合は、約一時間のインタビューをそれぞれの事業所で行った。質問項目は、労働者・利用者の概要、雇用管理、提供サービスの範囲、研修、福利厚生についてである。インタビュー対象者の概況は表1、2のとおりである。

なお、本節以降で適宜インタビュー対象者の語りを引用するが、引用内の（　）表記は筆者の補足である。インタビュアーは＊で示し、インタビュイーは全て表中の仮名で記す。

表１　サービス管理者

対象者	事業所名	性別
Am	A（行政）	男
Bm	B（社会福祉協議会）	男
Cm	C（NPO）	男
Dm	D（民間営利、支店あり）	女
Em(9)	E（民間営利、支店なし）	男

表２　ヘルパー

対象者	事業所	性別	年齢	介護のキャリア	保有資格
Ah1	A	女	37	14年	介護福祉士、ヘルパー１級
Ah2	A	女	55	16年*	介護福祉士、介護支援専門員、社会福祉主事
Ah3	A	女	49	17年	介護福祉士、ヘルパー１級、介護支援専門員
Bh1	B	女	56	10年	ヘルパー２級
Bh2	B	女	50	8年**	ヘルパー２級、介護福祉士
Ch1	C	女	64	1年	ヘルパー２級
Ch2	C	女	62	3年	ヘルパー１級、ヘルパー２級
Dh1	D	男	67	5年	ヘルパー２級
Dh2	D	女	53	5年	ヘルパー１級、ヘルパー２級
Dh3	D	女	50	4年	ヘルパー２級

第4節　ホームヘルプサービスの事業所間比較

1　各事業所の特性

事業所の中で介護保険制度導入以前からホームヘルプサービスを提供していたのは、AとBであり、それ以外の非公的事業所は制度導入に際して新規参入した事業所である。以前からの提供主体であったAとBには、提供の理念に共通性が見られた。公的事業所であるAでは、介護サービスの「公益性」が理念として語られており、民間の市場が成熟するまでのサポートとしての役割が強調されていた。それは現在のサービスの提供状況にも反映しており、民間事業所やNPOなどの提供事業所が増加した現在では、「ハンドサービス」と呼ばれるサービス提供の件数を全体の一割近くに削減させており、今後も拡大させる予定はない。そのため、介護保険制度導入後のヘルパーの仕事の中心は、サービス提供よりも「調査」と呼ばれる認定調査であった。事業所の提供理念は対応ケースにも反映しており、重度の利用者やクレームが多いケース、などなんらかの問題があるため「民間では対応できない」、いわゆる「困難ケース」が公的事業所の中心的な対象となっていた。

一方、社会福祉協議会のBでも、「公益性」が理念として呈示されていた。近年民間の増加が見られる介護保険制度では「自分たちの役割は、ある程度果たした」とし、むしろ民間ではまだまだ提供の少ない、介護保険制度外の「助け合いサービス」というボランタリーサービスに力を入れていきたいと述べていた。「助け合いサービス」はそもそも、介護保険制度以前から社会福祉協議会が提供している中心的なケアサービスであり、事業所の提供理念としては、特に介護保険制度内の提供にこだわるのではなく、複合的なケアサービスを提供していきたいと考えているようであった。このように介護保険制度外のサービスも充実していることから、軽度から重度まで幅広い利用者を受け入れていた。

これに対して民間やＮＰＯの事業所にはその理念に組織ごとの多様性が見られた。ＮＰＯ組織の管理者であるCmさんは、「福祉の提供組織としての専門性の特化」よりも「住民参加」や「地域活動の一環としての介護サービス」という立場を強調していた。こうした理念は、ヘルパーの雇用に影響しており、「住民参加」のしやすさを念頭において募集をしているため、特に技術が必要な「重度ケースに対応するスタッフ」の採用は促進していなかった。そのため、事業所としては、できるだけ軽度のケースに対応していきたいという志向性があった。ただし、新規の利用者については選別が可能であるが、以前からの利用者が重度化しているため、現在では、重度のケースも担わざるをえず、ヘルパーの数や質を変化させていかなければならないだろうと述べていた。

同じ民間営利企業でも、別区に本社があり、比較的大規模な民間営利企業の支店であるDと、小規模の民間営利企業であるEではその特色に大きな差が見られた。Dのサービス提供理念は、本社・支店で共通しており、「質の高いケア」がどの事業所・ヘルパーからも受けられる、つまり「サービスの質の均一化」という点が特徴として見られた。対応する利用者の傾向については、現状としては全国的な平均と同じで軽度の利用者が比較的多いが、重度ケースに対応できるスタッフもおり、Dmさんは「要望があれば」どのようなケースでも対応するという姿勢を見せていた。これに対して、Emさんは、「地域貢献」を理念として掲げ、「地域に密着したケア提供」を目標としていた。そのため、ヘルパー間のケアの質の均一化というよりも、「小さい事業所ならではの細かなニーズへの対応」をサービス提供の独自性と捉えていた。このような特色は、むしろ先述したNPO事業所であるCに類似している。このため、民間営利企業かNPOか、という供給主体の種類だけでなく、組織規模ということが事業所の特質と関連しているといえよう。

2　サービスの管理

表3から、サービスやヘルパーの管理が各事業所で異なっていることがわかる。サービス提供やトラブル対応に関して最も細かい管理を行っていたのは、民間営利の比較的規模の大きな事業所であるDであった。クレーム対応についてもマニュアルがあり、ヘルパーからサービス管理者、事業所の代表へと連絡し会議を行った上で回答をするという対応をとっていた。この場合、本社に連絡をすることも義務付けられており、ヘルパーやケアマネジャー、各支社で個別的に対応することは禁じられ、会社全体での対応の共有化が図られていた。Dmさんは、サービス提供についても細かな規定があると述べ、利用者宅でのトイレの貸し借りや、利用者の家で出されたお茶を断るために、「自分のペットボトルを必ず持参すること」「利用者宅では決してトイレは借りないこと」などの対応マニュアルを通して、ヘルパーへの指導を徹底させている、と述べていた。

Dの事業所の特色は、営利企業におけるサービスの効率化志向と結び付けて考えることもできるが、民間企業であっても、小規模であるE事業所の特徴は、全く異なっていた。クレーム対応やサービスの管理についてのマニュアルなどは一切なく、サービス提供のあり方や細かな方針は、「基本的にヘルパ

表３　各事業所の特質とサービスの管理

	介護保険事業内サービス	保険外サービス	サービスの管理 ① サービス提供の規約 ② トラブルの対応 ③ スケジュールの調整・管理	ヘルパーの管理 ① 労働の報告 ② ミーティングの頻度 ③ ヘルパーが事業所へくる頻度
A	① 訪問看護事業 ② 認定調査	なし	① 介護保険制度に順ずる ② 基本的にチームでケースを共有化、トラブル対応もチームで行う ③ チームのメンバー同士で話し合いながら行う	① 日報、チームでのミーティング ② ほぼ毎日 ③ 毎日（朝夕）
B	① 訪問介護事業 ② 居宅介護支援事業	① 家事・介護サービス ② 配色サービス	① 介護保険制度に順ずる ② ヘルパーから報告を受けた場合に、係長が窓口となり対応する ③ サービス提供者が行う	① 日報 ② 月一回 ③ 月一回
C	① 訪問介護事業 ② 居宅介護支援事業	① 家事・介護サービス ② 移送サービス	① 介護保険制度に順ずる ② 組織の代表が行う ③ 組織の代表が行う	① 日報 ② 不定期（なにか問題があった場合のみ） ③ 月一回
D	① 訪問介護事業 ② 居宅介護支援事業	なし	① 介護保険制度の規定と組織の独自規定 ② 各社に共通する対応マニュアルがあり、サービス管理者と代表が対応したのち、本社に連絡する ③ サービス管理者とケアマネジャーが行う	① 日報 ② 月一回 ③ ほぼ毎日
E	① 訪問介護事業 ② 居宅介護支援事業	なし	① 介護保険制度に順ずる ② 組織の代表が行う ③ 組織の代表が行う	① 日報 ② 不定期（なにか問題があった場合のみ） ③ 月一回

ーに任せている」。このような特徴は、NPOの事業所であるCや社会福祉協議会のBの特徴に非常に近かった。Cでは、サービス提供の規律などは特に設定しておらず、Cmさんは「細かなことには口をださない」とし、できるだけヘルパーのやり方を認める方針をとっていた。また、社会福祉法人であるBでも、もともとボランタリースタッフとして働いていたヘルパーが多いことから、ヘルパーの「自主性」を尊重する傾向があった。Bmさんは、「サービスの内容についてはあまり口をださない」と述べていた。これらの事業所では、サービスの管理についてはそれほど厳格に行われていなかったといえ、事業所の管理者は、介護保険制度のサービスに関する規約については理解しながらも、「現場のことは、できるだけ現場にまかせている」という、実際の業務についてヘルパーに一任する対応がみられた。

これらの事業所に対して、行政組織であるAでは、六人ずつのチームを編成し、サービス提供を行っていた。複数の担当者で一人の利用者を担当する方針をとっており、利用者の情報やサービスの方針がチームや組織で共有化されていた。また、常勤職で必ず朝夕に出勤し、毎日頻繁にミーティングが行われるため、利用者の状況やサービス提供についてなどの情報共有も密になされていた。このため、Dのようなマニュアル化による管理は見られないが、チームケアによる、サービスの質の均一化や管理が図られていた。

3 ヘルパーの労働状況

ヘルパーの管理については、介護保険制度の規定どおり日報の作成はどの事業所でも徹底させていたが、ヘルパーが事業所に訪問する頻度やミーティングの回数については大きく異なっていた。もちろ

表4　各事業所のヘルパーの特色

	人数	性別	資格（重複あり）	雇用形態
A	12	全て女性	介護福祉士（10名） 1級（6名）	全て正規雇用
B	47	全て女性	介護福祉士（10名） 1級（6名） 2級（43名）	全て登録 （直行直帰型）
C	15	全て女性	1級（1名） 2級（15名） 3級（1名）	全て登録 （直行直帰型）
D	57	男性（3名） 女性（54名）	介護福祉士（4名） 1級（5名） 2級（48名） 3級（1名）	全て登録
E	48	男性（2名） 女性（45名）	1級（2名） 2級（46名）	全て登録 （直行直帰型）

ん、一般的な労働形態が直行直帰型かつ登録型であるB、C、D、Eに所属するヘルパーと、朝夕必ず事業所へ戻る常勤の正社員であるAのヘルパーとでは、雇用形態や労働状況にそもそも大きな違いがある。先述したとおり、チームケアが行われているAでは、毎日事業所へ出勤することで、ミーティングが頻繁に開催され、情報の共有化や他のヘルパーやケアマネジャーへの相談がいつでもできるというメリットがある。ただし、登録型のヘルパーでも事業所の方針により、事業所への訪問の頻度やミーティングの回数などには違いが見られた。特に特徴的であったのがDで、ヘルパーに訪問日のうちに日報を提出することを義務づけていた。そのため、Dに所属するヘルパーは、ミーティング以外にも他のヘルパーや、ケアマネジャーなどと接触する機会があり、情報を得たり、相談をしたりすることが可能になっていた。これに対して、Bは月二回、CとEでは月一回（ただしいつ訪問するかの具体的な日程・時間はヘルパーによって異なる）、事業所への日報の提出が義務付けられている。ミーティン

グは、Ｂの場合は、日報の提出時にヘルパー全体で行うが、他の二つの事業所は何か問題があった場合を除いて行われない。そのためＣとＥに所属するヘルパーは、他のヘルパーとの接触頻度が低く、同じ利用者を担当していながら面識がない、ということもあった。

資格については、介護保険制度の規定に沿って、どの事業所でも採用基準はヘルパー二級であった。ただし、各事業所のヘルパーの資格状況（表４）には、事業所による違いが見られた。社会福祉士などの高資格取得者は、介護保険制度以前から介護サービスを提供しているＡとＢでは多く、Ｃ、Ｅではいない。Ｄも事業所設立からの期間は短いが、比較的高資格の取得者が多い。これは、Ｄが資格取得のための研修を積極的に行っていることや、資格取得のための講習会でヘルパーの募集を行っていることが影響していると考えられる。

事業所による研修は、資格取得以外にも、情報を得る機会が少ない登録型のヘルパーにとっては、重要な情報収集の機会となる。特に介護保険制度は仕組み自体が複雑であり、制度の改正もあるため、ヘルパーにとって研修や勉強会の持つ意味は大きいと言えるだろう。しかしながら、研修や勉強会の開催の頻度や参加割合についても、組織ごとの違いがみられた。Ｄは資格だけでなく、介護の技術、介護保険制度の説明会など、支社・本社を含め多くの研修を開催している。これに対して、Ｅｍさんが小規模の経営のデメリットとして、「研修や勉強会などがなかなかできない」と述べるように、ＣやＥでは、年一回の介護の実技に関する研修を行うのがやっと、という状況であった。一方、Ｂでは正社員として講習や研修会が設定されており、他のどの事業所よりも参加率、開催頻度ともに高かった。

第5節　利用者のニーズとサービスの限界

次に、前節の組織の特徴をふまえ、ヘルパーの仕事と利用者との関係性について見ていきたい。所属事業所にかかわらず、ヘルパー全員が言及していたのが、在宅領域における利用者の多様な「ニーズ」のありさまである。公務員ヘルパーを長年務めるAh2さんは、自分が「散らかっている」と思って片付けた本や書類が、利用者の男性にとってはとても大切なものであり、「掃除の仕方が悪い」とトラブルになったことを語ってくれた。このように、ホームヘルプサービスでは、「掃除の仕方」に加え、「食事の味」や「洋服のたたみ方」から、「身体の拭き方」など、その家（または利用者や家族）独自のルールや「こだわり」・「流儀」があるため、時として、事前のケアプランの想定とは、そぐわない場合もでてくる。こうした状況に関して、民間営利事業所に所属し、百貨店を退職した後ヘルパーになったDh1さんは次のように語っている。

【Dh1】（ケアプランで何をやるかについて）決められているけど、それをただ守るっていうことではなくてね、できることはやってあげたいって言う気持ちはね。相手がね、欲してればね。基本を知ってて、少しやってあげるっていうのが大事ですよね。

Dh1さんはケアプランで決められている事項を画一的に守るだけではなく、「できることであれば」

「少しやってあげる」のがホームヘルプサービスでは重要であると述べている。

しかしながら、この「少し」や「できること」の範囲を超える要求がでてくる可能性もある。たとえば、担当する利用者が複数いる場合は、次の訪問時間との関係で「できること」の範囲が限定され、必ずしも利用者のニーズのすべてに応えられないことも考えられる。このようなケースについて、公務員であるAh３さんは、「ご本人の意向ばっかり聞いていると終わらなくなってしまうので。そこが一番の問題かなって」と語っていた。これは、介護保険制度のサービス提供として単位制で訪問時間が限定されているため、利用者のニーズ全てに対応することができない、という時間的な制限から生じているジレンマということができよう。一方、同じ組織に所属するAh２さんは担当するある利用者について次のように語っている。

【Ah２】（利用者の方は、）隣近所の付き合いはあるけれど、そう活発ではないです。誰とも口を利かないこともありますし。そうするとサービスよりも何よりも話を聞いてほしい。でも、私たちが言われているのは、「効率性を考えてサービスするように」言われてますよね。そうすると、お話し相手の時間というのは特別とれないんですよね。で、なるだけ早く彼女からしてほしいこととか聞き出したいんですけどね。それがなかなか、ずるずると。だから、買い物ひとつ聞くのにもかなりお時間がかかっちゃう。自分のこととか、寂しい、とかあるわけですよね。それは無視できない、と。でもやらなければならないことはあるわけですよね。で、本人はやらなくてもいいっておっしゃるんですよ。掃除とかみんなやらなくてもいいっておっしゃるけれど、できていないから。そうはいきませんよね。だから、それをなだめながらやると。

でも、本人もやらなくてもいいといいながら、後で「やってくれなかった」って訴えになるわけですよね。(中略)なんていうのかな、やって差し上げたいことはいっぱいあります。でもそれに合わせてサービスを供給するのは難しいのかな。

生活援助を提供するAh2さんは、ほとんど他者と話す機会のない利用者にとって「お話」が、掃除などのサービスよりも重要なニーズであることを理解している。しかしながら、一方で、このような利用者との「お話」という行為が、効率化が強調される介護保険制度内のサービスの範囲には含まれない労働だということも理解している。そのため、実際のサービス提供では、利用者のそうした制度外のニーズに十分に対応できず、「やって差し上げたいこと」と現実に自分が提供できるサービスとのギャップに、「難しさ」を感じている。

以上のケースから、介護保険制度の導入により、民間企業に限らず公的提供主体の中でも「効率化」の理念が浸透する中で、ヘルパーが提供できるサービスの限界が、利用者の求めるサービスとの間で、齟齬を生み出していることが明らかになった。ここでのサービスの限界とは、Dh1やAh3の事例でみたような時間的制約(サービス提供の時間の制限)とAh2の事例のような内容的制約(サービス提供の内容についての制限)とが挙げられるだろう。こうしたサービスの限界は、所属組織によるものというよりも、介護保険制度の特質から生じる問題といえる。そのため、ヘルパーが所属する事業所の違いにかかわらず、ほとんどのヘルパーが、提供できるサービスと利用者のニーズとの齟齬を感じていた。このような齟齬の存在は、利用者と直接対峙するサービス提供者であるヘルパーに、ジレンマやコンフリクトを生じさせる素地となっていた。

第6節　ヘルパーの対処のロジック

利用者からケアプランや介護保険制度外のサービスを求められるという経験は、ほとんどのヘルパーに共有されていたが、そうした場合における対処のあり方については、所属する事業所により相違がみられた。NPOおよび社会福祉協議会に所属するヘルパーの場合は、利用者のニーズに比較的「対応する」形で対処するのに対し、行政や民間営利企業に所属するヘルパーの場合は、組織の規定に沿う形で「対応しない」もしくは「対応できる範囲を限定化する」という対処の傾向がみられた。これは、第4節で検討したように、NPOと社会福祉協議会では、ヘルパーの自主性を尊重し、ヘルパーの裁量権を認めているのに対し、行政と民間営利企業では、サービス管理が徹底しているためと考えられる。便宜的に前者の対処のあり方を「非管理モデル」、後者を「管理モデル」と定義し、事業所の特色と関連させながら、こうした対処を導くロジックをそれぞれのヘルパーの語りからみていこう。

1　非管理モデル

サービス規定外の利用者のニーズへの対応は、組織の管理体制がどの程度サービス提供の範囲に厳格であるのか、ということと関係するだろう。たとえばNPOのヘルパーであるCh1さんは、時間外対応について次のように語っている。

【Ch1】（利用者のトイレの時間に合わせる）そういう時だけ時間外。それも社長にいって、認めてもらっている。どうしてもあそこの家はトイレがあるから、っていって時間を組んでもらっている。

Ch1さんの所属する事業所では、さらに、サービスの管理を行う「社長」（NPOの代表）は、実際のサービス業務に対しての判断をヘルパーに一任しており、介護保険制度の規約の遵守よりも、利用者の意向を尊重する方針をとっている。そのため、ヘルパーの意向も、事業所ぐるみで認められている。ただし、こうした事業所ぐるみで時間外対応に肯定的であるケースは稀であり、他のケースでは事業所には連絡せずに対応していた。たとえば、社会福祉協議会に勤めるBh1さんは、筆者の「ヘルパーとしての職務と利用者の望むことが食い違うことはありますか」という質問に対して、次のように答えている。

【Bh1】独居の方はあります。お一人ですから。そういうのはやはりやってしまいます。玄関のお掃除、それもやってしまいます。事業所に書きますとしかられますので。わかってはいます。

Bh1さんは、利用者が独居の場合は、介護保険制度外のサービスである「玄関のお掃除」などもやってしまう、と述べている。もちろん、Bh1さんは、こうした行為が、組織の方針や介護保険制度での規律に反すると「わかっている」。しかし、独居の利用者のニーズの方を優先し、「やってしまう」という。事業所に報告すると「しかられる」ので、報告はせずに対応しているケースである。さらに、同じ事業所に勤めるBh2さんは、介護保険制度内の規定の仕事について次のように語っている。

【Bh2】正直一時間で（サービスを提供する）っていうのは（難しい）。実際の介護の作業は一時間でできると思いますけど。コミュニケーションっていうのは、正直オーバーしています。だから、少し早く行って、オーバー。

彼女の場合は、ケアプランでの規定内の仕事である「介護の作業」は時間内に行えるが、その他のニーズである「コミュニケーション」については、制限時間内では応えられないと述べている。しかし、「コミュニケーション」が利用者にとっては大切だと考えているため、「コミュニケーション」にかかわる部分については、規定の時間よりも「早く行ってオーバー」する、と無償で提供している。この労働時間外の無償のサービス提供が、インタビュー対象者の中でもっとも多かったのは、NPOに勤めるCh2さんである。Ch2さんは認知症の利用者とその家族とのかかわりについて次のように語ってくれた。

【Ch2】お嫁さんが病院に入ってたんで、私がお世話をしました。それは介護とは別ですよね。（私とお嫁さんとの間に）友人関係があるので。（中略）この間、排泄パンツをどうしてもはいてくれないということがあって。たいていは息子さんに言われたら聞くんですけど。で、Ch2さんに相談したらどうかって。それで私も電話であれこれ言っても本人（利用者）は聞かないでしょう。だから私が「すぐいきます」。それで行きました。そしたら（利用者が）「あら来てくれたの?」って。そうして、「私今日はくるのが遅くなっちゃって、お風呂に入りましょう」っていったら、「あらそうぉ？」って。そのまま入浴ができまして、即解決しました。

＊そういう場合は事業所には報告せずに？

【Ch２】それは（夜）九時過ぎてますし、私はいい、いい、個人の問題だと思っていいますし。料金的にはいいただくあれではないし。

＊そういうことは何度もありますか？

【Ch２】あります。事情が事情ですし。

Ch２さんはサービス提供という「介護の仕事」とは別に、介護者であるお嫁さんとの「友人関係」から利用者家族の世話を行っていた。このような関係性の延長にあたるのか、たびたびの勤務時間外の呼び出しにも無償で応じていた。Ch２さんは、こうした時間外の労働を、仕事の領域とは別の「個人の問題」として認識していた。彼女は、自分の働き方が、利用者や家族のニーズに応えられる、という充足感ややりがいについても語ってくれていた。Ch２さんは以前、Dの事業所に勤めていたが、サービスの規制が強く「利用者のニーズに十分に応えられない」ため、サービスの管理があまりない現在のC事業所を変更した。こうした組織の移動は、「利用者や家族のためになった」という一方で、Ch２さんはC事業所のようなヘルパーに仕事の仕方を全てまかせるような労働管理が持つデメリットについても感じており、「働きやすさとしては、きちんと管理してくれているDの方が楽ですよ」とも述べている。さらに、こうした利用者や家族に合わせた働き方は、「（自分の）家が（経済的に）落ち着いて」おり、余裕があるからできるとも述べており、一般的なヘルパーの労働の負担を超えるケア提供であることを自覚しているようであった。

笹谷は、ヘルパーの職業アイデンティティが、「利用者である高齢者やその家族の期待や要求とヘルパーのサービスがマッチすることにより、自らも充足感を得、相手にも感謝される時」と、その労働が「雇用先である職場で正当に評価され雇用条件に反映される時」という「ケア」と「労働」の二つと深く関わっていると指摘している（笹谷［2000: 209］）。組織に対応が認められているCh１さんのケースを除き、他のヘルパーは、前者は充足されていると言えるが、後者については評価を得られず、職業アイデンティティの達成が難しい状況になり、職場の要請とのコンフリクトが生じやすいと言えるだろう。さらに、こうした対処は、ほとんどの場合において、ヘルパーの無償労働になり、Ch２さんのケースのように、際限のないサービス提供が求められるということにもなりうる。

２　管理モデル

先述したCh２さんは利用者や利用者家族との個人的な関係性を重視し、ケア提供をおこなっていた。一方、サービスの規定以上は提供しない、という対応をとるヘルパーたちは、逆にこうした利用者や家族との関係性における「距離」を意識していた。

【Ah３】個人的なお付き合いはしない、ということはありますね。トラブルのもとですので。それはご了承ねがう、というか。あくまでも提供側と提供を受けてもらっている側なので、友達とかとは、違うじゃないですか。一線は越えてはいけないっていうのは気をつけてはいます。

【Ah2】(チームケアで) いろんな人と関わっていただくのも悪くないかな、って私個人的には思っているんですけど。一人で関わっていると、なあなあとなるっていうか。なんかすごく情が出てくるっていうか。

Ah3さんはあくまでもサービスの「提供側と提供を受けてもらっている側」であるというサービス提供者と利用者という関係性を保持し、インフォーマルな「個人的なお付き合い」はしないという姿勢をとっている。こうした「一線を」画すことで、利用者から何かプレゼントをもらったり、規定以上のサービスを要求されたりするような「トラブル」を回避できると考えている。またAh2さんは、継続的な訪問で利用者へ「情」がでてくるのがサービス提供にとってよくないと考え、利用者との距離感を保つのに、複数で対応するという事業所のチームケアの特質が有効であると考えている。二人のヘルパーは行政という同一組織に所属しており、こうした利用者との人間関係に「距離感」を持つという意識は、利用者を複数のヘルパーで担当し、利用者の情報を共有するという行政でのサービス管理の特色と関連している。

以上のような利用者との人間関係の「管理」と言える対応に加え、民間営利事業所に所属するDh1さんはプランや認定調査そのものの正当性に言及して、利用者への規定外の対応をおこなわない理由を語っていた。

【Dh1】時間的には、ちょうどその人が介護（度）いくつだと決められるじゃないですか。その時間内なので。私はそれは適正だと思いますよ。あんまり長くなってしまうと、「甘え」がでてきちゃうから。自分でもっとやろうとする気持ちもあったほうが。少し冷たいですけど、そういうのもあったほうがいいと思いますから。介護（度）いくつって決められたら、そういうのは根拠があるんだと思いますからね。そりゃ多くなればなるほど相手は喜ぶかもしれないけど。それがその人のためかっていうとそうでもないってことだね。

Dh1さんは、利用者の要求どおりに「長く」ケアを与えることが、必ずしも利用者のためになるとは限らず、かえって介護保険制度で決められているサービスの範囲を守ることが、利用者のためになるのではないか、と考えていた。このようなDh1さんの考えは、介護保険制度で提唱されるいわゆる利用者の「自立支援」の原理にも類似している。これに対し、Dh3さんは、非管理モデルでみたような規定外のサービス提供の孕む問題を指摘しながら、規定を守ることの重要性を次のように述べている。

【Dh3】たとえば同情とかって失礼じゃないですか。生活の面倒見てあげられないし。たとえば同情だけで無料奉仕でやってあげたら、それは相手に対して失礼。やってあげているうちに、あのボランティアって長続きしないと思うんですよね。「やってあげてるんだ」っていう気持ちになっちゃいますし。五分と五分の関係じゃなくなってしまうんだと思います。

＊じゃあ、自分のほうが上に、

【Dh3】なってしまいますよ。ボランティアは。「やってあげてるのよ、文句いうんじゃないのよ」っていう気持ちになってしまうような気がするんですよね。

Dh3さんは、「ボランティア」的な無償労働でサービス提供をすることが、かえって、利用者との関係の平等性を奪い、提供者であるヘルパーが「上になる」という不平等な関係性になるという問題点を指摘していた。さらに、そうした関係性で提供を行うヘルパーに対して、「そうしたこと（ボランティア的な労働）をすると、サービスがいいかげんになる」とサービスの質の低下についても言及していた。

ここで着目したいのは、このモデルのヘルパーが、単純に「市場化」や「効率化」の理念に裏打ちされて、利用者のニーズを「切り捨てている」というよりも、適度な距離を保ちサービスの提供を行うことが、むしろ「利用者のために」なると理解している点である。このような対処は、利用者の要求にも組織の要求にも応えられていると認識することができ、職業的アイデンティティの確立に繋がると言える。またサービスのある程度の「限定化」により、際限のないケア提供に陥る危険性から逃れられている。

第7節　ホームヘルプサービスの直面するジレンマと課題

近年ホームヘルプ労働の「専門性」として、「利用者のニーズの尊重」や「利用者との人間関係」が強調されており（小川［1988］）、多くのヘルパーは、利用者との関係性を重視し、利用者の要望を尊重したいと考えている。しかしながら、利用者のニーズの強調の一方で、ホームヘルプサービスの内容は、介護保険制度によって、時間的にも内容的にも制限されている。そのため、ヘルパーは、「利用者の要望に応えたい」が、こうした制度的な制限のために、「十分に応えられない」という場面をたびたび経験することとなる。これは言い換えると、ヘルパーが利用者との関係性の中で、提供サービスの内容をめぐって、ジレンマや葛藤を感じやすい構造になっていると言える。

このような状況において、ヘルパーは何らかの対処を行うのであるが、本章の知見から、この対処のあり方、ヘルパーの用いるロジックに、事業所での理念やサービスの管理が影響を及ぼしていた。サービスの管理やヘルパーへのはたらきかけの頻度が高い行政と民間営利事業所に所属する「管理モデル」のヘルパーは、制度外の利用者の要求に対応しない傾向がある。これに対し、サービスの管理がほとんどみられずヘルパーの独自性を尊重した対応をしていた社会福祉法人やＮＰＯに所属する「非管理モデル」のヘルパーは、利用者の要求に対応する傾向がみられた。「管理モデル」の民間事業所や公的事業所のサービス管理のあり方は、介護保険制度の導入以前である措置制度時代の「管理・統制」という公的ヘルパーの「官僚的な」ケア提供の特徴を踏襲したものと言えるかもしれない。しかしながら、「管理モデル」のヘルパーたちの語りにみられるように、単なる「効率化」による制限や、「利用者のニーズの切り捨て」ということではなく、ケアプランにそった提供を行うことがむしろ利用者の「自立支援」につながる、という視点で意味づけられている点が、介護保険制度以降の文脈での新しいタイプと言える。これまで、ホームヘルプサービスの多元化は「市場化」や「効率化」への批判的な文脈で捉えられてきたが、本章では、各事業所のホームヘルプの実態を明らかにすることで、事業所のサービス管理が、ヘルパーがジレンマや葛藤に陥らないための対処戦略としての側面があることを指摘した。

もちろん、非管理モデルのヘルパーが指摘するように、独居の高齢者や重度のケースのような場合において、介護保険制度で設定されているサービスの範囲が、そもそも利用者の状況やニーズに対応していないのではないか、という制度上の大きな問題がある。そのため、制度的にそうした利用者のニーズにいかに対応していくのか、ということが根本的な解決には不可欠だろう。しかしながら、利用者のニーズが充足されていないという状況に直面したヘルパーが、自身の個人的な責任として、その対応の全てを抱え込まなければならない現状には、問題があるのではないだろうか。「非管理モデル」での働き方は、職業上のアイデンティティの達成を阻み、ヘルパーに過度な負担を担わせる危険性がある。また、ヘルパーと利用者や家族との情緒的な関係性は、利用者側のニーズの充足をもたらすために重要な要素としての側面もある一方で、こうした過度な負担をヘルパー個人に抱え込ませる要因ともなりうる。サービスの組織化という事業所の特質は、そうした状況の責任をヘルパー個人に負わせないための、ヘルパーを保護する一つの方向性を導き出すものと言えるだろう。

以上本章では、ホームヘルプの事業所間比較を通して、サービスの管理などの特色によって異なるヘルパーの利用者への対処についてみてきた。今回は、ヘルパーの保護という観点から、提供側の側面に着目して分析を行ったが、ホームヘルプサービスは、「与え手と受け手の相互行為」（上野［2005］）であり、その意味で、こうした提供がいかに利用者側に認識されているか、についても考えていくことが必要だろう。たとえば、利用者の「ニーズ」についても、二つのモデルで見たようなヘルパーのサービス提供が、利用者の「ニーズ」に対応しうるものなのか、どの時点で「ニーズ」の充足が得られたのか、という点については、ヘルパーと利用者で評価が異なる可能性もある。そのため、この点については、利用者調査[10]をもとに今後稿を改めて論じたい。

介護保険制度導入後の、民間を含めて供給主体が多様化している状況において、それらの事業所の比較とホームヘルプ労働との関連についての研究が必要となってくるが、現状ではそれほど行われていない。「与え手」の特質を整理するという本章の作業は、そのために必要な第一歩と言える。

【註】

(1) 本章ではこの平岡の基本的な枠組みを利用したい。ただし、①インフォーマル部門については、介護保険制度において「家族介護者」を含むインフォーマルケアラーが明確に供給主体として位置づけられていないことから、別途議論が必要な項目と考え、本章の考察対象からは除外し、介護保険制度で「訪問介護事業者」として認定されている供給主体に対象を限定した。同様の理由で、②の営利部門での家政婦紹介所も対象から除外した。

(2) 「市場型」とは市場メカニズムを重視する福祉多元化政策であり、「参加型」は非営利の役割と市民参加の拡大を重視する政策である(平岡[1998])。

(3) 「サービス購入型」とは政府・自治体が提供機関からサービスを購入し、これを住民が利用できるように手配する方法であり、「利用者補助型」とは政府・自治体が現金給付または費用を一部負担し、利用者が自由にサービス提供機関を選択できる方法である(平岡[1998])。

(4) この調査では、休止中の施設・事業所を除いた、全国の全てのホームヘルプサービス事業所が対象とされている。

(5) こうした傾向は他の全国調査でもうらづけられる。たとえば財団法人介護労働安定センターの調査における事業種類別の法人格では、ホームヘルプについては民間が最も多く(三九・二%)、次いで社会福祉法人(一五・五%)、NPO(六・〇%)となっている。一方施設ケアではほとんどが社会福祉法人(九六・八%)で、通所介護でも社会福祉法人が半数以上（五四・三％）を占めている（財団法人介護労働安定センター［2005］）。

（6） 厚生労働省『介護サービス施設・事業者調査の概況』（平成十二年度〜平成十六年度）から筆者が作成した。

（7） ただし、ここで述べられている親密な関係は家族などとのインフォーマルな関係性とは異なり、「プロとしての距離（professional distance）」が利用者との間に存在する（Timonen and Doyle［2006］）。

（8） 本調査はウニ・エドバールセンとの日本・ノルウェーにおけるケアワークの国際比較研究の一部として筆者が行ったものである。

（9） ただし、E事業所のみヘルパーへのインタビューがとれなかったため、事業所管理者のみのデータとなっている。

（10） 今回のA区での調査では、各事業所のヘルパーが担当する利用者にもインタビューを行っている。

【引用文献】

新井康友 二〇〇四年「ホームヘルプ事業の実際と課題――供給主体の多元化の問題を軸に」『立命館産業社会論集』四〇巻、一号、七三〜八七号

Denton, M., Zeytinoglu, I., and Davies, S. 2003, *Organizational Change and Health and Well-Being of Home Care Workers* SEDAP Working Paper #110.

平岡公一 一九九八年「介護保険制度の創設と福祉国家体制の再編――論点の整理と分析視角の提示」『社会学評論』四九巻、三号、三八九〜四〇四頁

―――― 二〇〇〇年「社会サービスの多元化と市場化――その理論と政策をめぐる一考察」大山博・炭谷茂・武川正吾・平岡公一編著『福祉国家への視座――揺らぎから再構築へ』ミネルヴァ書房、三〇〜五二頁

介護労働研究会 二〇〇三年『介護保険導入による介護労働の再編成に関する研究』

厚生労働省 二〇〇〇〜二〇〇五年「介護サービス施設・事業者調査の概況」

小川栄二 一九九八年「ホームヘルプ労働のあるべき姿と改善課題」河合克義編『ホームヘルプにおける公的責任を考える』あけび書房、八〇〜一一四頁

東京大学社会学研究室・建築研究室 二〇〇五年『住民参加型地域福祉の比較研究』

笹谷春美　二〇〇〇年「『伝統的女性職』の新編成――ホームヘルプ労働の専門性」木本美智子・木本喜美子・深澤和子編『現代日本の女性労働とジェンダー』ミネルヴァ書房、三〇～五二頁

佐藤卓利　二〇〇〇年「介護保険とホームヘルプ労働についての考察」『賃金と社会保障』一二八一号、六〇～七四頁

厚生労働省保険局企画課　二〇〇〇年「訪問介護の適正化について」『賃金と社会保障』一二八一号、七五～七七頁

芝田英昭　二〇〇一年「福祉の市場化の実像――介護サービス参集企業の経営実態」『賃金と社会保障』一三〇二号、六〇～七〇頁

Timonen, V., and Doyle, M., 2006, "The Comparison of Public, Private and Non-profit Sectors" in Timonen, V., Prendergast, T., and Doyle, M., *No Place Like Home: Domiciliary Care for Older People in Ireland*, The Liffey Press.

上野千鶴子　二〇〇五年「ケアの社会学――序章　ケアとは何か」『ａｔ』一号、一八～三七頁

Wolfenden, J., 1978, *The Future of Voluntary Organisations*, Croom Helm.

財団法人介護労働安定センター　二〇〇五年『平成一六年版介護事業所における労働の現状』

第7章　支援／介助はどのように問題化されてきたか

「福島県青い芝の会」の運動を中心として

土屋　葉

第1節　古くて新しい課題としての「自立と支援」

近年、日本の障害者施策においてサービス利用者である障害者の「自立」を重視する言説が多くみられる（岡部［2006: 30］）。同時に、施策のなかに「支援」の必要性と、自立を実現するための具体的なサービスが盛り込まれるようになった[1]。二〇〇三年四月に導入された「支援費制度」は、「措置にもとづく障害福祉」から「選択に基づく障害福祉」への転換を目的としたものだったが、これはホームヘルプサービスをはじめとするサービスを体系化したものであり、さらに二〇〇六年一〇月より全面施行された「障害者自立支援法」は、その名の示すとおり、制度利用者の自立を支援する「総合的な自立支援型システム」の構築をめざしたものであった[2]。

ただし障害をもつ人の自立と支援については、すでにさまざまな議論がなされている、古くて新しい課題であるといえるだろう。本稿では、ある時代、ある地域において支援がどのように捉えられてきたかに注目したい。具体的には一九七〇年代の障害者自立生活運動のなかで、支援がどのように定義づけられていったのか、その生成の様をみていくことを目的とする。障害者運動において支援とは、具体的行為である「介助」を指すことが多い。つねに支援／介助を意識せざるを得ない場所にいる障害をもつ人たちの運動において、これがどのように問題化され他者に提示されてきたかをみていく試みは、このことがさかんに論じられる現在にとっても意味があるだろう。

ここでは、「日本脳性マヒ者協会・青い芝の会」をとりあげる。なぜならばこの会が、一九七〇年代以降の日本の障害者運動の価値形成に大きな影響を与えたとされるからである(3)。とりわけこの地方組織であった「福島県青い芝の会」の運動展開に焦点化したい。この理由として何よりもまず、いまだに研究蓄積が少ない、地方における青い芝の会の運動について記述すること自体に意味があるからである。掘り起こさなければ忘れられてしまう、過去の出来事について目を向けることは重要だと思われる。またさらに、福島県が時代を経て青い芝の会の運動とＩＬ運動（Independent Living Movement）の双方が存在した、おそらくは特殊な地域のひとつであることが挙げられる。ＩＬ運動と青い芝の会の運動の、断絶／継続については、やはり研究蓄積が不足している部分である。ここに注目しつつ、支援／介助の捉え方について丹念にみていきたい。

まず第2節において先行研究の知見から、障害者運動において支援／介助および非障害者と障害者の関係がどのように捉えられてきたのかを概観する。第3節では、福島県における運動展開をキーパーソンの動きを中心として丁寧に追っていくことにする。そして第4節において、データにもとづき福島県青い芝の会において、支援／介助がどのように位置づけられてきたのかを読み解き、第5節でまとめを行う。

第2節　障害者自立生活運動における介助の位置づけ

日常的に支援／介助を必要とする障害者の場合、そしてかれらが家族ではなく他者からの支援／介助を受けて地域で生きていくことをめざすとき、これはつねに大きなテーマのひとつであった。一九七〇年代初頭からはじまる全身性障害者を中心とした障害者自立生活運動において、くりかえしなされてきた議論についてみていこう。

1　介助(4)をめぐる理念的対立

日本における運動が、介助をどのように位置づけてきたのかを語ることは困難をともなう。一九七〇年代後半から八〇年代の運動の動きを追った立岩真也は、「介助という一点に関しては、運動は分散し、部分的には立ち止まっているように見える」と書く（立岩［1995: 223］）。ただし介助と自らの生活をどのように考えるかについて、三つの代表的な立場があるという。以下、立岩［1995］を参照し概観する。

ひとつは、すべての人びとの直接的な介助を受けて生活しようとする立場である。青い芝の会のなかでも神奈川県や関西におけるグループがこの中心を担った。社会における障害者の存在を当然とし、その存在が社会全体に直接的に支えられるのが当然という考え方を基礎においているため、介助という行為に対価を支払う、介助者を雇用するといった発想はここにはない。公的に支払われる対価であったとしても、それはかえって「問題」を曖昧にするとして批判される。障害をもたないすべての人びとに期待されるのは、差別者としての存在を自覚し、障害をもつ人の「手足として」、同時に「友人として」介助することであった。

この関心を共有する二つめの立場として、自らの生活は公的に保障されつつ、介助を受けながらもそれを自律的に統制できる方向をさぐる立場がある。ここでも介助者は障害者に対する差別を自覚し、問題を共有したうえでともに闘うことが期待されるが、一方で介助者は労働者として位置づけられ、かれらが生活できるだけの報酬が、介助料として公的に支払われるかたちが模索される。たとえば府中療育センター闘争にかかわった人たちのなかから、行政側に介助料を要求していくという動きが出てきた。もっともこの立場の内部においても、金銭が介在する介助は、単なる「報酬のための介助」という意識を生むのではないかといった議論が、何度もくりかえされてきた(5)。

三つめの立場は、他者に依存することによる自律性の喪失を重視し、可能な限りケアを少なくするかたちでの自立を主張するものである。青い芝の会のなかでも独自の運動を展開した「東京青い芝の会」が中心となった。この立場は、生計の基本的な部分の公的保障を求めるという意味では第二のものと矛盾はしないが、介助の問題を除外した住居や所得など生活の保障を優先課題としたこと、また介助の極小化により自立を得ようとする志向において、現実的には第二の立場と対立することになった。

とくに前二者の立場に注目すると、介助という行為自体というよりは、介助を通して達成されることを問題にしていた点で共通している。介助者に対しては、共に「社会変革」をしていく主体となること、また、社会に存在する障害者への差別を糾弾する運動に参与することが期待された。介助者＝非障害者は、つねに差別者としての自覚をもち、障害者の生活にまるごとかかわり、介助を行うなかで「意識変革」をしていくことも求められた。非障害者にとっては、常に自らの立場性を糾弾されることになるため、継続して障害者の生活にかかわっていくことは容易なことではなかっただろう。

したがって、地域に住む人全体から介助を受けようという志向をもつ、とくにひとつめの立場は、必然的に介助者を見つけることの困難さを伴うものとなった。「自分を犠牲にして」「ひたすら介護奉仕をする」生活（しかも、「お金の報酬なんかもちろんない」）では、介助者が「どんどん辞めて」いくのも無理からぬ話ではあっただろう（山下［2005: 223-224］）。また、こうした介助者との不安定な関係は、障害者にも、消耗感をもたらしたと思われる。

2　自立生活センターの設立と介助概念の転換

一方で、国際障害者年（一九八一年）前後には、海外における障害者の状況に関する情報が入ってきており、「自立生活」という言葉や「自立生活センター」の存在などは、日本の障害をもつ人たちにも知られていたようだ（田中［2005: 44］）。一九七九年には、アメリカＩＬ運動のリーダーであり、当時のバークレーの自立生活センター（Center of Independent Living、ＣＩＬ）所長であったエド・ロバーツ氏が来日講演を行い、さらに一九八一年にも東京で開催された国際リハビリテーション交流セミナーに招かれている(6)。

一九八〇年代前半には、情報をもとに何人かの障害者がバークレーの自立生活センターにおいて研修を受け、その理念やセンター運営のノウハウを持ち帰ってきた。一九八六年に日本における自覚的な自立生活センターのさきがけとなる「八王子ヒューマンケア協会」が東京都八王子市に設立された際、スタッフのほとんどは、研修を終えて帰国した人たちだったという〔樋口［2001: 15］〕。

こうした動きから、日本における自立生活運動にある種の断絶が生じたとみることもできるだろう。たとえば青い芝の会の運動は、障害者運動の「第一期」における〈抵抗〉や〈告発〉として位置づけられ、自立生活センターの創出に象徴されるようなＩＬ運動は、第二期における〈創出〉や〈実現〉の運動として位置づけられている(7)〔田中［2005: 43］〕。実際に一九八〇年代後半に入ると、青い芝の会が全国的に活動を停滞させていく〔横田［2001: 277］〕一方で、各地で自立生活センターが立ち上げられ、その数を増やしていく。

だがむしろ注目したいのは、介助の捉え方に関する重要な転換がみられたことである。自立生活センターでは、介助者と障害者の関係を雇用－被雇用関係とみなし、コーディネーターを介して有料介助者を派遣するというシステムをとる。これは先にみた、介助関係を雇用関係とみなす発想がなかった第一の立場とはまったく矛盾し、また有償であることを否定しないものの、報酬を介した関係のみに収束されることを躊躇していた第二の立場とも異なっていた。さらに重要なのは以下の点である。すなわち、「自立生活」という概念がアメリカから輸入される前の障害者運動では、「介助を得ること」そのものよりも、「介助を通して何かを達成する」、「介助者とともに何かを達成する」ことが、その大きな目的とされていた。ここでの「何か」とは介助者の意識変革であったり、もっと大きく社会変革であったりした。しかし自立生活センターが掲げる理念のなかでは、「介助を得ること」自体が目的であり、それにより「生きることを達成する」ことが目ざすべきものとされたのである。

こうした差異がありながらも、しかし、日本におけるＩＬ運動が、それまでの日本における運動とまったく断絶されたものではなかったことにも注意を喚起しておきたい。地方組織において、青い芝の会の中核的存在であった何人かは、のちにＣＩＬのなかで活動をしている。組織結成に関しても、青い芝の会と自立生活センターの繋がりはあったようだ。東京青い芝の会のメンバーを含む「脳性マヒ者等全身性障害者問題研究会」は、「自立生活問題研究集会」開催のきっかけとなり、後に自立生活センターを取りまとめる「自立生活センター協議会」（ＪＩＬ）の結成に結びついた[8]（田中［2005: 45］）。

福島県においても運動を引き継いでいく動きがみられた。一九八〇年代初頭に青い芝の会は解散されたが、一〇年を経て、青い芝の会の中心人物であった白石清春を核として、自立生活センター「オフィスＩＬ」が創設されている。このように、かつて青い芝の会の運動が存在し、時代を経てこの会にかかわった人たちの手によってＣＩＬが設立された場所のひとつであるという点に、福島県という地域に焦点化する理由を見出すことができるだろう。本稿では前者が支援／介助をどのように位置づけてきたかを詳細にみていくが、支援／介助に関してはまったく異なる理念を有する青い芝の会とＩＬ運動との接点についても注意を払っていきたいと思う。次節ではまず福島県青い芝の会の運動を追っていく。

第３節　福島県青い芝の会の運動の展開[9]

日本脳性マヒ者協会・青い芝の会は一九五七年東京で発足し、一九七〇年代から全国的な展開をみせていく[10]。結成当時会員数四〇名から出発したこの会は、徐々にその活動を広げ、一九七〇年には東京五支部（城西・城東・城南・城北・中央）、千葉、茨城、静岡、埼玉、福岡、神奈川、北海道の一二の支部が誕生し、会員数も七〇〇名を超えていたという（荒川・鈴木［1997: 15］、鈴木［2003: 4］）。運動は福島県にどのように派生したのだろうか。

1 「さようならCP」の衝撃（一九七二〜）

青い芝の会の全国展開には映画「さようならＣＰ」の存在が欠かすことができない。映画は一九七二年に完成し、この年の四月に「青い芝の会神奈川県連合会」一〇周年記念として上映されたのを皮切りに、全国各地で上映会が開かれていく。この背景には、一九七三年の総会において、会の全国組織化とともに、都道府県ごとの地方組織の設置が決定されたことがあった（荒川・鈴木［1997: 23］）。本部の決定をうけ、上映会をきっかけとして会を地方に広げていこうという動きが本格化していく。当時の会長であった横塚晃一、映画にも出演した横田弘らも自ら、上映会に参加し各地の脳性マヒ者たちを「覚醒」させ運動をひろげていくよう働きかけた（荒川・鈴木［1997: 20］）。

一九七二年に「地域福祉研究会」（郡山・福島）が主催し「さようならＣＰ」の上映会を開くことになったのも、こうした流れの上にあった。上映会は福島市、郡山市において二回ずつ行われた。すでに触れた、のちに福島県における運動のキーパーソンとなる白石清春は、この映画を見て大きな衝撃を受けた。彼は当時を振り返り次のように言う。

「はじめて「さようならCP」を見たときはすごい衝撃だったなぁ。勉強してないから言葉もわかんないですよね。だから何回も見て。横田弘さんがはだかで道路にいたり、電車に這って乗ったり。また、横塚晃一さんがカメラ構えて、人物が正面から撮れない、それが「健全者幻想」だっていう……。ああそうかと思ってね。あの映画見て人生観が一八〇度変わったから。それはすごく大きかったね。」（白石［2001: 162］）

上映会当日は東京青い芝の会の若林克彦が参加し、上映会にかかわった脳性マヒ者に対し「福島県にも青い芝をつくるように」と働きかけたという(11)。さらに終了後、当時結成されたばかりの「大阪青い芝の会」の中核的メンバーだった鎌谷（古井）正代や松本孝信らが何回か訪れ、「若い人たちで「青い芝」をやろう」と誘われたという（白石［2001: 161］）。上映会は青い芝の会の組織を全国に拡大していくために開かれていたことから、鎌谷らの行為は、青い芝の会の「オルグ」（組織への勧誘行為）の一環だったといってよい。

2　結成（一九七三〜）

白石は「さようならCP」をきっかけとして「こんなおもしろいならやってみよう」と思った。さらに若林や鎌谷らの熱心な呼びかけが功を奏し、「福島県青い芝の会」結成に向けて取り組みはじめる。準備期間を経て一九七四年二月一七日に結成総会が開かれた。事務局通信によると、結成総会当日は「結成総会というのに会員の出席が七名とさびしかった」が、そのほかに前出の福祉サークルのメンバーなどが一三名、東京から若林、神奈川から全国青い芝の会会長の横塚、大阪から鎌谷が出席し、「とても心強かった。三氏が話すことばはひとつひとつが迫力があり、会員一人一人の刺激になった」とある（「福島県青い芝の会事務局通信」No. 3　1974/02/ 日不明）。

結成はされたものの、初期の頃の会は順調に運営されたとはいえなかったようだ。白石は、結成総会において会員の参加が少なかったこと、また会の「性格と方向性が明らかにされなかったこと」を不満に思っていたようだ。白石は東京や大阪の青い芝の会ともつながりを持ち、当時の青い芝の会が有していた理念を強く意識していた。しかし、すべての会員が彼のように、青い芝の会の理念への同調や高い活動意識を有していたわけではなかった。結成当初は白石をはじめとする少数のメンバーが、会のなかで空回りし、孤立していたようだ。

白石が強く影響を受け、のちの青い芝の会の中心的なものとなる青い芝の会神奈川連合会の主張について、少し詳しくみていこう。かれらの主張は外に向けた社会変革の思想と、内に向けた自己変革の思想から成り立っていた。まず、現在の生産第一主義社会の構造は、生産に貢献できないものへの差別意識に支えられているとし、この文脈において障害者が差別されるとした。したがって障害者を「あってはならない」ものとして位置づけ、差別する社会や非障害者を厳しく糾弾し、非障害者である「健全者」の意識変革を行うことをつうじて、社会変革を実現しようと考えていた（荒川・鈴木［1997: 20］）。一方で自己変革の思想において問題とされたのは「健全者幻想」であった。これは自己の存在価値を否定してきた脳性マヒ者たちが、常に絶えず努力をして少しでも障害を軽減し、健全者に近づきたいという意識に囚われることであるとされる（荒川・鈴木［1997: 21］）。障害者に対してはこの健全者幻想とたたかう意識変革を求めたため、運動に参加する障害者にしんどさを生じさせていた。

こうしたことから、福島県青い芝の会においても、先に言及したような白石および役員に就任した少数の会員とそれ以外の会員との活動に対する温度差が生まれたことも想像に難くない。この頃は会員が定着せず、退会を申し出るものも少なくなかったようだ。

3　成熟期（一九七五〜）

結成総会から一年三ヶ月後の一九七五年四月、懸案だった事務所が福島市に開設され、これを機に活動は軌道にのりはじめる。実際には中心人物であった白石と養護学校で一級年上だった橋本広芳が、共同で福島市内に借りたアパートが、かれらの住まい兼事務所となった。[12]六月には共同生活のメンバーは七人に増え、事務所かつ住まいはかなり混沌とした状態となった。この頃かれらの生活に必要な介助を提供するグループ（「友人グループ」↓後述）も誕生したようだ。

一九七六年二月には「これからの方向性」という課題で「福島市内の自立会員が話し合った」。その結果、事務局および役員の役割、月間・年間スケジュール、対行政行動、友人グループとの関係、行事の企画、実行などに関する明確な目標が設定され、「同窓会」的な集まりからひとつの組織としての集団に変化していった様子が読みとれる（「福島県青い芝の会事務局通信」No. 9　1976/02/20）。

この時期、会は、季節ごとの「お花見会」や「交流キャンプ大会」、「いも煮会」などの行事を行い、地域住民の参加を呼びかけていた。ただし、地域に密着した運動というよりも、会本部や他地域における会の活動との強いかかわりをもつものであったようだ。たとえば一月に一度、神奈川県川崎市の事務所で開かれていた青い芝の会全国常任委員会には必ず役員が参加するほか、他地域の会が主催するキャンプに参加したり、地域を越えた交流会を企画したり、映画の上映会と講演会をセットで行ったりしていた[13]。

一九七六年五月、全国青い芝の会から「秋田青い芝の会」の建て直しの要請を受け、白石が秋田に移り住むことになった。また橋本も福島市から郡山市へと拠点を移した。とはいえ、一九七五年に結成されていた「青い芝の会東北連合」の活動もあり、白石は福島県の会員とも密な関係を保っていたらしい[14]。また会は、養護学校義務化反対運動、優生保護法「改悪」反対運動、交通をめぐる運動（県内の駅での車いす事故未遂に端を発した運動、地下歩道建設反対運動等）、公営住宅入居の運動や映画上映会、日常的には在宅訪問、施設訪問、学校訪問やカンパ活動など、この時期は順調かつ活発に動いていた[15]。

4　「発展的解消」（一九七九〜）

しかし一九七六年七月に全国青い芝の会会長であった横塚が死去し、混乱期を経て一九七九年五月に白石が青い芝の会再建委員会の委員長に就任すると、白石にあわせ橋本も上京することが多くなったという。このことが福島県青い芝の会内部に亀裂をもたらすひとつの要因となったようだ。

さらに白石は、翌一九八〇年、東京青い芝の会の寺田純一や磯部眞教らに説得され、全国青い芝の会の事務所の管理のために、新事務所が置かれた神奈川県相模原市に転居する。彼はその後、東京青い芝の会のメンバーを中心とした組織、「全国所得保障確立連絡会」の代表に就任したこともあり、「東京色」に傾きつつ全国的な運動にかかわっていくことになる。しかし「私が進むべき運動の方向性と、青い芝の会のそれの方向性が段々とずれて行く」ことがあり、全国青い芝の会での役職を一九八一年で辞するとともに、福島県青い芝の会の運動ともしだいに距離をおくようになった（白石［1994: 93］）。

こうしたなかで、中心人物を失った福島県青い芝の会は「事実上解体」（障がい者自立生活支援センター「福祉のまちづくりの会」［1998: 10］）し、一九八〇年六月には「発展的解消」、郡山養護学校を卒業した若い同窓生たちが作っていた「うつみねの会」に「合流」していく[16]。

5　「健全者」との関係

会における非障害者との関係にも触れておこう。支援／介助はおもに非障害者によって担われるため、ここでの重要な主題となる。

荒川・鈴木によると、一九七〇年代から行き場を失った学生運動の一部が障害者運動に流れ込んできたという。こうした学生たちの参加により、青い芝の会の支援者が急激に拡大すると同時に新しい運動形態が生まれた。その特徴は「食事、排泄、移動などの全面介助が必要な最重度の脳性マヒ者が、健全者たちの手を借りて運動の最前線を担うようになったこと、一人または数名の障害者が多数の健全者の支援を受け、具体的かつ個人的な要求を掲げて行う個別運動が族生したこと」であった（荒川・鈴木［1997: 15］）。

福島県青い芝の会においても、一九七五年のはじめごろから、障害をもたない学生を主な構成メンバーとする「友人グループ」が誕生した。重度障害者の生活を支えるための集団として、自分の都合を優先するボランティアとは一線を引いていた。また、「障害者に対する同情ではなく、同居を求めた友人関係を互いに意識した」という（障がい者自立生活支援センター「福祉のまちづくりの会」［1998: 9］）。

一九七五年六月、いわき市に「福島、郡山につぐ三つめの健全者グループの誕生」と記録がある。また同じ頃「郡山障害者友人グループ通信2」が発行されていることから、遅くとも一九七五年前半までには「郡山障害者友人グループ・ゴキブリ」、「障害者解放を目指すグループ　かいな」、「いわき市障害者友人グループ」が存在していたと思われる。[17] こうしたグループのなかで、障害者の専従介助者として活動する者もいたようだ（障がい者自立生活支援センター「福祉のまちづくりの会」［1998: 9］）。一九七六年から七七年は「友人グループ」がもっとも活発に動いた時期であった。自主的に勉強会を開いたり、映画上映会やお花見やいも煮会等のイベントの後援として名を連ねたりしている。[18]

会では障害をもつ人ともたない人はどのような関係をつくっていたのだろうか。当時、会のメンバーだった安積純子が書く、彼女自身の経験をたどってみよう。安積が会に初めて出会ったのは一九七六年四月の「花見大会」であった。

「行ったらあれほど私が近寄らないようにしていたCP（引用者註、以下同じ：脳性まひ者）がたくさんいてびっくりした。でも健常者と本気でけんかしているわけ。これが衝撃だった。すごいと思った。私は普通校にも行ったけど、療育園の経験が大きくて、対等にやっていくということができなくなっていた。宴会やっているときになぐりあいの喧嘩が始まったんだ。健常者とCPの人が本気でなぐりあっているんだ。どっちも遠慮していないの。」（安積［1995: 29］）

「対等」は、当時の「健全者」との関係をあらわすキーワードのひとつであった。白石によれば対等の前提に「健全者が自ら差別者であることを認める」ことがあり、その認識があってこそ「本来の対等な関係が生まれる」という。

「友人G（グループ）との関係は、S（障害）者とKe（健全）者、そのちがいをはっきりさせ、相手の立場性をふまえた上で、S者解放をたたかう。友人Gにははげしいふれあいをもとめ、在宅重度CP・S者訪問を貫徹させる。重度S者とのふれあいの中で、S解放をなぜke者もやらなければいけないのか、実践論的にハダでわからせる。」

「一九七五年四月からのFA（福島県青い芝の会）の反省」（文責：白石、年月日不明）

また、街頭活動やカンパ活動等を終えて、障害者や支援者が集まった夜は必ず大宴会になだれ込み、「黒の舟歌」の歌詞を替え「健常者と障害者の間には、暗くて深い川がある」と歌っていたという（障がい者自立生活支援センター「福祉のまちづくりの会」[1998: 9]）。「対等な人間関係」を目的とし、「徹夜の討論会」も行われていたが、安積の回想によれば、こうした討論に耐えられる非障害者は多くはなかったようだ。

「毎日徹夜の討論会でお互いの差別性を本気で問題にしあってね。近くにいる健常者が一番批判されるわけ、手の届く範囲にいるから。それで運動からドロップアウトしてしまう人もいれば、最後まで残る人もいれば、じつにおもしろかったわ、あのころは。入ってくる人は学生が主ね。働いている人もいるけど。でも、ほとんどやめていく。残るのは二、三人。」（安積［1995: 31］）

介助を担う非障害者を徹底的に「糾弾」するというスタイルは、しかし、個人の関係に戻ると多少異なった様相を見せる。先の文につづけて安積は次のように書く。

「私の場合には自分が探してきた介助者は大事にしてたね。今思うと使い分けてた。親元では誰かれかまわずって感じでやっていたけど、出るとそうはいかない。自分の介助者に対してはやさしくつきあうようにしたね。計算というよりは直感的にそうしていた。」（安積［1995: 31］）

ここでは会の「糾弾」スタイルが、個人レベルでは矛盾をきたしていたことに注意しておきたい。安積は「自分の介助者」に対してのみ「やさしくつきあうようにしていた」。おそらく介助者確保のためのスキルを、意識しないうちに身につけていたのではないか。

6　「決別」、その後

一九七四年二月の結成から一九八〇年六月の「発展的解消」まで、六年四ヶ月という短期間の活動を、キーパーソンである白石清春の動きと、友人グループをめぐる動きに注目し概観した。全国青い芝の会や他地域の青い芝の会との関連から、一地方の組織としての会の動きを描き出すことが、ひとまずはできたと思う。

白石が中央の動きに否応なく巻き込まれたことにより、福島県青い芝の会はいったん解散する。それのみが理由ではなく、おそらく一九八〇年に至るまでのあいだに、すでに会内部においても綻びが出てきていたと思われる。解散後、「地域性をもった運動を行うこと」を目標のひとつにかかげ、作業所「うつみねの会」と合流したことはその表れであったのではないか。

最後に、白石が会を離脱した理由と、彼のその後の動きについても言及しておきたい。会の運動は、基本的には「告発型」の形態をとったことはすでに触れたとおりである。白石は次第に、そうした運動との距離を感じ始めたようだ。一九八一年には、社会に対する告発のみで「健全者」の支持を得ることができた社会状況はすでにないと書いている。また、白石の目は「地域生活」へと向けられていく。必要なのは、「地域に根を張っ」た「闘いの拠点づくり」であり、「地域住民に向かってただ生の怒りをぶつけるのではなく、障害者の存在すら知らなかった彼らにわれわれの生きざまを見てもらい、交流を進めて行く中で」運動がすすめられるべきだと説く。地域住民には「共に生きるということの意味」や「差別の意味」を知らせていく。「それは妥協ではなく、ただのつきつけよりももっと息の長い闘いなのだ」、「われわれは何かに反対するばかりではなく、障害者が生きていくための条件を、自らの手で創り出していく積極的な努力を、改めて始めてみる必要がある」と述べる（白石［1981: 28］）。

青い芝の会との「決別」後、地域にこだわった彼が行ったのは生活の拠点であった神奈川県相模原市での小規模作業所「くえびこ」の設立だった。これは「地域に根付いた、脳性マヒ者の生活をつくっていく運動を展開していく」ことを目的とした、一〇名弱の小さな作業所であった。彼はここを機軸として、全国障碍者自立生活確立連絡会での活動やケア付き住宅の建設運動などを行っていく。福島県を離れて一〇年余り後の一九八九年、白石は郷里である郡山市へのＵターンを決意する。福島県青い芝の会が消滅してからの県の運動は、白石によれば「鳴かず飛ばずで活動を続けていた」。そして全身性障害者による運動が存在しなかったため、「福島県の障碍者福祉の進展を阻害していた」とする（白石［1994: 103-104］）。東京都や神奈川県と比較して福島県の福祉は「二〇年ぐらいの差」があり、「いずれは戻ろうと思った福島の状況がこのようなものでは、とても安心して福島へは戻れないという思いもあり、今まで培ってきた二〇年の運動の実績をもって、福島で新たな運動を切り開こうと考えたのである」と書く（白石［1994: 97］）。

福島県に帰った翌年から、白石は「ぐるーぷ・らせん」の結成（一九九〇年）、「誰にもやさしい街づくりを考える」実行委員会の発足（一九九一年四月）、当時バークレーＣＩＬの所長を務めていたマイケル・ウィンター氏の講演会へのかかわり（一九九一年四月）等の活動を始める。その後も精力的に地域ネットワークを立ち上げ、一九九四年に自立生活センター「オフィスＩＬ」を設立するに至る(19)。

第４節　支援／介助の「定義」化

福島県における運動の展開を追ってきた。この節では福島県青い芝の会が、実際にかれらの世界の外側である、健常者社会に向けて呼びかけるために作成した「ビラ」を資料としつつ、かれらのリアリティをさぐってみたい。

ビラは街頭活動のために作成され、そのつど一般市民に向けて配布されてきた。街頭活動は、運動に共感・共鳴する人を増やし、カンパを得、さらに実際に運動にかかわっていく人を増やしていくことを目的としていた。そのため、ビラにおいて運動内容を紹介したり、イベントへの参加を呼びかけたり、さらに運動の理念やかれらの主張を、市民に向けてわかりやすく説得的に示していくことは、重要かつ必要な課題であった。

また、ビラには、地域での生活に必要な支援／介助を、かれらがどのように言葉にし、正当なものとして社会に訴えていったのかが顕著にあらわれる。したがってビラに着目することにより、支援／介助の「自己定義」の軌跡を示すことが可能になる[20]。

以下、資料となるビラの詳細についてもふれておこう。一九七五年から八一年のビラのうち、ある特定の事件に言及したもの（養護学校義務化など）と、行事のみにかかわるもの、東北・福島県以外の連絡先が記されたものを除いたビラは六一枚あった（重複したものはカウントしていない）[21]。ビラは手書きスタイルのB５かA４判の一枚で構成され、ほぼ同じ形式をとっている。まずタイトルが大きめの文字で書かれ、「!!」などのマークや文字の装飾で注目を集めるよう工夫されている。その後に会についての紹介があり、さらに障害者をとりまく現状が述べられる。そして、「我々の運動に支援とカンパをお願いします。」と締めくくられ、連絡先である事務所の住所や電話番号が記されている。手書きのメモや行事日程などを手がかりに、ビラが作成された年月日の推測を行い整理に用いたが、年月日が不明なものも含まれている。また一部、汚れや欠損などで読みとりが困難な箇所もあった[22]。

表　福島県青い芝の会 支援／介助関連ビラ一覧

	年	月日	発行元	タイトル
1（1）	1977	？	福島県青い芝の会（福島、郡山）	'77 新たなる障害者解放の幕開けを !!
1（2）		04 17	福島県青い芝の会（郡山）主宰＋自立障害者集団友人組織　郡山地区	なぜ花見会をするのか
1（3）		07 10	福島県青い芝の会	重度の障害者とつき合い共に生きられる社会を創り出そう！
1（4）	1978	？	福島県青い芝の会（いわき）	障害者解放運動への参加を！
1（5）	1980	？	福島県青い芝の会（会津、平、郡山、福島）	障害者運動の根を深く確かなものにするために !!
1（6）	不明		福島県青い芝の会（福島、郡山、いわき）	ナメクジからクジラをつくり出す我々の運動にあなたの参加を !!
1（7）	不明		福島県青い芝の会　会長橋本広芳	在宅重度障害者訪問をみんなの手で
1（8）	不明		青い芝の会東北連合会	仙台市民のみなさんへ
1（9）	不明		福島県青い芝の会（福島地区）	地域の中で生きていく運動に支援を !!
2（1）	1977	09 11	福島県青い芝の会（福島地区）	我々の運動に支援を！
2（2）		11 05	福島県青い芝の会（福島地区）	我々の運動に支援を！
2（3）	1978	10 15	福島県青い芝の会（福島地区）	私と友達になって下さい！
2（4）	1980	？	福島県青い芝の会（福島、郡山、いわき、会津）	CP が地域の中で生きるために！
2（5）	1980	？	福島青い芝の会、秋田青い芝の会、山形青い芝の会、大友重光	地域社会に生きる運動に支援とカンパを！
2（6）	不明		福島県青い芝の会（福島、郡山、いわき）	すべてのみなさんへ！
3（1）	1977	05 08	福島県青い芝の会（福島地区）	我々の運動に支援を！
3（2）	1980	？	福島県青い芝の会（郡山地区）	「参加と平等」を問う！

1　支援／介助を呼びかける形式

タイトルのみをざっと眺めると、一九七七年には「我々の運動に支援を！」というものが複数ある。また一〇月以降、映画上映会が近くなると「障害者解放運動」に対する支援を呼びかけるものが増える。一九七八年に「地域」という言葉が初めて出現したことは注目すべき点である。その後、さかんに「地域で生きるための運動に支援とカンパを！」、「地域社会で生きる為の運動に支援を!!」と呼びかけられるようになる。

「地域」という言葉は使用しないものの、一九七五年時点で白石は、「街の中」で暮らす「自立障害者」を増やすことを明確な会の目標として掲げている（「一九七五年四月からのＦＡ（福島県青い芝の会の反省」より）。また、それを促すような「在宅訪問」も行われていく。[23]したがって、そのための支援／介助の獲得はおのずと課題となっていった。

現在では障害者福祉において広く使用されている「介助」という言葉は、少なくともこれらの資料からみるかぎり一九七〇年代には出現しない。代わりに「支援」、「手伝い」、「手助け」という言葉が使われるか、あるいは具体的に「車イスを押してくれる人（……）を数多く必要としています」と述べられ、そうした言葉に混じって「介護」という言葉の使用もみられる。具体的行為としての支援／介助に一部でも言及しているビラを抽出してカウントしたところ、一七枚（約二八％）あった（表「福島県青い芝の会　支援／介助関連ビラ一覧」）。以下ではこれらを主な分析の対象とする。

結論を先取りすれば、一七の支援／介助を呼びかける文書で使用されていた表現形式は二種類あった。ひとつは、非障害者の有する差別性を糾弾し、非障害者が障害者と「つながり」や「つきあい」をもち、

「意識変革」するための行為として支援／介助を位置づけるものであり、九枚が該当した。いまひとつは、地域で生きることへの共感的理解から支援／介助の必要性を訴えるものであり、六枚あった。ほかに、この二つが混在しているものが二枚あった。順に見ていこう。

2 「糾弾型」――介助を通した「意識変革」を求める

一つめの表現形式を「糾弾型」と暫定的に呼ぶことにする。これは「告発型」と称された会がとる典型的な形式であるといってよいだろう。この根底には自らの存在が当然とされない社会に対する批判や非障害者への糾弾が存在している。青い芝の会の主張における社会変革の思想を色濃く反映したものであり、非障害者はまず自らが有する差別意識を認め、差別者としての存在を自覚すること、そのうえで、障害者とかかわりあう（すなわち介助を行う）こと、さらに介助を通して意識変革をしていくことが求められるのである。

もちろん、まずは一般の人を運動に巻き込むことがめざされているため、ビラは全体としてかなりソフトな言い回しになっている。たとえば具体的な介助行為を指す言葉は避けられ、「ふれあう」、「つきあいを始める」といった言葉に代えられている。また「意識変革」ではなく、「それぞれの立場から考えていってください」「あなた自身の立場から、この運動に参加してください」とやわらかく呼びかけられる。

もっともわかりやすいものから一部を引用しよう。「障害者の手足となる」という直接的な言葉が使われているのはこのビラのみである（文中の傍点は引用者による。以下同じ。また最後の数字はビラの整理番号を示す。表参照)。

「障害者は身体がみにくい、自分の事が出来ない。働けないと言う事で差別と偏見の目で見られています。この優生思想のもとに、健全者の世界と障害者の世界の違いは筆舌しがたい程違う世界を生かされています。人間同士、お互い引きさかれている事は、悲しい事です。健全者は障害者の手足となり、出来ない事を助け合い、障害者は、虚飾に充ちた健全者に真に生きると言う事を教える。この人間同士のつながりを求めて、私達は、日々運動をくり広げています。

私達のこの運動にあなたも混ざられん事と、運動資金へのカンパをお願いするものです。」

「障害者解放運動への参加を!」(1978/月日不明)I(4)

まず、障害者が「差別と偏見の目で見られてい」ること、「この優生思想のもと」、障害者が「健全者」社会から排除されていることが指摘される。そして「あなた」に対して——はっきりと述べられていないものの——この社会の差別性に気づくこと、そのために障害者とかかわりをもつことが必要であり、具体的には介助を行うなかで障害者から学び、自らの意識変革を行っていかなければならないと呼びかけられている。

同様の形式による例をもうひとつ挙げる。

「心では自らの差別者性を否定し、口では差別してはならないと語る人々一人ひとりが現に障害者を前にすると見て見ぬふりか、同情か、その二つの反応以外に何物でもないのです。我々を一方的にかわいそうだときめつけること、我々の異相をみたくないと無視すること、そこにこそ、潜在的・社会的差別の原因があるのです。障害者の意志と全く無関係に施設を生み、養護学校を作り出し、健全者社会から遠ざけられたところでしか、生きてゆけない。又、障害児（者）の生存が、家族だけの悲劇としか語られず、心中・自殺へと追い込んでいく、これら全てが二つの反応の中にあるのです。

我々は、同じ空間・時間を共有するものとして、我々の真に生きる場を解放を勝ち取るために闘っています。何気なく街を行き、階段を登り続けるみなさん、我々の車椅子を押すことによって、我々と食事を共にすることによって、はじめようではありませんか。」

「'77新たなる障害者解放の幕開けを」（1977/月日不明）I(1)

やはり、まず、障害者が社会から排除されている現実が指摘される。「我々を一方的にかわいそうだときめつけること、我々の異相をみたくないと無視すること」という態度こそが差別的であるとの批判を含みつつ、そうした街のなかで「無視」の態度をとりつづけるのではなく、障害者とかかわり介助をするところから、差別意識を問うことを「はじめよう」と呼びかけられる。

数は多くはないが、より強い調子で「つきつけ」を行うものもある。

「我々は市民の皆さんに提起を致します。

障害者とつき合いぬくと言う一見かんたんに見えて難解なことをやりぬき、我々と共に意識変革をとげてゆくと言うそのことです。

我々は、そのことを市民の一人であるあなたにつきつけます。」

「ナメクジからクジラをつくり出す我々の運動にあなたの参加を!!」（年月日不明）1(6)

こうした非障害者への文字どおりの「つきつけ」は、直接的な支援／介助を要請するのではない他のビラには顕著に見られる。参考までに挙げてみたい。


「……私たちは今、在宅訪問（障害者がいる家を訪問すること）など、日々、障害者が街に出る運動をしています。障害者は差別されて、街の中には住めないような社会なのです。それは、あなたが、今、障害者を仲間はずれにしているからなのです。

家庭にいる障害者は、病気だといっても、医者にもかかれない状態です。あなたがいっているデパートや、喫茶店などすら知らない障害者が大勢いるのです。

重度になればなるほど、屋根裏部屋や蔵に閉じ込められているような状態です。さもなくば、隔離施設に入れられているような状態です。

施設と聞けば、みんな障害者の天国みたいに思えるけれども、内実は、仲の良い友人がたずねていっても、いろいろ理由をつけては会わせなかったり、外出するにしても、自由には出られないのです。そのような非人間的な事を平気でやっているような、現代社会に大きないきどおりを感じ、私たちは障害者解放運動を推し進めているのです。

私たちの運動に支援のカンパを！」

「われわれに生きる場所を」(1977/08/13-14)

このビラは「あなたが、今、障害者を仲間はずれにしている」と、ビラを読む人物を直接的に批判する様式を取っている。こうした「差別者としての健全者」に対するまなざしが、支援／介助を要請する際の根底におかれていることを忘れてはならない。

3 「共感要請型」――共感的理解の延長上に介助を求める

二つめのものをやはり暫定的に「共感要請型」と呼んでおきたい。これは前者とはまったく異なり、比較的わかりやすく、過去も現在もよく見かける形式の呼びかけである[24]。この出発点はひとつめのものと同じであり、まず、障害者が社会から排除されていること、すなわち施設や家のなかでの生活を余儀なくされていることが指摘される。大きく異なるのはこの後に、非障害者に対して差別者であることを突きつけるのではなく、共感を求めていく点である。具体的には「私達障害者も、あなたたち健全者と同じく町の中で生活したいのです」、「町に出て、生活して行きたいと思う気持ちは、市民のみなさんと同じ気持ちです」などと呼びかけられる。そして、しかしながら地域で生活をするにはさまざまなバリアがある。したがって「健全者のあなたの手が必要です」という結論に至るのである。

たとえば以下のようなものがある。

「私達の周りには、数多くのCP(脳性マヒ者)がいる。それらの仲間達のほとんどが施設あるいは家の中での生活を余儀なくされています。障害者解放運動とは、そう言った仲間の一人一人が何のためらいもなく地域の中で健全者と差別なく共に生きてゆける社会環境づくりを目指して行こうという運動です。

そのために地域住民の皆さんに理解ある協力をよびかけています。

人はけっして一人では生きて行けるものではありません。まして、私達重度CP者はなおさら日常生活において健全者の手助けを必要としています。ひと口にCPの生活を理解しろと言っても無理かも知れませんが、ことわざにも、袖すりあうも多小《ママ》の縁とか、馬には乗ってみろ人には添ってみろ等々言われています。初めから仲の良い友人はありません。出会い、ふれあいがあって初めて相互理解が生まれて来るのではないでしょうか？　いま私達は一人でも多くの日常生活を介護してくれる健全者を必要としています。」

「CPが地域の中で生きるために！」（1980/月日不明）2(4)

このビラは「人はけっして一人では生きて行けるものではありません」と、受け入れ可能な言葉で共感的な理解を求めたうえで、「まして私達重度CP者はなおさら日常生活において健全者の手助けを必要としている」とつなぎ、最後に「日常生活を介護してくれる健全者」の支援を求めている。

共感的理解を求める形式にはいくつかのバリエーションがある。めずらしいかたちではあるが、当事者による呼びかけがそのままビラに使われているものもある。

「わたしは、うちにいますが、うちの中では、じゃまあつかいされています。

おぼん休みやお正月には、いとこのうちにつれていかれるけれども、どこかにドライブに行くとなると、私だけ一人ぼっちにされ、つれてってもらえません。
みなさん、障害者と友達になって、風呂介護をやって下さい。みんなが、めいわくだとか、やっちゃくないとかいう風呂介護を、なぜやってほしいのかというと、私だって人間です。みんなと同じように生きて行きたい。私も普通の女の子のように生きていきたいからです。」

「私と友達になって下さい!」(1978/10/15) 2(3)

ここではよりわかりやすい排除の様相が描きだされている。「みんなと同じように生きて行きたい」、「普通の女の子のように生きていきたい」から「風呂介護」の要請に至るまでには、飛躍があるようにも思われるが、想像で補える程度のものであり、共感的理解の延長にある介助を求めるための説得力を有しているといえるだろう。

ビラのなかには二つの型の呼びかけが混在しているものもある。

「私達車イスの障害者でも町に出て、生活して行きたいと思う気持ちは、市民のみなさんと同じ気持ちです。
でも、私達だけでは、どうしても生活してはいけません。そこで、私達は市民のみなさんに呼びかけをします。
私達の食事介護、トイレ、風呂介護などを通して、一見かんたんに見えて難解なことをやりぬき、我々と共に意識交換をとげてゆくということです。」
「我々の運動に支援を！」（1977/05/08）3(1)

非障害者を差別者であるとし、非障害者にその認識を共有させることは、障害をもつ自らを非障害者とは別の位置に立てることを意味する。ところが逆に、非障害者に対して共感を求めるときには、自らを非障害者と同じ位置に立てている。すなわち、厳密な意味では「健全者」の意識変革をすすめる立場と、共感を求める立場は矛盾している。上記の「ともに意識交換をとげてゆく」という記述は、同じ立場にある非障害者に「意識変革」を呼びかけられないという矛盾が、象徴的に表れているのではないか。

4 「糾弾型」と「共感要請型」の並存

かれらが他者に向けて発信した媒体において、支援／介助がどのように位置づけられてきたかをみてきた。ビラの文書のなかには、矛盾した言い回しや、結論までの論法が整っていない箇所もみうけられる[25]が、介助は差別者である非障害者の意識変革を行う手段として語られる一方で、非障害者の共感的な理解を求める延長上に語られることもあった。ある時には非障害者を別の立場から糾弾し、またある時は自らを非障害者と同じ立場に置く、といった矛盾が存在したことが確認できたと思う。

「共感要請型」がこの時代、この組織に限らず認められる形式であるのに対し、「糾弾型」は青い芝の会のみにみられる。「告発型」とされる会にとっては「糾弾型」の形式を選びとるのは不思議なことではないかもしれない。しかしここではあらためて、なぜ会が、日常生活に不可欠な支援／介助を求める際にも「糾弾型」を採用したのか、そしてなぜ同時に「共感要請型」の形式がとられたのか、その理由を考えてみたい。

まず、「糾弾型」について考えてみよう。この背景には、青い芝の会の運動全般に通じることとして、障害をもつ当事者の、障害者や障害者の存在を認めない社会に対する強い怒りがある。

「一番強烈だった言葉は「親は敵だ」「健全者は敵だ」。それはもうずっと思ってるよ。今は健常者とある程度の関係はできるけど、その後はぜったい許せないっていうのはもってるよ。」（白石［2001: 167］）

橋本：私自身も弱気なんだけど、（運動を）やってるうちに出て来るんだね、やっぱり自分の怒りとか思いとかね。だからだと思うんだよね。
白石：理不尽な差別する社会に対しての、やっぱり怒り。
橋本：やっぱり気持ちの中にあるんだべな、俺もやっぱりな。
（二〇〇〇年、白石・橋本への聞きとり記録より）

このように表現される怒りが、ビラにおいては「障害者は身体がみにくい、自分の事が出来ない。働けないと言うことで差別と偏見の目で見られています」、「我々を一方的にかわいそうだときめつけること、我々の異相をみたくないと無視すること、そこにこそ、潜在的・社会的差別の原因があるのです」という言葉につながる。正確には青い芝の会という、怒りの言葉を発することを許容された場において、これらの言葉が紡ぎ出されたというべきだろう。「だからこそ」と、「無視」ではなく介助を通して障害者と触れ合うことにより、自らの差別意識を問い、意識変革を始めよう、と呼びかけられるのである。

しかし、こうした「糾弾型」の呼びかけは、その性格からして一般市民に受け入れられるものではなかったことは想像に難くない。この呼びかけのみでは介助者確保が困難であったことは、次のようなビラの言葉からもうかがえる。

「……介護のローテーションを組むためにも、我々は多くの健全者の皆さん方の〝ちから〟を必要としているのであります。」
「参加と平等を問う!」(1980/月日不明) 3(2)

これに対して、「障害者も同じ人間として」という「共感要請型」の方が、一般市民には格段に説得的に響いたことだろう。こうした呼びかけが介助者確保にどの程度寄与したか、実際のところはわからないが、この目的のもと、後者の形式がとり入れられたとみるのは、おそらく大きくはずれてはいないと思われる。

さらに、会が介助者確保に苦しみながらも、前者の形式もとりつづけていたことに注意を払うべきだろう。後者における「同じ人間である」という呼びかけは、もちろん「当然」の事実であるからこそ、理解されやすいうえに否定もされにくい。しかしこの言葉は「差異」をどう考えるのかを曖昧にしてしまう。かれらの抱いていた危惧は、非障害者と障害者の対話式のビラ「同じ人間というけれど…」の一部に、象徴的に現れている。

「「健康な人」「あなたも私も同じ人間なんだから、障害に負けずにがんばって下さいね」
「障害者」「同じ人間って一体どういうこと。」
健「やればできるし同じく生きてるでしょ。」
障「やればできるっていっても車イスで、歩道橋や地下歩道は渡れないよ。車イスはぼくの足なんだけどさ、だからぼくあまり街に出れないんだ。それに同じく生きるっていってもあなたの行ってる学校や会社には行かせられないでしょう。いや全く学校に行ってない仲間だって多くいるんだ!!」
健「それは仕方がないわよ。やっぱり障害者には障害者の生活や道があるでしょ。」
障「じゃ同じく生きるってどういうこと? ちっとも同じく生きていないじゃないか!」「障害者の道や生活を決めるのはいつだって健全者で、私達自身じゃない。そうして世界を区切っておいて、やればできるとか、同じ人間とか私達の気持ちをどれだけ知っているの?」
健「それはね、でもね……」
この話に、意見、言いたい人、何か思った人、又、思わない人も、私達と話しあってみませんか。連絡下さい。」
「同じ人間というけれど…」(1977/03/13)

かれらが非障害者を糾弾するという形式をとるのは、何よりも「同じ人間」として括られることが、差別的な社会の存在や障害者の置かれている位置の差異を曖昧にする危うさを身にしみて知っていたことによる。さらに重要なことは、かれらが「障害者／脳性マヒ者で何が悪い」と居直ることにより、「身体が異なり、それとともに時間と空間が異なる。その空間の広がり方と時間の流れ方を含めたその存在をそのまま承認する」ことをめざしていたということである（立岩［1995: 197］）。

これに対して「共感要請型」は、介助者確保という実際的な目的に基づくものであった。これと、怒りを基礎とし社会に対して訴えかける、いわば青い芝の会としての正当な「糾弾型」は、せめぎあいつつ並存せざるを得なかったのではないか[26]。

第5節 「息の長い闘い」のなかで

一九七〇年代の福島県青い芝の会においては、（自覚的であるか否かにかかわらず）支援／介助は二つの点から定義され、問題化されていた。すなわち第一に、差別者としての非障害者を糾弾し、そのうえで非障害者の差別意識を変革していくための手段として、第二に、非障害者の共感を基礎とした、「地域で暮らす」ための必要不可欠な手段としてとらえられていた。共通するのは、意識変革であれ共感であれ、非障害者への期待が非常に高いことであった。

これに対して、一九九〇年代に入ってから白石が創設した自立生活センターの理念においては、介助や介助者の捉え方が大きく異なっている。たとえば介助者に対する意識変革や共感などの期待は、少なくとも理念上は存在せず、介助を介した非障害者との関係を雇用関係として捉えられることになる[27]。

白石も創設にあたり、地域社会での自立生活をかなえるひとつの手段として自立生活センターを位置づけていた[28]（白石［1994: 108］）。しかし実際には、いくつかの切実な事情があったようだ。第一に、交通事故のため障害が重くなった養護学校の同級生が、家にひきこもってしまったこと。第二に、「ぐるーぷ・らせん」のメンバーが結婚し、介助態勢を整える必要があったこと。第三に、仲間たちが年をとっても街のなかで自立生活をするためには自立生活センターが必要であると考えたこと。これらはいずれも介助者確保という実際的な課題に基づいている。重い障害をもつ友人が街のなかで暮らせていないという現実は、障害が重くなったときの自分の将来像を予測させただろう。青い芝の会の時代からの課題であった介助者確保が、その後一〇余年を経ていよいよ切実なものとなり、ここに自立生活センターの理念が適合したといえるだろう。

しかし、白石のなかで、運動の理念との接合はうまくなされたわけではなかったようだ。白石は両者の方向性の違いに気づきながらも、「そこまで考えて踏み込むとできなくなっちゃうので、あんまり考えなかったと思う。そこはちょっと自分のなかで曖昧にしておこうかなっていう気もちでＣＩＬをめざしていった」（白石［2001: 167］）と書く[29]。ここにおいて、白石のなかで「介助を通して何かを達成する」ことはいったん脇におき、「介助を得る」ことを目的とするという意味での転換があったと思われる。もちろん「雇用として割り切る」という考え方は、介助者との不安定な関係や人間関係に消耗していた、白石を含めたかつての運動に参加していた人たちの発想の転換を促した面があっただろう（立岩［1995: 221］）。

ただし、白石はかつての「告発型」のなかにあった非障害者への期待——非障害者が意識変革をし、共に闘ってほしいという思い――をあきらめていないように思われる。たとえば一九九二年には、障害者・学生・教員・市民が集う「郡山ノーマライゼーション・ネットワーク」をつくり、月に一度の「のーむ塾」という勉強会を開催している。白石は「こちら側がもっと勉強していき、障碍者以外の関係者をたくさん巻き込んでいって、「対話、提案」」を行いたいという（白石［1994: 100］）。

再び、白石のかつての言葉を引用しよう。

「地域住民に向かってただ生の怒りをぶつけるのではなく、障害者の存在すら知らなかった彼らにわれわれの生きざまを見てもらい、交流を進めて行く中で、共に生きるということの意味を、差別の意味を知らせていかなければならない。それは妥協ではなく、ただのつきつけよりももっと息の長い闘いなのだ」（白石［1981: 23］）

福島県にみられる運動の新しい方向性は、非障害者を糾弾するのでも共感や同情を求めるのでもない。地域という場所において「共に生きるということの意味」や「差別の意味」について、障害をもつ人ともたない人が共に考えていく方向へとシフトしたといえるのではないか。

もちろん、それは白石のいうように文字どおり「息の長い闘い」となるに違いない。この地における支援／介助の位置づけ、および支援／介助を介した障害者－非障害者の関係は、試行錯誤しながら模索、せめぎあいがつづけられている段階であるといえよう。今回はその一端を描き出したにすぎない。こうした記述の積み重ねが、社会における支援／介助のあり方や、障害をもつ人ともたない人の関係について考察するための一助となることを期待している(30)。

【註】

(1) 二〇〇四年に改正された障害者基本法第一条（目的）においても、この法は「自立及び社会参加の支援のための施策」であると述べられる。つづいて第八条では、「障害者の福祉に関する施策を講ずるにあたっては、地域において自立した日常生活を営むことができるよう配慮されなければならない」とうたわれている。

(2) 厚生労働省、全国社会福祉協議会が作成したパンフレットより。ただし、ここでの「自立」が指し示す内容については批判も存在する。

(3) 田中［2005: 31］参照。

(4) 「介助」とは「当事者の主体性を尊重して行われる」ものであり「高齢者や障害者を客体として保護や世話の対象とする介護」と区別される（中西・上野［2003: 29］）。

(5) かれらが東京都と交渉した結果、一九七三年には「重度脳性マヒ者等介護人派遣事業」が創設され、一九七四年度から実施されている。これは、利用者が選んだ介助者に対して、自治体から介助料が支払われるという仕組みだった。こうした取り組みが全国的な広がりをもつ契機として一九七六年の「全国障害者解放連絡協議会（全障連）」の結成があった（立岩［1995: 186］）。

(6) 樋口恵子は彼の講演を聞き「当時の私は、人生の損なくじを引いてしまった、と思い込んでいました。講演で、人生が変わりました」と書く（樋口［2001: 29］）。

(7) ただし田中は、アメリカＩＬ運動との出会いが、日本の運動展開における価値の転換やその後の運動の方向転換をもたらしたというわけではない、とする（田中［2005: 45］）。

(8) たとえば、先に触れた、八王子ヒューマンケア協会の設立当初のスタッフの一人である安積遊歩は、かつての福島県青い芝の会の中心メンバーの一人であり、バークレーでの研修を終えて、いくつかの事情から上京していたところを代表の中西正司に声をかけられている（安積［1995：50］）。また広島の田部正行は、一九八六年の就任以来、現在でも「広島青い芝の会」の会長であり、一九九八年からは自立生活センター「障害者生活支援センターてごーす」の代表に就任している。また、関西においても同様の例がみられる。兵庫青い芝の会で活動していた福永年久は、全国青い芝の会を脱会した後、地域における共同作業所を作り、その後「自立生活センター神戸・Beすけっと」を立ち上げている（福永・澤田［2001：353］）。ただし、青い芝の会とCILの継続性については、ひきつづき検討が必要である。

（9）筆者が福島県の運動に関して行った調査について簡単に示しておこう。一九九九年、全国自立生活センター協議会（JIL）は、障害をもつ当事者たちの運動の歴史を残しておくための「自立生活運動史編纂事業」に着手した（詳細については全国自立生活センター協議会編［2001］参照）。筆者はワーキンググループに参加、東京地区と東北地区における自立生活運動を担ったリーダーにインタビューし、その記録をまとめる作業を行うことになった。二〇〇〇年八月に、ワーキンググループのメンバーであった瀬山紀子とともに福島県を訪れ、インタビューを行った。このときにお話をうかがったのが福島県郡山市在住の白石だった。帰京してテープ起こし記録をもとに筆者がまとめた文章は、白石自身による丁寧な校正を経て『自立生活運動と障害文化』（現代書館）に収められている。このとき、インタビューに同席した橋本広芳から、当時の資料が橋本の自宅にそのまま手つかずで残っているという話を聞いた。貴重な資料を入手し整理したいと考えたが、このときには実現しなかった。翌二〇〇一年六月、福島県青い芝の会の運動に関する調査を行うという目的のもと、瀬山、やはりワーキンググループのメンバーであった田中恵美子とともに再び郡山市を訪れた。橋本の快諾を得て、自宅の押入れに眠っていた一九七〇年代の運動関連の資料を閲覧し、拝借した。またこのとき橋本、白石をはじめとする運動にかかわった人物五名、および白石の配偶者、白石栄子へのインタビューが実現した（この人選や時間調整はすべて白石のはからいだった）。これらも承諾を得て録音し、ほとんどの内容について逐次テープ起こしをした。

資料については、ダンボール箱およそ三箱分に、一三のファイルに分類されたものが残されていた。オフィスILについての資料、他の運動体が出している機関紙を除くほぼすべての資料をいったん拝借し、帰京後、資料のすべてをスキャナで読みとり電子化して保存、現物を橋本に返却した。電子化したデータはCD－ROMに保存して土屋、瀬山、田中がそれぞれ管理することとした。

ファイルの名称は以下のようであった。「福島県青い芝の会No. 1」、「福島県青い芝の会No. 2」、「福島県青い芝の会No. 3」、「福島県青い芝の会No. 4」、「福島駅関係」、「地下歩道闘争」、「全国優生攻撃」、「新聞記事スクラップ 1975 No. 1」、「新聞記事スクラップ 2」、「障害者問題関係」、「ビラ 1997-」、「ビラ（カンパ、呼びかけ等 1980～）」、「ビラ（カンパ、呼びかけなど）1976-1979」。この原稿を執筆するにあたって特定の出来事に関するフォルダ、新聞記事スクラップのフォルダは除き、「福島県青い芝の会No. 1～4」から、「事務局ニュース」「青い芝ニュース」などの機関紙、および「ビラ」の三つのファイルを中心にみていくことにし、スキャナで読み込んだ資料をテキスト化した。その他のファイルについてもつづけて整理を行っていく必要があることは記しておかなければならない。

白石清春氏、橋本広芳氏には、草稿に目をとおしていただき公表を快諾いただいた。白石、橋本の両氏をはじめ調査に協力してくださった方々に、心から感謝を申しあげたい。

(10) 詳細については荒川・鈴木［1997］参照。

(11) 上映会には、同じ養護学校出身であり、上京して日本女子大学のボイラーマンをしていた茅野信路も来た。若林克彦は、同大学の図書館職員で茅野と親しくしていた故山口武義の縁でやってきたという。

(12) アパートを借り、生活保護を受給して暮らすまでの紆余曲折については橋本［1984: 279］や白石［1984: 36］を参照。橋本は白石の「女房役」（安積［1995: 30］）であり、当時福島市内の施設（「けやきの村」）に入所していた橋本に共同生活をもちかけたのは白石のほうだった。白石と橋本の親しい関係については、多くの聞きとり対象者から聞かれた。

(13) 一九七四年九月には茨城県青い芝の会と交流会を行っている。「茨城県（県北）青い芝は実践とも理論とも本会より上で、欠点も指摘され、また励まされた。……行動面では本会にもヒケをとらないと感じた。午後からは偕楽園へ連れて行ってもらった。みんな心が通い合い共にやっていこうという強い心で結ばれた。」（「福島県青い芝の会事務局通信」No. 7　1974/10/ 日不明より）

各地の青い芝の会を意識していたことは以下からも推測される。「（常任委員会に）行ったりとかね。全国大会にみんなで行ってね、話聞いたりして。で、各地でいろいろやってるから福島も、負けずにやるべぇって。」（二〇〇一年、白石への聞きとり記録より）「全障研大会でのおのれらの力不足のための敗北感、大阪のなかまから「首くくる気でやれ」とハッパかけられたこと。東京で堂々と生活している寺田夫婦のこと……」（「福島県青い芝の会事務局通信」No. 6　1974/08/25より）

(14) とりわけ白石と橋本は親しい関係を継続していたようだ。橋本がしばしば秋田に「手伝い」に訪れたり、白石が常任委員会等で関東方面に行く際には、白石が秋田から「汽車」に乗り、郡山で橋本と合流して行くなどが常だったという。

(15) 一九七六年からは自主制作映画にも取りくんでいた。映画は一九八一年に完成した（「しどろもどろ」）。

(16) ただし、少なくとも一九八一年五月までは「青い芝の会ニュース」が刊行され、先の映画上映会も「日本脳性マヒ者協会福島県青い芝の会」の主催で行われた。このときのメンバーには橋本広芳、安積純子などがおり、「解散」について言及している（橋本［1984］; 安積［1995］）。

「青い芝の会が「うつみねの会」と合流しました。当時、青い芝の会は「それぞれの地域性をもった運動を行うこと」「自立生活者が一〇名を数えるにいたったこと」などから発展的に解消し、郡山では「うつみねの会」と合流することに決めたのです。」（橋本［1984: 280］）

「なんで解散するのかってみんなに言われて自分自身よくわからなかった。今思うと、自立する人達が一〇人くらい出てきたんだけど、中には、私達と運動をしようとしてくれない人もいて、活動がうまくいかない面が出てきたんだ。うちにいてぼっとしてる人もいて、私が介助者を探してこなきゃならなくて。だからまあ、そういう人が集まれる作業所でも作ろうかということになったの。」（安積［1995: 36］）

(17) 「郡山障害者友人グループの名称が〝ごきぶり〟！と決まりましたが、ごきぶりのナマエの由来は、今この世間においてきらわれる存在にあるが、どんな弾圧に対しても力強く生きて行く、そんなごきぶりにたくましい生命力を見て、我々の今後の活動がそこから始まると思う。」（『ごきぶり』一号、編集後記より、年月日不明）

「かいな」についても記述がある。「正式名称「障害者解放をめざすグループかいな」。「腕」という意味です。名前を聞くと、とっても、お固くてむずかしくて、とっつきにくくて、おっかなそうで、自分とは全くかけ離れたことをやっているような気をもたせるけど、やっていることといったら、大部分が障害者の介護なのです。」（『福島大学祭障害者問題講演討議集』1976/11/06より）

(18) 一九七六年四月、青い芝の会の主導のもとで、健全者の全国組織「全国健全者協会（全健協）」が発足している。障害者が独自の集団を作るとともに、健常者も集団、運動集団として位置づけ、それを障害者の主導の下におこうとする意図によるものであった（立岩［1995: 184］）。関西でも「友人グループ・ゴリラ」が支援集団として発足している。しかし、一九七八年、「青い芝の会関西連合会」と友人グループ・ゴリラとの間に確執が生じ、関西連合会はこの集団の解散を指示した。全国常任委員会はこの決定を承認、同時に全国組織である全健協を解散させた。これ以来、青い芝の会は「運動の主導権は必ず障害者が握る」ということを鉄則とするようになったという（荒川・鈴木［1997: 16］）。これらの動きと福島県における動きの関係を探ることは今後の課題の一つである。

(19) ネットワークは、橋本が所属していた「うつみねの会」や、白石や橋本の出身である福島県立郡山養護学校同窓会関係者のみならず、福島県や郡山市の福祉関係担当者、社会福祉協議会関係者、国会議員、県会議員、市議会議員、大学関係者、親の会関係者、病院関係者などからなる幅広いものであった（『はなまる』4号［99-103］）。

(20) ただし資料的な制約もある。福島県青い芝の会は一九七四年に設立され、一九七五年から活発な活動を始めているが、保存されていたビラは一九七七年からのものが大半であり、二年ほどの空白がある。これは、橋本が郡山に移り住んだのが一九七六年五月頃であり、翌年から本格的に運動の中心を担い、ビラ作成に携わったことによるのではないか。また、それ以降もすべてのビラが確実に保存されているわけではないだろう。

(21) ビラを作成した主体（「連絡先」に明記されている組織）は福島県青い芝の会であったり青い芝の会東北連合会であったりとさまざまである。ビラはいったんつくられると、異なる地区（たとえば福島市と郡山市）で複数回、配布されることも多かったことが推測されるため、厳密に区別しないこととした。また、イベントへの参加を同時に呼びかけているビラも含めた。

(22) 関西など他地域において作成したビラを参照した形跡もあり、同じフレーズが用いられているものもある。たとえば「関西青い芝の会・兵庫青い芝の会」が作成したあるビラは、「道ゆく全ての皆さん！／私たちは全国各地で障害者自立運動を続けているＣＰ者（脳性マヒ者）の団体です。／私たちの仲間の多くは施設の中でひっそりとくらさされる（ママ）ことをよぎなくされています。（……）」と始まる（立岩・定藤［2005: 87］）が、これは「仙台市民のみなさんへ」I(8) の冒頭と非常に似ている。後者は次のように始まる。「道行くすべてのみなさん！／われわれは、日本脳性マヒ者協会青い芝東北連合会の者です。われわれの仲間の多くは施設・コロニー、または在宅しております。少しも街の中に、出てきたものがない（ママ）者が大部分です。」

(23) 家で暮らす障害者を、名簿等を頼りに訪問し「街へ出よう」とすすめること。大阪などの関西の青い芝の会が積極的に行っており、福島県青い芝の会はこれに影響を受けたとされる（立岩［1995: 182-183］）。

(24) 一九六〇年代の青い芝の会においても、かつては「共感要請型」の言説が存在した（「私たちは、人間らしく生きられる第一歩は、からだの健全な人たちと共に地域社会の中で生きることだと考えます。」（『青い芝』六八号、二頁→荒川・鈴木［1997: 15］に再録、一九六八年六月東京都議会に提出された請願書より）

(25) たとえば次の文章は明らかに言葉が不足しているように思われる。「〝働かないもの食うべからず〟と言われます。この手、この足、この顔が全てを物語るものであります。学生のみなさん！　我々とつき合い、運動をすすめて行きましょう。新たな価値観をつくりだそう！」「重度の障害者とつき合い共に生きられる社会を創り出そう！」(1977/07/10)

(26) 先に述べた、非障害者に対する会としての糾弾スタイルと個人の態度の矛盾とも無関係ではないだろう。

(27) ただし、全国各地のＣＩＬにおける介助の位置づけは、決して一枚岩ではないだろう。今後の課題としたい。

(28) 白石は自立生活センターについては、一九八〇年代前半に知っていたようである。とくに一九八三年の日米障害者自立セミナーで、アメリカのＣＩＬの実態を目の当たりにし、「障碍者自らが、障碍者の自立生活を支援し、諸々のサービスを提供していくＣＩＬ（自立生活センター）が全米各地に幾つもつくられているという話を聞いて、ただ驚くばかりであった。（……）政府から補助金を出させ、障碍者を数多く雇って、ピア・カウンセリングや自立生活プログラム、有料による介助サービスを組織的に行っているＣＩＬの存在は衝撃的なものであった」（白石［1994: 107-108］）と書く。具体的には一九九二年、山形で「パーフェクトバスを走らせる集会」が開催された際にＪＩＬの斉藤明子との出会いがあった。「で自立生活センターを福島にもつくらないかって言われて未来会員に登録したんだ。ちょっとやってみっかなってくらいの軽い気持ちで」。（白石［2001: 166］）

(29) この背景には、青い芝の理念では他の障害者が「ついてこない」という状況もあったようだ。一九八八年に作業所を創設した、青い芝の会神奈川県連合会会長の横田弘も、かつての青い芝の会での理念と現在の活動のギャップについて、次のように語っている。

「僕の考えから言えば作業所なんておかしいわけだよね。障碍者で何が悪い、働かないで、歩けないで何が悪いと言ってた人間がさ、働けることが大きな目的である作業所をつくるなんておかしいわけですよ。……だけど、こうしないと。ほんとは青い芝の会の事務所の毎月毎月やりくりする金があれば、いいけど、僕は貧乏でね。宝くじなんてちっとも当たらないし。だから、こうして「青い芝」の思想を残していくしかなかった。「青い芝」の横田が作業所やるなんて、ってそれはわかる。でもそうしなきゃ、「青い芝」の考えを受け継いでくれる人がいなくなっちゃうんだ」(横田 [2001: 279])

(30) もちろん「障害」と「非障害」の境界は限りなく曖昧であり「障害者」と「非障害者」は二項対立的なものとして捉えるべきではないことにも注意を喚起しておきたい。

【引用文献】

安積純子・岡原正幸・尾中文哉・立岩真也　一九九五年『生の技法——家と施設を出て暮らす障害者の社会学(増補改訂版)』藤原書店
安積純子　一九九五年「〈私〉へ——30年について」安積ほか [19-56]
荒川章二・鈴木雅子　一九九七年『1970年代告発型障害者運動の展開——日本脳性マヒ者協会「青い芝の会」をめぐって』静岡大学教育学部研究報告(人文・社会科学篇)四七号、一三一~一三二頁
福永年久・澤田隆司　二〇〇一年「座談会——兵庫の「武者」たち大いに語る」全国自立生活センター協議会編、三四四~三五五頁
橋本広芳　一九八四年「地方における取り組み」仲村・板山編、二七九~二八五頁
樋口恵子　二〇〇一年「日本の自立生活運動史」全国自立生活協議会編、一二~二九頁
仲村優一・板山賢治編　一九八四年『自立生活への道——全身性障害者の挑戦』全国社会福祉協議会

中西正司・上野千鶴子　二〇〇三年『当事者主権』岩波新書
岡部耕典　二〇〇六年『障害者自立支援法とケアの自律――パーソナルアシスタンスとダイレクトペイメント』明石書店
白石清春　一九八四年「所得保障――脳性マヒ者をはじめとする幼い時からの障害者の所得保障制度の確立をめざして」仲村・板山編、三六～五〇頁
白石清春　一九八一年「自らの意志で生き、運動し、自らの手で創りだす」『新地平』八四［23-30］
――　一九九四年「私のオフィスＩＬにかける思い」『はなまる』四号（オフィスＩＬ・ＷＯＲＫ・ＩＬオープン記念号）、八五～一一四頁
――　二〇〇一年「闘争の青春を謳歌しました」全国自立生活協議会編、一六一～一六八頁
障がい者自立生活支援センター「福祉のまちづくりの会」　一九九八年『東北地方におけるＩＬセンターの設立と発展についての考察・報告書』
鈴木雅子　二〇〇三年「高度経済成長期における脳性マヒ者運動の展開――日本脳性マヒ者協会「青い芝の会」をめぐって」『歴史学研究』七七八号、一～一七頁
田中耕一郎　二〇〇五年『障害者運動と価値形成――日英の比較から』現代書館
立岩真也　一九九五年「はやく・ゆっくり――自立生活運動の生成と展開」安積ほか［165-226］
立岩真也・定藤邦子　二〇〇五年『闘争と遡行――於：関西＋――』「分配と支援の未来」刊行委員会
山下幸子　二〇〇五年「障害者と健常者、その関係性をめぐる模索――１９７０年代の障害者／健全者運動の軌跡から」『障害学研究』一号、二一三～二三八頁
横田弘　二〇〇一年「やっぱり障害者が生きていることは当たり前じゃない」全国自立生活協議会編、二七一～二七九頁
全国自立生活センター協議会編　二〇〇一年『自立生活運動と障害文化――当事者からの福祉論』現代書館

【参考資料】

福島県青い芝の会自主制作映画『しどろもどろ——反世界からのこだま』製作パンフレット（1981/05/30-31）

『はなまる』四号（オフィスＩＬ・ＷＯＲＫ・ＩＬオープン記念号）

第8章　「義務としての自立の指導」と「権利としての自立の支援」の狭間で

生活保護におけるストリート官僚の裁量と構造的制約

森川美絵

第1節　生活保護における自立支援の含意と規定

1　はじめに

近年、貧困・低所得者層に対する政策が、「自立支援」といった対人援助の側面をより重視するものへと転換してきている。それを象徴するのが、「生活保護制度の在り方に関する専門委員会　最終報告書」（二〇〇四年一二月一五日）における「自立支援プログラム」の提言と、それをふまえた二〇〇五年度からの生活保護制度における「自立支援プログラム」の導入である。[1]ただし、『自立支援』が、法律上や制度上の理念だけでなく、福祉の現場や地域社会における共通の理念として、より一層、日本国民に定着・普及していくことこそが、日本の社会福祉の本質的な質の向上に不可欠な条件となっている」（京極［2006: 17］）という社会福祉の総体としての課題は、生活保護にもあてはまる。問われるべきは、「自立支援」が、援助実践の現場のなかでどの程度定着しているのか、定着を困難にしている問題・要因は何か、一層の定着にむけた課題は何か、ということであろう。

本稿では、「自立支援」定着の困難性を実証データにより明らかにした上で、困難の要因について援助の裁量と構造的制約との関係に焦点をあてて検討する。以下では、第一に、生活保護における近年の自立支援を重視した制度展開について、その含意と実施の文脈の問題点を整理する。そして、第二に、分析視点としての「ストリートレベルの官僚制」の重要性を確認し、本稿の検討課題を提示する。第三に、生活保護担当の現業員（以下、「現業員」）への意識調査のデータをもとに、援助の実施の程度や志向を検討し、「自立支援」定着の困難性を指摘する。第四に、困難をもたらす要因のひとつとして、援助に対する裁量とその構造的制約との関係をとりあげ、国レベルおよび自治体レベルでの業務指針を具体的な分析対象としながら議論する。最後に、自立支援の定着にむけた可能性と課題についてふれ、職員配置の充実に加え、法令や指針における支援の定義や枠組みの明確化、支援という要素を含めた相談援助活動の体系的言語化など、援助実践の質の標準化にむけた一層の取り組みが重要であることを指摘する。

2　支援の含意

「自立」ないし「自立助長」という用語は、生活保護ではポピュラーである。生活保護法の目的（生活保護法第一条）は、最低生活の保障と自立の助長であり、法の主要な目的の一つとして「自立の助長」があげられているからである。(2) それでは、生活保護において「自立支援」という概念のもとで、制度展開を図ることの意味は何であろうか。以下では、まず、「自立支援」という用語の含意を整理したうえで、それと生活保護法の条文による援助内容の規定との対応関係や、「自立支援プログラム」の提言や「基本方針」の内容との対応関係を検討し、「自立支援」の制度的文脈を整理してみたい。

新保は、今後の自立支援の第一のポイントとして、支援の意味や姿勢をあらためて確認しておくことを挙げている。すなわち、「『支援』は、制度の利用者である被保護者の意志を尊重し、被保護者個々の状況に即して行う援助を意味する。……生活保護実践では、『就労指導』など、行政処分としての『指導』が行われている経過があるが、この『自立支援プログラム』における『支援』は生活保護の停止と直接かかわる『指導』とは異なることを再度確認しておく必要がある」という（新保［2006: 28］）。ここでは、「支援」の意義として、大きく二つの側面が指摘されている。ひとつは、援助関係における主体性――被保護者（利用者）の自立にむけた活動やそのための援助内容について援助者側が主たる決定を行うといった、一方向的・パターナリスティックな援助関係を構成するか、被保護者（利用者）の主体性の保障をより重視するか――に関するものである。もうひとつの側面は、制裁的要素の有無――保護の停廃止という「経済的な制裁」を背景に、被保護者（利用者）に自立支援プログラムへの参加をせまるかどうか――に関するものである。支援という用語が制度に持ち込まれるということは、被保護者（利用者）が自立にむかう過程で、被保護者（利用者）の主体性を尊重したり、制裁的要素を持ち込まないかかわりを尊重したりすることを、援助者側に求めるものであると言えよう。

自立支援の重視という政策的な流れは、公的扶助労働論に即してどのような意義が見いだせるのであろうか。一九八〇年代以降の公的扶助労働＝援助技術論の流れを、制度の規定との対応関係から整理した笛木は、現行の生活保護制度に規定された公的扶助労働の目的である「自立」には、〈権利の体系〉のもとでの〈権利としての自立〉と、〈義務の体系〉のもとでの〈義務としての自立〉という二面性が含まれ、その対抗関係のなかで実際の公的扶助労働は展開されるという（笛木［1997: 63］）。そして、公的扶助労働（者）論の最も基本的な問題として、現業員の仕事が被保護者（利用者）に対して権利としての「自立」を保障するものになっているのか、それとも義務としての「自立」を強制するものになっているのかを挙げている（笛木［1997: 64］）。自立支援の理念が、制裁を背景に義務的に自立をせまることではなく、被保護者（利用者）の主体性を保障しながら援助を展開することにあるとすれば、それは「権利としての自立の保障」の流れに位置づけられることになる。

3　支援の規定

以下では、法の条文や自立支援プログラムの提言および「基本方針」における支援の規定を、自立支援の含意や公的扶助労働論の論点と対応させせながらみてみよう。

生活保護法の条文には、「支援」という用語は記載されていない。「自立の支援」は、法の規定上は、これまでの援助活動の位置づけと違わず、自立助長という法の目的（法第一条）のために、第二七条（指導及び指示）「被保護者に対して、生活の維持・向上その他保護の目的達成に必要な指導又は指示をすることができる」、第二七条の二（相談・助言）「要保護者からの求めがあつたときは、要保護者の自立を助長するために、要保護者からの相談に応じ、必要な助言をすることができる」という条文を支えとして展開されることになる。援助関係がパターナリスティックなものか被保護者（利用者）の主体性（自己決定）を尊重するかという観点からみれば、第二七条「指導・指示」は用語自体にパターナリスティックな色彩が強く、第二七条の二「相談・助言」は両義的である。制裁的要素という観点からみれば、第二七条「指導及び指示」は、第二七条第三項の規定において「第一項の規定は、被保護者の意に反して、指導又は指示を強制し得るものと解釈してはならない」とあるものの、第六二条「指示等に従う義務」の規定および、履行されない場合に保護の停・廃止の手続きがとられることが明記されていること等から、制裁的要素を強くもつ。これに対し、第二七条の二「相談・助言」は、制裁的要素を含まない。

次に、自立支援プログラムにおける支援の規定について。まず、プログラム導入を提言した「生活保護制度の在り方に関する専門委員会　最終報告書」における自立支援プログラムの記載をみてみよう。報告書では、「被保護者が主体的に利用するもの」という趣旨により、「被保護者の同意を得ること」が原則とされ、被保護者（利用者）の「主体性の保障」の側面が重視されている一方で、プログラムへの被保護者（利用者）の取り組みが不十分な場合や参加拒否に対して文書による指導・指示を行うことや、保護の変更や停廃止を考慮することも記されている。(3) これに対し、専門委員会の最終報告書を受けて厚生労働省が作成した「平成17年度における自立支援プログラムの基本方針について」（平成一七年三月三一日、社援発第〇三三一〇〇三号。以下、「基本方針」）では、プログラム導入の趣旨として「組織的な支援の取り組み」があげられ、専門委員会の報告書で趣旨や原則とされた「被保護者が主体的に利用する」や「被保護者の同意を得る」といった文言は、明記されていない。また、「基本方針」での「個別支援プログラムによる支援」の内容は、「支援対象者を選定し、その被保護者に対してその内容等を周知するとともに、参加を促していくこととする。この際、実施機関は、被保護者との信頼関係を築きつつ、被保護者の実状に応じた支援を実施するものとする。また、定期的又は随時に被保護者への支援状況について把握するとともに、その後の支援方針に反映させることとする」となっている。このように、「基本方針」では、支援の見直し時の「制裁的要素、強制的要素」は明記されず、「その後の支援方針に反映させる」といった曖昧な表現にとどめられる一方で、「被保護者（利用者）の主体性の保障」についての明記もなされていない。

「権利としての自立」と「義務としての自立」との関係については、生活保護法の構成自体がその両面を含むものである（笛木［1997］）。自立支援プログラムに関しては、専門委員会の最終報告書では、その導入趣旨を、経済給付だけでは解決しない被保護者（利用者）の抱える多様な問題に対処解決するためと位置づける一方で、「被保護者は、生活保護法に定める勤労・生活向上等の努力義務を実現する手段の一つとして、稼働能力を始めとする各被保護者の状況に応じたプログラムに参加するとともに、地方自治体はプログラムに沿った支援を実施」といった記載もあり、プログラムの参加を被保護者（利用者）の義務と結びつけてもいる（報告書「第3の1　自立支援の在り方について（1）自立支援プログラムの導入　ア　自立支援プログラム」）。これに対し、「基本方針」では、被保護者（利用者）の勤労・生活向上等の努力義務への言及はなく、「被保護者の抱える自立に向けての様々な課題に対して必要な自立支援を実施するため」に整備されるものという趣旨が一貫している。

第2節　自立支援実践の文脈――ストリート官僚の裁量としての援助実践

1　自立支援実践の文脈

以上、法の条文や自立支援プログラムの「基本方針」における支援の規定と、自立支援の含意との対応関係をみてきた。ここから、自立支援の含意・理念を実践する上で、生活保護の担当者に要請されることがいかに複雑であるかが浮かび上がる。その複雑さとは、第一に、自立支援の理念の実現のためには、法令上は「指示・指導」という枠組みがありつつも、そうした用語が想起させるパターナリスティックな援助関係ではなく、法令の記載からも「基本方針」からも明確に読み取ることが難しい「被保護者（利用者）の主体性の保障」を軸にした援助関係を意識的に目指さねばならない、ということである。第二に、「自立支援プログラム」の遂行にあたり経済的制裁を通じた事実上の参加強制ができるかできないかは、「基本方針」からは両義的な判断しかできない（「報告書」の提言レベルでは認められている）なか、地方自治体や福祉事務所ないし担当者の姿勢においては、制裁を想定しない関係を大事にしなくてはならない、ということである。そして、自立支援プログラムへの参加は、「基本方針」では被保護者の義務とは明示的に結び付けられていないものの、「最終報告書」のなかでは「被保護者の勤労・生活向上等の義務」と結び付けられていることに象徴されるように、自立支援プログラムにおける被保護者とのかかわりは、「義務としての自立」へのはたらきかけとして解釈される余地がかなり残されている。このように、「自立支援」を具体的に実践しようとする場合、明記された法の条文や国の「基本方針」にそって援助を展開しても、自立支援の含意（理念）から乖離していく余地が大きく、含意の実現は、地方自治体や福祉事務所、および、担当職員の「姿勢＝裁量」次第といった制度上の文脈に置かれているのである。

2　ストリート官僚としての現業員

福祉事務所の生活保護担当として、第一線で被保護者（利用者）との相互行為を通じた援助を展開するのは、現業員である（「地区担当」または「ケースワーカー」と呼ばれることが多い）。こうした現業員が、一定の幅や志向性をもった意思決定を通じて行う対人援助は、「ストリートレベルの官僚制」におけるストリート官僚の裁量として理解できる。「ストリートレベルの官僚制」とは、公的な便益の給付や制裁にかかわり、それらに関して幅広く裁量を行使しうる人たちが働いている公的組織を指すものとして、M・リプスキーがつくった概念であり、「公的な便益の給付や制裁に関わり、それらに関して幅広く裁量を行使しうる人たち」（以下、「ストリート官僚」）の代表例に、福祉行政機関の現業員もあげられている（Lipsky［1980=1986］）。この概念は、また、社会政策の実施過程——社会サービス・社会福祉の必要判定から供給・配給を通じて利用者にサービスが届くまでの過程——に深くかかわるものとしても重要である（Spicker［1995=2001: 185-8］; 武川［2001: 59-145］; 藤村［2002: 165-6］）。現業員は、被保護者（利用者）との対面的な相互行為において問題解決と事務処理を行うこと——具体的には面接、調査、相談・指導、各種の援助行為の遂行など——を任務とする、政策実施過程における主要な行為主体であり、給付や制裁に関する裁量を日々行使している（藤村［2002: 165-6］）。「自立支援」の重視という制度的展開が、生活保護の「入り口から出口までの過程」における対人援助の重要性をより強調するものであることをふまえると、現業員が自立の助長という法の目的のもとで、どのような裁量を行使しながら被保護者（利用者）と援助関係をもつのか、援助行為における裁量と制度的な行為の拘束性をどのように考えるべきかという問題は、政策論として一層の重要性を付与されてきていると言えよう。(4)

ただし、忘れてはならないのは、「ストリート官僚論は、彼らが業務遂行をするうえで抱え込まなければならない難しさを、官僚一個人の心がけや態度の問題として、それを変えれば何とかなると考えるのではなく、それを超えて、彼らが構造的におかれる行動環境の問題として考察する視点を私たちに与えてくれる」（藤村［2002: 166］）という点である。権利保障としての自立の支援がどの程度、実践レベルで定着しつつあるのかという検討課題は、とりあえず援助者の「心がけや態度」を手掛かりに探ることができるとしても、それをこえて、職員がおかれる構造的な行動環境――法令通知・指針による行動の枠付け・統制や職場の実施体制――と、職員の裁量的判断とが交錯する地点において捉えなおすべき、ということになろう。

3　本稿の課題

これまでみてきた自立支援をめぐる含意、実施の法制度的文脈、分析視点をふまえ、二つの課題を提起する。第一の課題は、生活保護の担当職員は、自立助長の援助をどの程度実施しており、そうした援助はどのような「志向性」をもっているのか、ということである。援助の志向性とは、以下にかかわるものである。ア．自立は被保護者（利用者）の義務と権利のどちらにより強く引きつけて解釈されるのか、イ．制裁的要素を持ち込もうとしているのか、ウ．援助関係として志向されるのはパターナリスティックなものか被保護者（利用者）の主体性を尊重したものか。

第二に、援助の程度や志向性は、職員がおかれる構造的な行動環境の問題とどのようにかかわっているのか。すなわち、援助の実施体制や法令通知・指針による援助行為の枠付けといった構造的な制約は、現業員が行使可能な裁量をどの程度、どのように拘束するのか、また、どのような業務認識の枠組形成を促すのか。

以下、これらの二つの課題についてデータに即して検討を進めよう。

第3節　自立助長の程度と志向性——現業員の「自己評価」と「日頃の思い」

1　実施の程度の自己評価

生活保護の現業員は、自立助長の援助をどの程度実施しており、そうした援助はどのような「志向性」をもっているのだろうか。近年における現業員の業務実態や保護の実施体制については、いくつか実態把握がなされている（小野・長友・村本［2002］；生活保護担当職員の資質向上検討委員会［2003］；小野・長友［2004］；東京都福祉局［2004］；栗田［2005］）。そのなかでも、筆者も研究協力員として調査の実施分析に参加した栗田らの調査は、実施体制と業務意識の両面を網羅した全国的な調査を行っており、現業員の一般的な状況をみるのに適している。ここでは、筆者が調査データの再分析をした結果（森川・増田・栗田ほか［2006］）を提示する。(5)

「あなたは、担当ケースの自立を助長する援助を行うための業務（「生活保護業務の流れ・4」にある、自立助長のための指導及び関係機関とのサービス調整、家庭訪問等）を、十分に行えていると思いますか。」との問いに、四段階の自己評価で答えてもらったところ、回答分布は「あまり行えていないように思う」と「まったく不十分であると思う」の合計（以下「不十分」）が全体の五六・八％を占めた（**表1**）。

表 1　自立助長の援助に対する自己評価の分布（単位：人、%）

十分実施	まあまあ実施	あまり行えていない	まったく不十分	無回答	合計
23	280	349	56	5	713
(3.2)	(39.3)	(48.9)	(7.9)	(0.7)	(100.0)

（森川・増田・栗田ほか［2006: 表 6］再掲）

表 2　自立助長の援助が不十分な理由（各理由への同意の分布）（単位：人、%）

理由	非常に思う	わりと思う	あまり思わない	ほとんど思わない	無回答	合計
担当ケースが多く十分なかかわりもてず	172	171	42	10	10	405
	(42.5)	(42.2)	(10.4)	(2.5)	(2.5)	(100.0)
各ケースの援助方針が不明確	20	117	200	48	20	405
	(4.9)	(28.9)	(49.4)	(11.9)	(4.9)	(100.0)
相談援助の専門知識技術が不足	78	184	116	11	16	405
	(19.3)	(45.4)	(28.6)	(2.7)	(4.0)	(100.0)
他のケースワーカーもこの程度	19	127	172	63	24	405
	(4.7)	(31.4)	(42.5)	(15.6)	(5.9)	(100.0)

（森川・増田・栗田ほか［2006: 表 7］再掲）

「不十分」と評価した者に対して、理由として設定した項目への同意の程度（「非常にそう思う」「わりとそう思う」の合計）をみると、「担当ケース数が多く十分なかかわりがもてない」八四・七％、「自立助長の相談援助に関する専門的知識や技術が自分には足りない」六四・七％、「他のケースワーカーもこの程度」三六・一％、「援助の方針が担当者またはチームのなかで不明確」三三・八％であった（**表2**）。

全体としては、自立助長のための援助を十分できない理由として、担当ケース数の多さや、専門性の不足を選ぶ割合が大きい。援助方針は被保護者（利用者）とのかかわりの前提だが、それが不明確であるというよりは、むしろ、援助方針が明確にあるにもかかわらず、個々のケースに十分にかかわる時間がない、かかわっていく上での専門的知識・技術が不足していることが、援助を不十分にしていると見なされている。

とはいえ、担当ケース数が多ければ、個別のケースへの援助方針を「きめ細かく」立てることは難しくなることも予想される。そこで、担当ケース数および専門性にかかわる属性（資格、経験年数）と自己評価とのクロス集計、「援助の方針が担当者またはチームのなかで不明確」に対する同意の分布と担当ケース数とのクロス集計をしてみた。表3、表4が結果である。自立助長の援助を「不十分」とする者は、担当ケース数が五〇以下では三七・〇％、五一～七〇ケースでは五一・三％、七一～九〇ケースでは五九・六％、九一ケース以上では七七・七％であった。また、経験年数五年以上一〇年未満では「まったく不十分」の割合が一三・九％と他の二倍以上になり、「不十分」の割合も六二・二％と最も多かった。所持資格については、「不十分」の割合は、社会福祉士では七三・七％と、社会福祉主事のみや資格なしの場合よりも一五ポイント以上高かった（**表3**）。また、「援助の方針が担当者またはチー

表３　自立助長の援助に対する自己評価と構成要素のクロス集計（単位：人、％）

構成要素		十分実施	まあまあ実施	あまり行えていない	まったく不十分	合計
担当ケース数	50 以下	8 (5.5)	84 (57.5)	48 (32.9)	6 (4.1)	146 (100.0)
	51-70	7 (4.7)	66 (44.0)	68 (45.3)	9 (6.0)	150 (100.0)
	71-90	3 (1.4)	81 (38.9)	108 (51.9)	16 (7.7)	208 (100.0)
	91 以上	4 (2.5)	31 (19.7)	102 (65.0)	20 (12.7)	157 (100.0)
	合計	22 (3.3)	262 (39.6)	326 (49.3)	51 (7.7)	661 (100.0)
経験年数	2 年未満	4 (5.6)	29 (40.3)	35 (48.6)	4 (5.6)	72 (100.0)
	2-5 年	15 (3.6)	163 (39.2)	211 (50.7)	27 (6.5)	416 (100.0)
	5-10 年	3 (2.0)	54 (35.8)	73 (48.3)	21 (13.9)	151 (100.0)
	10 年以上	1 (1.5)	33 (50.0)	28 (42.4)	4 (6.1)	66 (100.0)
	合計	23 (3.3)	279 (39.6)	347 (49.2)	56 (7.9)	705 (100.0)
資格	社会福祉士	2 (5.3)	8 (21.1)	23 (60.5)	5 (13.2)	38 (100.0)
	福祉士・主事以外の関連資格	2 (5.1)	21 (53.8)	12 (30.8)	4 (10.3)	39 (100.0)
	社会福祉主事のみ	15 (3.0)	201 (40.2)	252 (50.4)	32 (6.4)	500 (100.0)
	資格なし	4 (3.2)	48 (38.4)	58 (46.4)	15 (12.0)	125 (100.0)
	合計	23 (3.3)	278 (39.6)	345 (49.1)	56 (8.0)	702 (100.0)

（森川・増田・栗田ほか［2006: 表 8］再掲）

表４　「援助方針が不明確」（担当ケース数別）（単位：人、％）

担当ケース数	そう思う	思わない	合計
50 以下	15 (30.0)	35 (70.0)	50 (100.0)
51-70	29 (38.7)	46 (61.3)	75 (100.0)
71-90	32 (26.9)	87 (73.1)	119 (100.0)
91 以上	51 (44.3)	64 (55.7)	115 (100.0)
合計	127 (35.4)	232 (64.6)	359 (100.0)

（森川・増田・栗田ほか［2006: 表９］再掲）

ムのなかで不明確」への同意の割合は、担当ケース数が五〇以下では三〇・〇％、五一～七〇ケースでは三八・七％、七一～九〇ケースでは二六・九％なのに対し、九一ケース以上では四四・三％であった（**表４**）。

調査結果からは、担当ケース数が多くなるにつれ、自立助長のための援助を不十分と感じるものが多くなるとともに、援助展開の前提として必要となる被保護者（利用者）との関係づくりのための時間的余裕をなくしている者も増えている、という状況が確認される。そして、一人あたり九一ケース以上では、援助関係づくりの前提にある援助方針の設定すら困難になるという状況が、かなりみられる。注意しなくてはならないのは、一人あたり九〇ケースを超えた担当件数自体は、現業員の置かれた状況としてごく普通の状態になりつつあるという点である。この調査でも、市部の現業員のうち、三分の一以上は九〇ケースを超えて担当し、一五％以上が一〇〇ケースを超えて担当していた（註に記載した調査概要参照）。

また、自立助長援助の専門的知識・技術の不足や必要に対する認識が現場で強いという調査結果の全体的な傾向は、職員の資質を専門性の観点から検討した既存の報告書（生活保護担当職員の資質向上検討委員会［2003］等）の指摘とも一致する。しかし、他方で、調査結果では、経験年数が五年以上の生活保護の現場では「ベテラン」に属する人々や、社会福祉の専門資格である社会福祉士の資格所持者においても援助の自己評価が低かった。その理由についてここでは十分に分析する余裕はないが、専門性を一定程度身につけた人、専門性にもとづいた教育を受けた人は、自立にむけた援助や援助によりもたらされる被保護者（利用者）の望ましい状態について、一定以上の基準・イメージをもつことができるが故に、援助の基準と実践とのギャップを強く感じるのかもしれない(6)。

2 自立へのはたらきかけの志向性

これまで、自立助長のための指導援助が十分にできていないことをみてきた。それでは、「十分におこないたい」とされる「自立助長のための指導援助」の内容とはどのようなものであろうか。以下は、自由記述の設問「生活保護業務や生活保護行政のありかたについて、日ごろお感じになっていること」に対する回答から(7)、次のような観点で取り出した記述である。ア．「行使されていない裁量＝自立助長」を最大限行使せよという場合、援助者の関心は、被保護者（利用者）の権利と義務のどちらに向かう傾向にあるのか、イ．どのようなスタンスで援助関係をつくろうとするのか、被保護者（利用者）の意志や決定等を尊重する支援を基本にするのか、援助者から被保護者（利用者）への一方的ないし強制的な促しを主軸とするのか。

①権利へのマイナスの意味づけ

「日頃感じていること」において、被保護者（利用者）の義務への意識の強さが顕著であった。これに対し、その人の自立を権利としていかに支援するか、という視点からの記載はほとんどみられなかった。そして、権利と義務が対置された記述があるとき、そこでは被保護者（利用者）の生活保護受給の権利に対するマイナスの意味づけが、必ずといってよいほどみられた。たとえば、権利ばかりで義務が果たされていないという、権利と義務の関係である（以下、引用文末尾のカッコ内数字は、報告書の自由記載欄に付された通し番号）。

生活保護を受ける権利ばかりが重視されていて、義務が果たされていない傾向にある。（義務を果たしているかどうかの——筆者補足）生活実態把握を重視することが必要。（52）

住民の権利意識が向上するのは望ましいが、義務を果たさなくなり、各種申請がおろそかになる世帯も多い。義務を果たさない者に対する処分権限をもう少し強化できないかと思う。（222）

被保護者（利用者）は権利を主張する主体として強く意味づけされている一方、義務の行使が不十分な存在とされる。しかも、最低生活保障という被保護者（利用者）の権利が、〈受給者の自立を阻害するもの〉として捉えられることも珍しくない。

……また、最低生活保障ということからなのか受給者の権利が尊重され、一度受給するとなかなか自立することが難しくなる。もう少し自己責任という観点を入れ、厳しくしてもよいのではないかと思う。(122)

一度生活保護を受給してしまうと一生ものの手当て受給権を得たかのように、自立する気持ちが薄れてしまう人が多い。初期面接で自立の方向性をつけることが大切と考える。(290)

もちろん、被保護者(利用者)が、必ずしも自立にむけて意欲をもって生活しているわけではないという現実はあろう。注意したいのは、事実の有無ではなく、「自立を阻害するものとしての権利」など、権利と自立とが相反する関係として表現されている点である。

②義務への関心、義務履行にむけた強制への志向

権利と義務という言葉を明示せずとも、「勤労の義務を果たさない者」への非難は多い。

楽して暮らそうとしているのが見え見え。仕事もできるのに職安へ行ってもやる気のない態度で面接し、断られ、「仕事がなかった」と言っていつまでも仕事をしない。そんな人たちを相手に全く不毛だ。本当に困っている人はほんの一握りなのに……。(220)

理由を問わないからといってまったくペナルティーなく「なまけもの」に保護を開始し、主治医意見（ケースに異常に肩入れしている人も）をたてにされると切れないなど、一般市民感情として疑問に思うことも多々ある。（68）

勤労の義務を果たそうとしないものへの言及は、義務を履行させる手段の強化への関心につらなることが多い。

一時的に経済困窮に陥った申請者に受給の門戸を広げる一方で、稼働能力の活用不十分と認められる被保護者には適用年数の制限を設けるといった措置を講ずるなどし、柔軟な対応を図れる制度となるよう望んでいる。（114）

ケースの中には保護に慣れてしまい自ら努力しようとしない者がいる。（中略）（例）被保護者で保護費九万円。保護を受けずに頑張って働いて一〇万円だったら、保護を受けて楽をしたがる。もう少し職権力の増大を望む。（432）

有期限保護など、自立にむけた柔軟な援助を独自に行えるようにしてもらいたい。（471）

想定されているのは、保護の期間を法令通知のレベルで制度上限定する場合のほか、実施機関・現業員の職権として受給者の保護期間を限定できるようにする場合などである。これらは、経済給付に対する制裁・制限を背景とした事実上の義務履行の強制だが、こうした強制的なはたらきかけは、時として「柔軟な対応」ないし「独自の援助」という言葉と結び付けられている。

以上、自立助長の援助に対して「日頃感じていること」の記述をみてきた。「権利としての自立」という概念自体が現業員には馴染みがないばかりか、権利は自立と相反的な関係とする意識が、より馴染みやすいものとなっている。そして、自立にむけたはたらきかけという場合に現業員の思いとして顕在化しやすかったのは、「義務としての自立」に向けたはたらきかけであり、具体的に望まれていたのは、援助者の意向に沿わない被保護者（利用者）にも強制できるような、実務機関や担当職員側の制裁的要素を伴った権力強化であった(8)。

第4節　裁量と構造的制約の交錯

1　構造的制約としての実施体制

「その人の自立の実現にむけて何が必要か、どのように役立てるか」という思いよりもむしろ、被保護者（利用者）個人の義務としての自立にむけた、パターナリスティックで制裁的な要素を伴ったかかわりへの思いが強く表現される状況は、なぜ生じるのであろうか。そこには、構造的制約――法律・制度による業務規定や組織の実施体制――と現場の裁量との交錯という背景がある。長友は、生活保護の現場において「専門性に裏付けられた処遇にむけた判断と機能」が低下していることを指摘し、その要因として主に業務量や人員配置といった実施体制面での構造的制約、すなわち、ベテランの現業員や査察指導員の配置が少なくなるといった担当職員の専門性の低下、担当ケース数の増加や経済給付事務にかかわる調査業務の多さといった業務の全体量の多さと内容のアンバランス等をあげている（長友ほか［2001: 227］）。こうした指摘は、国レベルの問題認識とも（生活保護担当職員の資質向上検討委員会［2003］）、前節で提示した、自立助長の実施の程度と実施体制との関連をみた計量データとも一致している。

ただし、「権利としての自立の支援」の定着という観点からみると、こうした業務量や専門性といった実施体制の問題への着目は、必要であるが十分ではない。権利としての自立にむけた支援が主流となるには、そうした支援の志向性が職員に伝達されることや、新規に配置された職員がそれを資質ないし援助規範として備えていることが必要となろう。これに対し、一人あたりの業務量は、自立助長にむけた援助の「実施の程度」を規定するが、直接的に「援助の志向性」に影響するわけではない。現業員の業務量が減ったことで「義務としての自立」にむけた「指導」が強化されることもあろう。確かに、指摘されている専門性の低下という状況は、「被保護者（利用者）の権利の実現にむけた支援」を援助の基本・規範とみなす職員の数が少なくなるといった問題や、ベテラン職員から業務を学ぶ過程でそうした志向を身につける機会を少なくするといった問題をもたらすだろう。しかし、他方で、ベテラン職員がいたとしても、組織内で研修を充実させたとしても、そこで伝達されるノウハウや価値観が、「権利としての自立の支援」ではなく「義務としての自立の指導」を志向するものとなる可能性も否定できない。「権利としての自立の支援」の定着のためには、職員配置などの実施体制面での改善とあわせて、援助の内容――現場のなかでどのような内容が援助として伝達されるのか――が、問題となろう。

2 業務指針による裁量の拘束

それでは、担当職員に実施が求められる相談援助には、どのような原則・枠組み、内容規定が設けられており、どの程度どのように裁量が認められている／拘束されているのであろうか。

福祉行政における対人サービス（援助）と裁量との関係については、法令拘束の程度による裁量の三分類という議論がある（秋元［1991］）。裁量の三分類とは、一「当該サービスもしくは給付が、法令のほとんど機械的ともいえる適用によって決定される場合」、二「法令がその適用に際してある程度の許容範囲を認めている局面において行使されるタイプの裁量」で、「法令上可能な一連の処置の程度や類型が枠組みとして定められているだけで、個々のケースにおける処遇もしくは給付の内容の決定についてはワーカーの個別の判断に委ねられている」場合に行使される裁量、三「法令による拘束にほとんど期待をもてないような局面において行使されるタイプの裁量」であり、「個別的で柔軟な対応が強く要請され、……ワーカーにフリーハンドに近い判断権」が認められる場合である。前二つのタイプが「一定の法的な枠組みの範囲内で個々のケースの処遇にあたることがワーカーに義務づけられているわけだが、この第三のタイプの場合、ワーカーの唯一の法的義務は、とにかく何らかの対応をするということ（しかもその中には何もしない no action という対応策も含まれる）だけとなる」（秋元［1991: 155-6］）。

①実施要領

現業員の相談援助の裁量およびそれに対する法令拘束の程度をみる上で、最も重要な検討対象となるのは、「実施要領」である。なぜなら、実施要領には、条文と対応する厚生労働省の「告示」「事務次官通知」「社会・援護局局長通知」「保護課長通知（通称「課長問・答」）」が項目別に掲載され、条文の解釈・具体的指針が示されているからである。「実施要領」は、現業員が業務実施の上で日々参照することの多い『生活保護手帳』に収録されているが(9)、手帳冒頭の「生活保護実施の態度」の第一項目には、「1　生活保護法、実施要領等の遵守に留意すること。実施要領は、生活保護令を実施に適用するうえでの具体的指針であり、生活保護行政は、生活保護法令に定めるところはもとよりのこと実施要領に従って適正に実施されるべきものであること」が掲げられている。以下、援助について、実施要領でどのような記載がなされているのかみてみよう。

生活保護法に「支援」という用語がみられないことは、本章の前半ですでに指摘している。自立支援プログラムが導入された二〇〇五年度以降、「支援」について、『生活保護手帳』最後の「関係通知及び資料」欄に掲載された「自立支援プログラムの基本方針」の中で触れられてはいるものの、生活保護の中心的な業務指針である実施要領では、その用語すら表れていない。

それでは、「支援」に限らず、自立の助長のための対人援助については、どのような裁量拘束があるのだろうか。実施要領を分析した先行研究では、「ケースワークなどの……援助技術そのもののサービス提供」は、法令による拘束がほとんど存在しない（第三のタイプの裁量に該当）との指摘もある（高間［2004］; 嶋貫［1998］）。しかし、実施要領の記載からは、自立の助長のための対人援助は、「第二の裁量」と「第三の裁量」の二タイプに分けられる可能性も読み取れる。というのも、法第二七条（指導及び指示）、すなわち、被保護者（利用者）に対して指導に応じる義務を伴わせながら自立を求めていき、履行されない場合は保護の停・廃止につながるという制裁的な要素の強い部分については、対応する実施要領があるからである。

具体的にみると、実施要領「第9　保護決定実施上の指導指示及び検診命令」の「2　保護受給中における指導指示」で、「必要に応じて法第二七条による指導指示を行う」場合について、ア〜スの具体的項目が設定されている。ア〜オは、就労が可能となった者への就労指導、または、就労はしているが低収入なものへの増収・転職の指導など、稼働能力の活用にかかわる項目である。カは、「資産、扶養、他法他施策による措置等の活用を怠り、または忌避していると認められるとき」の指導、キ〜シは「最低生活の推時向上又は健康の保持等に努めていない等被保護者としての義務を怠っていると認められるとき」の指導であり、最後に「ス　その他、保護の目的を達成するため、又は、保護の決定実施を行うため、特に必要があると認められるとき」となっている。

このように、実施要領の項目の並び順と内容からは、指導・指示に広範で柔軟な裁量の余地を認めているとはいえ、指導・指示の重点は、第一に、能力の活用とくに稼働能力の活用の義務を果たすことにむけられ、第二に、被保護者（利用者）としての義務を怠っている者への義務履行にむけられていることが、伺えるのである。これに対し、法第二七条の二（相談・助言）については、実施要領において具体的な規定はなく、完全な裁量にゆだねられているといえる。

②都道府県・政令指定都市における業務指針

実施要領の規定の曖昧な部分や裁量の広い部分については、都道府県・政令指定都市や基礎自治体といった地方自治体レベル、さらには、福祉事務所といった組織レベルにおいて解釈・運用されるのが通常である。こうしたローカルなレベルでの運用規定・指針に関しての体系的なデータ収集・分析は、研究作業としてはかなり困難を伴うためほとんど実施されてこなかった。筆者の参加する研究班では、二〇〇五年度に全国の都道府県・指定都市の生活保護業務マニュアル・業務指針を収集し、分担研究者である根本が相談援助に関する記述の特徴や課題に関連付けて内容分析を試みた（根本［2006］）。調査結果によれば、二〇〇五年度夏の調査時点において独自に何らかのマニュアルを策定していたのは五〇自治体であり、策定・改訂中を含めて一二三件のマニュアルの策定状況が把握された。分析では、一．マニュアルの種類は、対象による分類（「ケースワーカーマニュアル」と「査察指導員マニュアル」）、内容による分類（「事務マニュアル」と「処遇（相談援助）マニュアル」）のマトリクス、及び、これらに属さないその他に分類できること、二．相談援助に言及しているマニュアルは三五件あるが、マニュアルの多くは事務処理中心であり、「処遇（相談援助）マニュアル」に分類されるものは八つのみであったこと、三．地方自治体の業務指針は「事務処理」が中心であり、相談援助についての言及はマイナーで、被保護者（利用者）とのかかわり方そのものについての指針はほとんど存在しなかったこと、などが指摘されている。

3　裁量と構造的制約の交錯としての「自立助長」

以上、援助の志向性を規定する要因のひとつとして、援助の裁量を一定程度拘束するような業務指針の整備状況をみてきた。国レベルのもっとも主要な業務指針である実施要領で具体的に示されていたのは、「自立支援」と対極に位置づけられるような被保護者（利用者）とのかかわりについてであった。すなわち、被保護者（利用者）に「制裁的要素」や「従う義務」を課す「指導・指示」という援助関係については、裁量に対して一定の枠付け、すなわち、「義務としての（稼働能力活用／就労による）自立」を促す対象や、「義務を怠っていると認められる場合」についての一定の類型の提示があった。[10] これに対し、「権利としての自立」を促す対象や、「権利が保障されていないと認められる場合」については、その把握にむけた類型等は示されていない。また、自立支援プログラムが国の施策として導入された時点での、地方自治体の業務指針の整備状況をみると、被保護者（利用者）とのかかわり方そのものについての指針はほとんど存在しなかった。

こうした状況において、専門性をもたない職員が、業務多忙のなかで「自立の助長をさらに充実せよ」という制度的な要請に応えようとすれば、まず取りかかれることは、枠組みも指針も曖昧な「完全に自分の裁量まかせ」の援助ではなく、一定程度枠付けられた援助に関して、その枠組みをたよりにして援助を実行することであろう。そして、援助者があてにする「援助の裁量に対する枠付け」のあり方は、「自立助長」に「被保護者（利用者）に能力活用等の義務を履行させるための指導」という意味を強烈に付与させるものとなっているのである。

もちろん、現実には、被保護者（利用者）やその世帯とのかかわりは実に多様であり、そのなかで支援の理念と合致する実践も行われているであろうし、援助は指針（枠付け）どおりに行われないことも多いだろう。したがって、指針が、援助の実際の内容を全面的に決定するとはいえない。とはいえ、指針は、業務として行う援助に対する具体的な解釈・道筋を提示することを通じ、援助に対する現業員の認識枠組みを、ある程度形成するのではなかろうか。前節で示された現業員の「日頃のおもい」にみられる自立助長の「志向性」は、それを物語っていよう。

第5節　自立支援の定着にむけた可能性と課題

1　指針による「支援」の枠付け

本節では、これまでの議論を整理した上で、自立支援の定着にむけた可能性と課題を提示したい。本稿では、第一に、生活保護制度において近年重視されている自立支援について、その含意や実施の文脈の問題点を整理した。そして、法令の条文からは、自立支援の含意を明示的に読み取ることが困難であること、自立支援の含意の実現は、現場の職員ないし行政機関の姿勢＝裁量次第といった制度上の文脈に置かれていることを指摘した。

第二に、対人援助の実施過程における行政職員の裁量を問題とする上での、「ストリートレベルの官僚制」概念の意義を確認しつつ、二つの分析課題を提示した。ひとつは、生活保護の担当職員は、自立助長の援助をどの程度実施しており、そうした援助はどのような「志向性」をもちやすいのかという課題であり、もうひとつは、援助の程度や志向性は、職員がおかれる構造的な行動環境の問題とどのようにかかわるか、という課題である。

第三に、こうした二つの課題について、実証分析をすすめた。まず、自立支援プログラムの導入直前期の現業員の意識調査データにより、生活保護の現場では、職員の業務量の多さや専門性の不足といった人員体制の問題から、現業員が援助の裁量を十分に行使できる状況にはないことをみた。そうした状況下において援助の裁量を行使しようとする場合、「義務としての自立の強制」に向かう思いが、現業員のなかで顕在化しやすいことを指摘した。

第四に、こうした状況の生じる要因のひとつとして、援助に対する裁量とその構造的制約との関係に着目し、援助行為の枠組みを構成する代表的な業務指針を分析した。「権利としての自立を目指す支援的なかかわり」については裁量拘束性がない一方、「義務としての自立」への制裁的・強制的な要素を伴ったかかわりについては、活動の流れ・枠組みがある程度体系化されていた。そして、こうした援助の裁量に対する枠付けが、「被保護者（利用者）に能力活用等の義務を履行させるための指導」に対する援助者の志向性を強化することを指摘した。

以上をふまえるならば、生活保護における自立支援の定着のためには、援助の人員体制の充実に加え、「支援」を主要な援助関係として位置づけ、そうした関係にもとづいた行動を援助者側に促すように、指針の内容を整備する必要が大きい。現状のように、法令や主要な業務指針のなかで、援助を「支援」として枠付ける具体的な言語がない状況、支援という要素を含めた援助活動の標準的な姿についての体系的・具体的な言語化がなされていない状況は、危惧されるべきである。もちろん、指針どおりに援助を行いさえすればよいということではない。尾崎は、対人サービスの三要素として「サービスの道具（社会資源や社会保障制度も含む）」「サービスのマニュアル」「顧客ないしクライアントとの関係」をあげた上で、関係の側面の重要性を論じている（尾崎［1994: 29-42］）。尾崎が指摘するように、「道具を開発し、マニュアルを用いるだけでは十分なサービスが展開できない」あるいは「道具とマニュアルだけを頼ることによりかえってうまく対応できない」ことは、生活保護における「指導・指示」や「支援」といった対人サービスについても、あてはまるだろう。それを承知しつつも、これまでの分析からは、マニュアルを越えた部分を問うという論点の前提になる、「マニュアルによる関係の枠付けのあり方」そのものを問うことの重要性が指摘できよう。

2　組織レベルの援助論から相談援助過程の標準化に向けて

生活保護制度が自立支援制度に転換する上での目玉とされる「自立支援プログラム」の導入は、支援という援助関係を前提にした対人援助に対する裁量の枠付け、指針の整備とどの程度連動していくのであろうか。

まず、裁量の枠付けについて。自立支援プログラムの「基本方針」では、組織的に自立支援をすすめることが主眼とされ、対象者を類型化し類型別に適用する援助プログラムを実施機関が策定することが要請されている。(11) こうした動きは、自立支援にともなう裁量を組織の枠付けの範囲内で行使するもの（「第二の裁量」）に移行させるものといえる。

次に、指針の整備について。「保護手帳」に記載されているのは自立支援プログラムの「基本方針」だが、個別支援プログラム案、その実施要綱例や用いる書式例をはじめとするプログラム策定の詳細については、別途、厚生労働省が「自立支援プログラム導入のための手引（案）について」を実施機関に通知している（厚生労働省社会・援護局保護課長事務連絡　平成一七年三月三一日。以下、「手引（案）」）。「手引（案）」のなかでは、「自立支援プログラムへの参加について、被保護者の同意を得るため、実施機関において決定した支援方針を本人に説明すること」「被保護者とともに自立目標等を設定し、個別支援プログラムを選定すること」など、被保護者（利用者）の主体性を保障するための手続きについても具体的に記載されている（「第3　自立支援プログラムによる支援の手順」）。

今後、全国的に自立支援プログラムが策定され、こうした手続きが要綱において明記されていけば、被保護者（利用者）の主体性の保障という「支援」の含意が、組織的に担保されていくことになる。プログラムの広がりは、自立支援の含意にそった実践が、組織の中で「標準的な支援」として定着する可能性を高めるものとなろう。実際、現場の取り組み事例として、自立支援プログラムの策定にあたり援助のあり方を整理する作業が併せて行われ、自立支援プログラムにおける「支援」を「権利としての自立」のための支援として明確に位置づけるに至った福祉事務所も出てきている（池谷［2006］）。こうした動きは、自立支援の内実を伴った定着への可能性を示している。

そうした可能性の一方、課題も大きい。そのひとつは、自立支援がローカルな「組織ごとの援助論」として体系化されることにかかわる。[12]「手引（案）」では、冒頭で、「この手引（案）に記載している方法にとらわれることなく、実施機関の創意工夫」を生かすことが、推奨されている。法令においても実施要領においても明確に規定されていない「支援」について、各地方自治体や福祉事務所がそれぞれのやり方で、従来の自立助長の指導・援助の枠組みと何らかの折り合いをつけて実施せよという方針は、「自治体ないし福祉事務所ごとの援助の方法／質のばらつき」と表裏一体である。稼働能力の活用等の保護の要件や保護の停・廃止と「自立支援」の援助との関係も、自治体によりさまざまとなりかねない。たとえば、「手引（案）」では、「第3　自立支援プログラムによる支援の手順」の「6　支援の見直し及び指導指示の手続き」の留意点において、プログラムへの参加や取り組みが不十分な場合、口頭および文書での指導・指示をし、それでも改善されない場合は、「稼働能力の活用等、保護の要件を満たしていないと判断される場合」として保護の変更・停廃止も検討することとされている。他方、同じ「手引（案）」においても、横浜市の就労支援の手引を参考にして策定された「被保護者就労支援の手引の例」（別添6）では、「稼働能力の活用の要件との関係」という項目が設けられ、「自立支援プログラムの主たる目的は、保護の要件の確認や保護の変更、停止又は廃止ではなく、……」として、保護の変更・停廃止と切り離して支援を位置づけているなど、「手引（案）」の中でも、支援と行政処分（義務としての自立の強制）との関係の記載内容には温度差がある。

今後、生活保護制度が自立支援の制度として展開するためには、支援を現業員の業務として明確に位置づけた上で、その援助過程の標準化を全国レベルで図ることが重要であろう。そのためには、「自立支援」の定義や枠組みを、自立支援プログラムの「基本方針」や「手引（案）」だけでなく法や実施要領においても、指導指示や相談助言との関係を整理しつつ明らかにすること、支援という要素を含めた援助過程が体系的かつ具体的に言語化されること、そうした過程を評価する仕組みが定着することなどが、求められるのかもしれない。こうした課題の一部については共同研究を進めているが（森川[2006]）、それについては機会をあらためて論じたい。

【付記】本稿は、厚生労働科学研究費補助金・政策科学推進研究事業『生活保護の相談援助業務に関する評価指標の開発と、指標の業務支援ツールとしての応用に関する研究』(主任研究者・森川美絵 H17-政策-020)の研究成果の一部である。

【註】

(1) 導入の意義や課題については、専門委員会の委員自身がコメントしたり(布川[2004])、公的扶助の行政職員や研究者からなる団体の機関紙が特集を組んだりしている(公的扶助研究会[2005])。

(2) 生活保護法制定時の解釈によれば、自立の助長とは、「凡そ人はすべてその中に何等かの自主独立の意味において可能性を包蔵している。この内容的可能性を発見し、これを助長育成し、而して、その人をしてその能力に相応しい状態において社会生活に適応させること」である(小山[2004: 92])。

(3) 後者について、「経済的サンクションを通じて、参加を事実上強制することも想定」したものと解し、懸念する議論もある(秋元[2005])。

(4) 生活保護では、これまでにも運用上の問題が数多く指摘されているが(柴田[2006]、嵜本[2005]等)、これらは職員の裁量という観点からも議論できよう。

(5) 調査の対象と方法は以下の通り。国内の全福祉事務所(二〇〇四年一二月一日時点、一二四〇ヶ所)にアンケート用紙を送付し、各福祉事務所につき一名、計一二四〇名の現業員に、自記式郵送調査を依頼した。回答者の選定は、原則経験二年以上という基準のみ提示し、各事務所で独自に行った。調査では、業務の負担感とその理由、自立助長のための援助の自己評価とその理由、民間委託の検討可能性がある業務内容について尋ね、最後に「生活保護業務や生活保護行政のありかたについて、日ごろお感じになっていることや、このアンケート調査についてのご意見」について、自由記入欄を設けた。実施期間は二〇〇四年一二月一日から二〇〇五年一月一五日。有効回収数

（率）は七一三（五七・五％）。福祉事務所と現業員の基本的な情報は以下の通り。福祉事務所は、七割が市部、三割弱が郡部である。管内人口規模は、五万人未満、五～一〇万人未満、一〇万人以上がそれぞれ三分の一である。現業員の性別は男性が約八割、年齢は三〇代が約四割、経験年数は、二年以上五年未満が約六割、五年以上一〇年未満が約二割である。所持資格は、社会福祉主事資格七九・八％、社会福祉士五・三％、それら以外の福祉関連専門資格（介護福祉士、精神保健福祉士、保健師、保育士、ケアマネジャー等）八・一％、これらの資格を全くもたないものが一七・七％であった。一人当たり平均担当ケース数（世帯）は、郡部では五六・五、市部では七九・七である。郡部では標準数六五を超えて七一ケース以上が四分の一、市部では標準数八〇を超えるものが半分、九一ケース以上が三分の一を占めた。

（6）経験年数一〇年以上で「実施」「まあまあ実施」の割合が半分以上と多くなっていることは、熟練、専門性が高まればイメージと実践のギャップが狭まる可能性を示唆している。

（7）この自由記述欄には、回答者七一三名のうち四九一名が、何らかの思いを記入している。

（8）援助技術に必要なのは、複数の援助関係のタイプの長所短所をふまえ、状況に応じてほどよく使い分けることにあるとの指摘がある（尾崎［1994: 43-56］）。生活保護の援助も実際は画一的ではないだろう。しかし、自由記述では、多様な援助関係への志向性よりも一定の志向性が強く見出された。

（9）『生活保護手帳』は、生活保護法関係法令及び通知等を「生活保護実施の態度」「生活保護法」「生活保護施行令」「生活保護法施行規則」「保護の基準」「保護の実施要領」「医療扶助運営要領」「介護扶助運営要領」「関係通知及び資料」に分類整理したものであり、生活保護に携るものが「共通の態度と同水準の理解を常に堅持する」ことを意図して一九五七年に厚生労働省が編纂して以来、各年版が発行されている（河合［1997: 121］）。

（10）現業員の活動を規制・拘束するものとしては、業務指針のほかに国の指導監査等があげられる。宮寺は、指導監査の方針を分析するなかで、稼働能力の判定を軸とした訪問類型にもとづく「稼働能力層に対する就労自立の指導」が、今日まで現場職員の訪問活動を軸とした対人援助の実践をかなり規定してきたことを指摘している（宮寺［2001］）。

（11）組織的な取り組みとして、「被保護者の状況や自立阻害要因について類型化」を図り、それぞれの「類型ごとに取り組むべき自立支援の具体的内容および実施手順等を定め」、個別のプログラム（「個別支援プログラム」）として整備することを求めている。個別支援プログラムは、「被保護者の抱える自立に向けての様々な課題に対して必要な自立支援を実施するため」、就労自立の支援に関するもののみならず、社会生活自立や日常生活自立の支援に関しても整備することとされている。

(12) もうひとつの課題は、自立支援プログラムの策定実施が福祉事務所にどの程度受け入れられているのか、という点にかかわる。国は、定着にむけた財政的支援として、自立支援プログラムの策定支援・実施の推進などにかかわる事業に対し、補助率一〇分の一〇の補助金（セーフティネット支援対策等事業費補助金）を設けている。しかし、実際には、自立支援プログラムの策定は全国一律には進んでいない。導入一年後、平成一八年四月のプログラム策定状況をみると（厚生労働省社会・援護局保護課［2006］）、生活保護実施機関のある自治体八五七のうち、未策定の自治体が三分の二にのぼる。

【引用文献】

秋元美世　一九九一年「『福祉行政』における権利と裁量」大山博・武川正吾（編）『社会政策と社会行政――新たな福祉の理論の展開をめざして』法律文化社、一四一～一六四頁

――　二〇〇五年「生活保護と自立支援――自立支援プログラムをめぐって」『週刊社会保障』二三二六号、四六～四九頁

猾本郁　二〇〇五年「セーフティネットの危機と生活保護制度――福祉事務所の実情と生活保護本来の理念を考える」『月報司法書士』四〇五号、二三～二九頁

笛木俊一　一九九七年「公的扶助制度・公的扶助労働の二面的性格」杉村宏・河合幸尾・中川健太郎・湯浅晃三（編）『現代の貧困と公的扶助行政』ミネルヴァ書房、四三～七三頁

布川日佐史　二〇〇四年「第十六回専門委員会説明資料『自立支援の在り方について』へのコメント」『賃金と社会保障』一三七八号、四七～四九頁

藤村正之　二〇〇二年「組織とネットワーク」岩上真珠・川崎賢一・藤村正之・要田洋江（編）『ソーシャルワーカー

のための社会学』有斐閣、一五三～一七九頁
池谷秀登　二〇〇六年「自立支援プログラムの作成、実施とその課題――生活保護援助から自立支援プログラムを考える」『賃金と社会保障』一四一九号、一六～三五頁
河合幸尾　一九九七年「わが国公的扶助政策の特徴」杉村宏、河合幸尾、中川健太郎、湯浅晃三（編）『現代の貧困と公的扶助行政』ミネルヴァ書房、一一七～一三四頁
厚生労働省社会・援護局長通知　二〇〇五年「平成17年度における自立支援プログラムの基本方針について」（平成一七年三月三一日社援発第〇三三一〇〇三号）
厚生労働省社会・援護局保護課長事務連絡　二〇〇五年「自立支援プログラム導入のための手引（案）について」（平成一七年三月三一日）
厚生労働省社会・援護局保護課　二〇〇六年「生活保護の適正運営と自立支援」厚生労働省『全国福祉事務所長会議資料』平成一八年五月一五日
公的扶助研究会　二〇〇五年「特集『自立支援』と『自立支援プログラム』」『公的扶助研究』一九九号、一三～三一頁
小山進次郎　二〇〇四年『改訂増補　生活保護法の解釈と運用（復刻版）』全国社会福祉協議会
栗田仁子　二〇〇五年『社会福祉行政事務の民間委託（アウトソーシング）に関する研究』厚生労働科学研究費補助金政策科学推進研究事業　平成一六年度研究報告書
京極高宣　二〇〇六年「今、求められている自立支援」『月刊福祉』八九巻、八号、一二～一七頁
Lipsky, Michael, 1980, *Street-Level Bureaucracy: Dilemmas of the Individual in Public Services*, The Russell Sage Foundation. ＝一九八六年、田尾雅夫訳『行政サービスのジレンマ――ストリートレベルの官僚制』木鐸社
宮寺由佳　二〇〇一年「生活保護行政における『自立助長対策』の推移と今日的課題」日本女子大学社会福祉学科（編）『社会福祉』四一号、二一九～二三二頁
森川美絵　二〇〇六年『生活保護の相談援助業務に関する評価指標の開発と、指標の業務支援ツールとしての応用に関する研究』厚生労働科学研究費補助金政策科学推進研究事業　平成一七年度総括分担研究報告書、第四章、一一三～一三九頁

森川美絵・増田雅暢・栗田仁子ほか　二〇〇六年「生活保護現業員の困難経験とその改善に関する研究――負担感・自立支援の自己評価を中心に」『厚生の指標』五三巻、五号、一五～二二頁

長友祐三ほか　二〇〇一年「社会福祉主事の現業活動の特徴と課題」『生活保護五〇年の軌跡』刊行委員会（編）『生活保護五〇年の軌跡』みずのわ出版、二二五～二五四頁

根本久仁子　二〇〇六年「生活保護の援助充実に対する自治体の取り組み状況②～都道府県・指定都市に対するアンケート調査（2）――マニュアルの内容分析」森川美絵『生活保護の相談援助業務に関する評価指標の開発と、指標の業務支援ツールとしての応用に関する研究』厚生労働科学研究費補助金政策科学推進研究事業　平成一七年度総括分担研究報告書、第三章、三一～一一一頁

小野哲郎、長友祐三、村本良生　二〇〇二年「社会福祉制度改革下における福祉事務所の現状と課題（その2）」『公的扶助研究』二七号、二二～三二頁

小野哲郎、長友祐三　二〇〇四年「生活保護法の適用実施をめぐる査察指導員・地区担当員等の業務の実態とその意識について」『明治学院大学社会学部付属研究所年報』三四号、五九～八〇頁

尾崎新　一九九四年『ケースワークの臨床技法――「援助関係」と「逆転移」の活用』誠信書房

生活保護制度の在り方に関する専門委員会　二〇〇四年「生活保護制度の在り方に関する専門委員会　最終報告書」

生活保護担当職員の資質向上検討委員会（厚生労働省社会・援護局保護課主催）　二〇〇三年「生活保護担当職員の資質向上に関する提言」

『生活保護手帳』二〇〇五年度版、二〇〇六年度版

柴田純一　二〇〇六年「公的扶助分野における制度の状況をふまえて」『ソーシャルワーク研究』三一巻、四号、一六～二三頁

新保美香　二〇〇六年「生活保護制度と自立支援」『月刊福祉』八九巻、八号、二六～二九頁

嶋貫真人　一九九八年「生活保護における行政裁量とそのコントロールについて――司法審査の問題を中心に」『社会福祉研究』七三号、八五～八九頁

Spicker, Paul, 1995, *Social Policy: Themes and Approaches*, Prentice Hall Europe, a Simon & Schuster Company.

＝二〇〇一年、武川正吾・上村泰裕・森川美絵訳『社会政策講義――福祉のテーマとアプローチ』有斐閣
高間満　二〇〇四年「行政組織と公的扶助ケースワーク」『福岡県立大学人間社会学部紀要』一三巻、一号、一～一四頁
武川正吾　二〇〇一年『福祉社会』有斐閣
東京都福祉局　二〇〇四年「生活保護制度改善に向けた提言」

おわりに

社会学の領域において、ケアやサポートの場への関心が高まっている。とりわけ若い研究者たちの間で、この（ある意味ではマイナーな）領域に足を踏み入れ、そこからキャリアを歩みだそうとする人が確実に増えている。本書も、その流れの中に生まれたひとつの成果であると言えるだろう。しかし、なぜ今「ケアとサポートの社会学」なのだろうか。他者の生に寄り添い、これを支えようとする営みに、私たちが強く惹きつけられるのはなぜなのか。最後に、もう一度これを考え直してみたい。

社会学は、人間と社会（あるいは社会的なるもの）との関係を問う学問としてある。このとき、この二項の関係は、その場面に応じて、しかし潜在的には同時に、二つの相貌を示しているのではないかと思う。一面において、私たちは常に、否応なく社会的な関係の場に巻き込まれ、社会システムに規定され、その構造化の論理に縛られている。この現実に対して、社会学の役割は、人間がいかに社会的なるものにとらわれ、ままならぬ生き方をしているのかを解き明かすことにある。ここでは、人間がその社会的なるものの拘束からいかに自由になりうるのかが基本的なモチーフとなる。しかし他方においては、私たちが社会的な存在として他者にかかわること自体が、ひどく困難なものとして現われてくる。この側面に目を向けるとき、社会学は、人間が社会（関係）の中に生きることの難しさを語る学問になる。ここでは、どうすれば人間が社会的な存在になりうるのかが問われることになるだろう。

人間が社会的に生きていく上で直面するこの二つの課題の間の緊張関係が、じわじわと高まっているような印象がある。それゆえに、社会学はますます難しい問いに直面しているように思われてならない。単純化を恐れずに言えば、二十年前、私が社会学の勉強を始めた頃には、いかに「社会」から自由たりうるかという問いが圧倒的に前面に押し出されていた。社会学は、自分たちの生活を微細かつ狡猾に縛っている罠を突き止め、これを脱却するための強力なツールであった。そして今も、その課題は継続している。私たちは、私たちの存在をからめとる「何ものか」を暴き出し、これと闘うために社会学をする。しかし、単にこれを相対化し、その正体を究明するだけでは、明らかに足りなくなっている。他方で、社会的な関係やシステムの成立そのものがあやうい。その現実感覚に応えて、他者とかかわるための技法、社会的なるものを創出するための作法が求められている。その意味で、社会学は両義的な学問になりつつある。

ケアやサポートへの関心は、どこかで、この二面的な現実感に通じている。私たちが、その生活の中で社会的な規定力と露骨に対面する契機であると同時に、社会的なる関係をどのように立ち上げていくのかという課題が先鋭に突きつけられるような場でもあるということ。おそらくはそこに、私たち――社会学を学ぶ者たち――をひきつける吸引力がある。

ケアやサポートの場は、一面においてマクロな社会的構造の転換と密接にリンクした形で組織されている。本書においては、システムレヴェルでの規定力を直接に概念化することは目指されていないのであるが、それでも個々の問題の背景にそれは透けて見えている。「脱福祉国家」、「リスク社会」、「個人化」、「格差社会」など、その社会の形を名指す言葉はさまざまにありうる。しかし、それをどのように呼ぶにせよ、多層にわたるシステム間の相互作用が複雑に絡み合い、家族生活の再編や人口構造の転換、あるいは財政的資源の再配分に媒介されながら、きわめて具体的で生々しい現実を呼び起こす。そこにケアやサポートは要求されている。だからこそ、個別の生活上の現実が、社会全体の構造的な再編の問題へと直結した形で現われてくる。たとえば、目前の高齢者の介護を誰がいかに担うのかという問いは、そのまま「公」と「私」の境界設定に、あるいは「家族的」関与と「職業的」実践の区分に結びつき、その先に「市場」の論理と「ケア」の論理との相克が見えてくる。「障害」を持つ人や「生活に困窮する人」への支援を誰がどのような資格で行うべきかという論争は、人の生命に対する国や社会の責任、さらには他者の生に対する個人の責任の定義にかかわっている。いずれの場面でも、構造的規定力が具体的な現象を生み出し、ただちに対処を要求するような課題をつきつけている。

これと密接に関連して、他方では、ケアやサポートの場において、自己と他者の相互作用秩序が根本から問い直されている。「私」が他の誰かを「介護」や「看護」、「介助」や「支援」しようとするとははたしてどのような営みなのか。そのとき「私」とは何者であり、「他者」が「他者」であるとはどういうことか。日常的には自明のものとしてやり過ごされている問題が、ここでは、避けがたい形で浮上してくる。たとえば、呆けていく人の思いを聴き取り、これに応えるということは、そこにどのような「人間」を見いだすということなのか。こうして、ケアやサポートの場面では、「人」が「人」にかかわるという単純な事実の成り立ちが問い返される。

かくして、「ミクロ」と「マクロ」、そのどちらの入り口から入っても、社会学的な関心を強くひきつける領域としてケアやサポートの場がある。それは、これらの営みの中でまさに「社会的なるもの」の成立が問われているということである。ケアやサポートを通じて、私たちは社会関係の原型にふれるところがある。「人」が「社会的存在」としてあるとはどういうことなのか。そのつど浮上してくるのは、そうした根本的な問いかけである。

私たちのここまでの研究がこうした大きな問題にどれだけ応えられているのか。それについてはもちろん、さらに継続して考えていかねばならない。「はじめに」において三井が記しているように、ケアやサポートの現実の「多様性」や「固有性」へのこだわりが、私たちに共通する姿勢であるし、「人間」の姿の見える研究がこれからも大切であることは言うまでもない。しかしともすれば、自分が出会った個々の現実の手触りを大切にするあまり、その奥に見通されるべき「問い」への訴求力が弱まってしまったかもしれない。個別の現象が提示する問題の奥行きに応えるような言葉を、どうすれば手にすることができるのか。それは、私（たち）にとっての大きな課題である。

ともあれ、それぞれの執筆者が、この時点での研究の成果を示す場を共有できたことを、大変にありがたく感じている。このような形でその機会を与えていただいたことに感謝したい。

本書の刊行に際して、法政大学社会学部研究・教育基金から助成をいただいた。助成の実現にご尽力いただいた石坂悦男先生に、また出版にあたってお世話になった法政大学出版局の平川俊彦さん、秋田公士さんに心からお礼の言葉を申し述べたい。ありがとうございました。

鈴木智之

三井さよ（みつい さよ）

法政大学社会学部准教授

【主要業績】

『ケアの社会学――臨床現場との対話』勁草書房，2004.

『看護とケア――心揺り動かされる仕事とは』角川学芸出版，2010.

「被災者の〈固有性〉の尊重とボランティアの〈問い直し〉」似田貝香門編『自立支援の実践知――阪神・淡路大震災と共同・市民社会』東信堂，2008.

齋藤曉子（さいとう あきこ）

日本学術振興会特別研究員（RPD）

【主要業績】

「高齢者・家族・サービス提供者の相互関係分析（略）」『社会政策研究』7: 176-196, 2007.

「高齢者のニーズ生成のプロセス」上野千鶴子・中西正司編『ニーズ中心の福祉社会へ（略）』医学書院，2008.

「ケア労働をどのように位置づけるのか（略）」『女性と労働 労働再審3』大月書店，2011.

土屋　葉（つちや よう）

愛知大学文学部人文社会学科准教授

【主要業績】

「「障害者」と「非障害者」を隔てるもの」好井裕明編『排除と差別の社会学』有斐閣選書（第8章): 143-161, 2009.

「「ふつうの家族」の物語：身体障害をもつ親のもとで育った子どもの語りから」『文学論叢』142: 1-18, 2010.

「「真実の感動物語」を読み解く」倉本智明編著『手招くフリーク――文化と表現の障害学』生活書院（第1章): 18-43, 2010.

森川美絵（もりかわ みえ）

国立保健医療科学院福祉サービス部福祉技術開発室長

【主要業績】

「ケアする権利／ケアしない権利」上野千鶴子・大熊由紀子・大沢真理・神野直彦・副田義也編『家族のケア 家族へのケア（シリーズ〈ケア その思想と実践〉4)』岩波書店（第2章): 37-54, 2008.

「生活保護分野における社会福祉援助活動の評価の現状と課題」『保健医療科学』58(4): 355-361, 2009.

「介護政策におけるジェンダー」木本貴美子・大森真紀・室住眞麻子編『社会政策のなかのジェンダー』明石書店（第7章): 180-204, 2010.

著者略歴（執筆順）

鈴木智之（すずき ともゆき）
法政大学社会学部教授
【主要業績】
「生活史的時間の中の病い――慢性疾患の社会学からみたキャリーオーヴァーの経験」『小児看護』2005 年 8 月臨時増刊号，ヘルス出版.
翻訳　A. W. フランク著『傷ついた物語の語り手　身体・病い・倫理』ゆみる出版，2002.

中川　敦（なかがわ あつし）
島根県立大学総合政策学部専任講師
【主要業績】
「老親成人子関係研究における居住形態と接触――方法論的検討」『ヒューマンサイエンスリサーチ』13: 121-131, 2004.
「遠距離介護と親子の居住形態――家族規範との言説的な交渉に注目して」『家族社会学研究』15(2): 89-99, 2004.
「『愛の労働』としての『遠距離介護』――母親が要介護状態にある老親夫婦への通いの事例から」『家族研究年報』33: 75-87, 2008.

井口高志（いぐち たかし）
信州大学医学部講師
【主要業績】
『認知症家族介護を生きる――新しい認知症ケア時代の臨床社会学』東信堂，2007.
「支援・ケアの社会学と家族研究――ケアの『社会化』をめぐる研究を中心に」『家族社会学研究』22(2): 165-176, 2010.
「認知症をめぐる排除と包摂」藤村正之編『福祉・医療における排除の多層性』明石書店，2010.

鷹田佳典（たかた よしのり）
東京都市大学非常勤講師
【主要業績】
「死別研究における物語論の可能性と課題――Neimeyer の『意味の再構築モデル』を中心に」『法政大学大学院紀要』54: 139-150, 2005.
「小児がんの子どもを持つ親の「病みの軌跡」に関する考察」法政大学社会学研究科博士論文，2009.
「病いをめぐる不確かさとその軌跡――小児がんの子どもを持つ親を事例として」『ソシオロジ』55(3): 85-101, 2011.